***ACCESO GRATIS** a la Lectura en la Nube*

Para visualizar el libro electrónico en la nube de lectura envíe junto a su nombre y apellidos una fotografía del código de barras situado en la contraportada del libro y otra del ticket de compra a la dirección:

ebooktirant@tirant.com

En un máximo de 72 horas laborales le enviaremos el código de acceso con sus instrucciones.

DEMOCRACIA CONSTITUCIONAL Y DERECHOS HUMANOS: ALGUNOS RETOS CONTEMPORÁNEOS

DEMOCRACIA CONSTITUCIONAL Y DERECHOS HUMANOS: ALGUNOS RETOS CONTEMPORÁNEOS

Coordinadores:

Raúl Montoya Zamora

Ramón Gil Carreón Gallegos

Martín Gallardo García

tirant lo blanch

Ciudad de México, 2024

DIRECTOR DE COLECCIÓN:

Edgar Alán Arroyo Cisneros

© EDITA: TIRANT LO BLANCH
DISTRIBUYE: TIRANT LO BLANCH MÉXICO
Av. Tamaulipas 150, Oficina 502
Hipódromo, Cuauhtémoc
CP 06100, Ciudad de México
Telf: +52 1 55 65502317
infomex@tirant.com
www.tirant.com/mex/
www.tirant.es
ISBN: 978-84-1197-858-3
MAQUETA: Disset Ediciones

Índice

PRESENTACIÓN 13

Edgar Alán Arroyo Cisneros

REFLEXIONES SOBRE LA CULTURA DE LOS DERECHOS HUMANOS EN MÉXICO 15

Ramón Gil Carreón Gallegos

Gabriela Guadalupe Valles Santillán

Paloma Cecilia Barraza Cárdenas

1. EL ORIGEN Y LA TRANSFORMACIÓN DE LOS DERECHOS HUMANOS EN MÉXICO 16

2. LOS NUEVOS PRINCIPIOS DE INTERPRETACIÓN DE LOS DERECHOS FUNDAMENTALES 23

3. NOTAS SOBRE LA COMPRENSIÓN DEL DERECHO EN MÉXICO 31

4. LA CULTURA DE LA CONSTITUCIÓN Y ALGUNOS DATOS SOBRE LOS DERECHOS EN MÉXICO 38

5. FUENTES BIBLIOGRÁFICAS 44

LOS TRATADOS INTERNACIONALES EN MATERIA DE DERECHOS HUMANOS, SU CELEBRACIÓN EN MÉXICO, EN MANOS DE 129 PERSONAS. ALGUNAS CONSIDERACIONES 47

Luis Fernando Contreras Cortés

Raúl Montoya Zamora

INTRODUCCIÓN 48

2. LA IMPORTANCIA DE LOS DERECHOS HUMANOS EN MÉXICO 49

3. EL PROCEDIMIENTO PARA LA CELEBRACIÓN DE TRATADOS INTERNACIONALES Y EL PROCESO DE REFORMA CONSTITUCIONAL MEXICANO 54

4. CONSIDERACIONES FINALES EN TORNO A LA ADOPCIÓN DE LAS NORMAS SUPRANACIONALES EN MATERIA DE DERECHOS HUMANOS EN MÉXICO 62

5. FUENTES DE CONSULTA 65

ESTABLECIENDO EL VÍNCULO ENTRE ESTADO DE DERECHO, ESTADO CONSTITUCIONAL Y DEMOCRACIA CONSTITUCIONAL: ENTRE LO EMPÍRICO Y LO ASPIRACIONAL 67

Edgar Alán Arroyo Cisneros

1. A MODO DE INTRODUCCIÓN 68
2. ESTADO DE DERECHO Y DEMOCRACIA CONSTITUCIONAL: UN NEXO NECESARIO 70
3. LA IMPORTANCIA DEL ESTADO DE DERECHO HOY 74
4. LA IMPORTANCIA DE LA DEMOCRACIA CONSTITUCIONAL HOY 76
5. INSUMOS EMPÍRICOS Y ELEMENTOS ASPIRACIONALES PARA EL ESTADO DE DERECHO Y PARA LA DEMOCRACIA CONSTITUCIONAL 77
6. HALLAZGOS DEL *RULE OF LAW INDEX* DEL *WORLD JUSTICE PROJECT* 79
7. HALLAZGOS DEL *DEMOCRACY INDEX* DE *ECONOMIST INTELLIGENCE UNIT* *83*
8. HALLAZGOS DEL *CORRUPTION PERCEPTIONS INDEX* DE TRANSPARENCIA INTERNACIONAL 86
9. APUNTES CONCLUSIVOS 89
10. FUENTES DE INFORMACIÓN. 90

LÍMITES A LA COMPETENCIA MATERIAL DE LOS TRIBUNALES ELECTORALES CON RELACIÓN AL DERECHO PARLAMENTARIO 93

María Magdalena Alanís Herrera

1. INTRODUCCIÓN 94
2. LA COMPETENCIA MATERIAL DE LOS TRIBUNALES ELECTORALES LOCALES Y EL DERECHO PARLAMENTARIO 95
3. ¿CUÁL ES LA GÉNESIS QUE LOS ACTOS PARLAMENTARIOS SE ESCAPARAN DEL CONTROL JURISDICCIONAL? 97
4. CASOS RELEVANTES EN LA IMPOSICIÓN DE LÍMITES A LA COMPETENCIA MATERIAL DE LOS TRIBUNALES ELECTORALES EN RELACIÓN CON EL DERECHO PARLAMENTARIO Y JURISPRUDENCIA EN APERTURA A ESOS LÍMITES 98

5. LA EVOLUCIÓN DE LA LÍNEA JURISPRUDENCIAL DE LA SALA SUPERIOR DEL TEPJF **101**
6. REFLEXIONES Y CONCLUSIONES **109**
7. FUENTES DE INFORMACIÓN **115**

LA IMPLEMENTACIÓN DE SANCIONES COMO MEDIO PARA PERSUADIR A LOS CIUDADANOS DE ACUDIR A EMITIR SU VOTO EN LOS PROCESOS ELECTORALES **119**

MARTÍN GALLARDO GARCÍA

1. QUÉ ES LA DEMOCRACIA Y CÓMO SE EJERCE **120**
1.1. Definición de Ciudadano 124
1.2. Definición de Obligación 125
2. AUTORIDADES ELECTORALES EN MÉXICO **130**
2.1. Instituto Nacional Electoral 130
2.2. Organismos Públicos Locales Electorales 132
2.3. Tribunal Electoral del Poder Judicial de la Federación 133
2.4. Tribunales Estatales Electorales 134
2.5. Fiscalía Especializada en Materia de Delitos Electorales de la Federación 136
3. MARCO NORMATIVO DE LAS MEDIDAS DE APREMIO **139**
3.1. Constitución Política de los Estados Unidos Mexicanos 139
3.3. Código Fiscal de la Federación 140
3.4. Ley de Concursos Mercantiles 141
3.5. Código Nacional de Procedimientos Penales 142
3.6. Ley General de Instituciones y Procedimientos Electorales 143
3.7. Ley General del Sistema de Medios de Impugnación en Materia Electoral 143
3.8. Ley General de Instituciones y Procedimientos Electorales 144
4. EL COSTO DE LA DEMOCRACIA EN MÉXICO **144**
4.1. Costo por voto de acuerdo con el Padrón Electoral 147
4.2. Costo por voto de acuerdo con la Lista Nominal 147
4.3. Costo por voto de acuerdo con el SICEEF del INE 147
4.4. Costo por voto de acuerdo al porcentaje obtenido en el Proceso Electoral 149
5. PROPUESTAS **150**
6. FUENTES DE INFORMACIÓN **153**

LA JUSTICIABILIDAD DE LOS DERECHOS ECONÓMICOS, SOCIALES Y CULTURALES EN LA JURISPRUDENCIA INTERAMERICANA: AVANCES Y RETOS 155

Raúl Montoya Zamora

Luis Fernando Contreras Cortés

1. LA JUSTICIABILIDAD DE LOS DERECHOS SOCIALES 156
2. LA JUSTICIABILIDAD DE LOS DESCA EN LA JURISPRUDENCIA INTERAMERICANA 168
3. CONCLUSIONES 173
4. FUENTES DE LA INVESTIGACIÓN 174

DERECHOS HUMANOS PREMISA DE LA DEMOCRACIA CONSTITUCIONAL EN LA FORMA DE GOBIERNO EN MÉXICO 177

Alejandro Vázquez Melero

1. INTRODUCCIÓN 177
2. ELEMENTOS CONCEPTUALES 178
2.2. Democracia Constitucional, distintas ópticas y definición...... 183
2.3. Forma de Gobierno, diversas consideraciones y definición.... 186
3. FORMAS DE GOBIERNO EN EL MUNDO ACTUAL 189
4. HISTORIA DE LAS FORMAS DE GOBIERNO EN MÉXICO, LÍNEA DEL TIEMPO 194
5. DDHH, DEMOCRACIA CONSTITUCIONAL Y FORMA DE GOBIERNO EN MÉXICO 196
6. CONCLUSIONES 200
7. FUENTES CONSULTADAS 201

DEMOCRACIA Y EDUCACIÓN COMO CLAVES PARA LA EFICACIA DE LOS DERECHOS HUMANOS 203

Joel Ricardo Nevárez del Rivero

1. INTRODUCCIÓN 204
2. DEMOCRACIA Y DERECHOS HUMANOS 205
3. EDUCACIÓN Y DERECHOS HUMANOS 208
4. ¿POR QUÉ IMPORTAN LA DEMOCRACIA Y EDUCACIÓN PARA LA EFICACIA DE LOS DERECHOS HUMANOS? 210
5. ALGUNAS PROPUESTAS PARA POTENCIALIZAR LA DEMOCRACIA, LA EDUCACIÓN Y LOS DERECHOS HUMANOS 219

6. CONCLUSIONES 222
7. FUENTES DE LA INVESTIGACIÓN 224

LA JUSTICIA ABIERTA COMO HERRAMIENTA PARA EL AVANCE DE LOS DERECHOS HUMANOS DE LAS MUJERES Y PERSONAS EN SITUACIÓN DE VULNERABILIDAD 227

KAREN FLORES MACIEL

ADRIÁN ALCALÁ MÉNDEZ

1. INTRODUCCIÓN 228
2. LA JUSTICIA Y SU ADMINISTRACIÓN 232
3. JUSTICIA DESDE LA PERSPECTIVA DE GÉNERO 236
4. JUSTICIA ABIERTA 238
5. JUSTICIA ABIERTA CON PERSPECTIVA DE GÉNERO 243
6. EL CAMINO HACIA UNA JUSTICIA IGUALITARIA Y NO DISCRIMINATORIA 251
7. CONCLUSIONES 253
8. REFERENCIAS BIBLIOGRÁFICAS 256

ALGUNAS RELACIONES ENTRE DERECHOS HUMANOS, SALUD MENTAL Y DEMOCRACIA 259

JOEL RICARDO NEVÁREZ DEL RIVERO

ALEJANDRO VÁZQUEZ MELERO

1. INTRODUCCIÓN 260
2. RELACIONES ENTRE SALUD MENTAL, DEMOCRACIA YCULTURA DE LA LEGALIDAD 261
3. SALUD MENTAL, DERECHOS HUMANOS Y OBLIGACIONES DEL ESTADO 269
4. IMPORTANCIA DE LA SALUD MENTAL 274
5. EL TRASTORNO LÍMITE DE LA PERSONALIDAD ES UN PATRÓN DE INESTABILIDAD EN LAS RELACIONES INTERPERSONALES, LA AUTOIMAGEN Y LOS AFECTOS, Y DE UNA NOTABLE IMPULSIVIDAD. 278
6. DERECHOS HUMANOS, POLÍTICAS PÚBLICAS Y PERSONAS SANAS 278
7. CONCLUSIONES 282
8. FUENTES DE LA INVESTIGACIÓN 283

ALGUNOS DESARROLLOS RECIENTES DEL DUE PROCESS OF LAW (DEBIDO PROCESO). ELEMENTOS DOCTRINALES Y JURISPRUDENCIALES 285

Edgar Alán Arroyo Cisneros

Alma Rosa Solís Ríos

Ángel Sergio Quiñones Rutiaga

1. INTRODUCCIÓN 286

2. ASPECTOS DOCTRINALES RECIENTES DEL *DUE PROCESS OF LAW* 288

3. ASPECTOS JURISPRUDENCIALES RECIENTES DEL *DUE PROCESS OF LAW* *292*

4. EL *DUE PROCESS OF LAW* COMO ELEMENTO DEL ESTADO CONSTITUCIONAL 310

5. EL *DUE PROCESS OF LAW* Y SU IMPORTANCIA PARA LA DEMOCRACIA 311

7. FUENTES DE INFORMACIÓN 313

Presentación

La Colección "Entre derechos" de la prestigiosa Editorial Tirant Lo Blanch y la Universidad Juárez del Estado de Durango pretende generar espacios de diálogo sobre algunos de los desafíos más acuciantes que se le presentan al Derecho Constitucional, a los derechos humanos, a la teoría jurídica y a la Filosofía del Derecho hoy en día.

En este segundo libro de la Colección, Raúl Montoya Zamora, Ramón Gil Carreón Gallegos y Martín Gallardo García coordinan una serie de ensayos de bastante actualidad sobre los derroteros de la democracia constitucional y los derechos humanos en clave contemporánea, en los cuales se critica y se propone sobre el estado de cosas en México y en otras latitudes sobre aspectos muy puntuales relacionados con los grandes vectores de la obra ya referidos con anterioridad.

En esta batería de reflexiones, las y los amables lectores podrán encontrar indagaciones sobre la cultura de los derechos, los tratados internacionales, el Estado constitucional, los derechos de las mujeres, el derecho a la protección de la salud mental, el debido proceso, entre otros, con la posibilidad de formular su propia opinión y contribuir así a una democracia proactiva que tanto nos hace falta.

EDGAR ALÁN ARROYO CISNEROS
Director de la Colección "Entre derechos"
2023

Reflexiones sobre la cultura de los derechos humanos en México

RAMÓN GIL CARREÓN GALLEGOS
GABRIELA GUADALUPE VALLES SANTILLÁN
PALOMA CECILIA BARRAZA CÁRDENAS

SUMARIO: 1. EL ORIGEN Y LA TRANSFORMACIÓN DE LOS DERECHOS HUMANOS EN MÉXICO. 2. LOS NUEVOS PRINCIPIOS DE INTERPRETACIÓN DE LOS DERECHOS FUNDAMENTALES. 3. NOTAS SOBRE LA COMPRENSIÓN DEL DERECHO EN MÉXICO. 4. LA CULTURA DE LA CONSTITUCIÓN Y ALGUNOS DATOS SOBRE LOS DERECHOS EN MÉXICO, 5. BIBLIOGRAFÍA.

RESUMEN: El diseño constitucional y la evolución conceptual de los derechos humanos en México han tenido cambios trascendentales en los últimos años. Las modificaciones constitucionales del año 2011 sentaron las bases para una nueva comprensión de los derechos, sin embargo, muchas de las prácticas e ideas anteriores han tenido un impacto importante tanto en la comprensión como en la praxis de los derechos en la realidad.

A la fecha la Constitución mexicana ha tenido cerca 800 modificaciones lo que refleja una excesiva actividad reformista de los legisladores, así como el gran aumento del contenido de la Constitución desde su aprobación en el año de 1917. Las constantes reformas no sólo han modificado los contenidos del texto constitucional, sino que además lo han engrosado de manera preocupante casi triplicando su tamaño original, haciendo de la Constitución un ordenamiento sumamente reglamentario en muchas de sus partes. Esta circunstancia ha aumentado la complejidad en la comprensión de la Constitución y de los derechos humanos, sobre todo para la gran mayoría de la población, lo que aunado a otros factores sociales y culturales ha propiciado una débil cultura constitucional, de legalidad y de los derechos, lo que incide en la preocupante crisis de la vigencia real de la Constitución mexicana y de los derechos.

Este trabajo desarrolla algunas líneas argumentativas sobre estos tópicos que dan cuenta de la percepción de los mexicanos sobre el Derecho, los derechos y su Constitución, de su relación con el propio diseño constitucional mexicano, con el aumento preocupante de las reformas constitucionales por periodo presidencial y el aumento de sus contenidos, así como de algunas cifras que reflejan la grave crisis de violencia e ilegalidad que vive México.

1. EL ORIGEN Y LA TRANSFORMACIÓN DE LOS DERECHOS HUMANOS EN MÉXICO

Los derechos humanos en México tienen una génesis y una larga evolución que arranca desde el siglo XIX. Aunque se pueden encontrar importantes esfuerzos y contenidos normativos trascendentales, es hasta la Constitución liberal de 1857 que se puede distinguir al primer ordenamiento constitucional con un catálogo bien definido, con unidad conceptual y contextual de derechos humanos.

Si bien los derechos humanos entonces reconocidos estaban contextualizados por el liberalismo político y económico de la época y por lo tanto sólo se reconocieron los clásicos derechos de libertad y algunos derechos políticos, el contexto de inestabilidad política y las propias condiciones culturales y sociales de aquella época hicieron de la Constitución liberal de entonces un instrumento virtuoso desde el punto de vista teórico, pero inaplicable en la realidad.

La Constitución mexicana vigente que formalmente tiene su origen en el ordenamiento constitucional de 1917, tiene como fuente material a la revolución mexicana de 1910. No obstante, la Constitución vigente de hecho y de derecho es un acta de reformas a la Constitución de 1857.

Uno de los cambios centrales en el ordenamiento constitucional en 1917 fue modificar la terminología de los "derechos del hombre" para sustituirlo por el de "garantías individuales"; término que fue modificado en junio de 2011 por el de "De los Derechos Humanos y sus Garantías". A poco más de 10 años de esa trascendental reforma este cambio de términos que aparentemente pareciera ser sólo eso, estableció la base de un cambio en la percepción conceptual en la manera de entender y llevar a la práctica a los derechos humanos. Es sin duda, un gran cambio teórico que ha tenido y tendrá una gran trascendencia práctica para México.

El término y el concepto de "garantías individuales" estuvo sumamente arraigado en la práctica y en la enseñanza del Derecho en México. Durante décadas múltiples autores justificaron su uso y construyeron todo un andamiaje ideológico para sustentar una visión de las mismas, con notas características que parcialmente concordaban con la idea de derechos humanos.

No obstante lo anterior la mayoría de los estudios jurídicos mexicanos sobre las garantías individuales en buena medida se circunscribieron siempre al texto constitucional, teniendo como origen y límite el mismo referente constitucional y la mexicanidad del concepto de las garantías individuales. En buena medida las garantías individuales eran una categoría para el Derecho mexicano.

La reforma constitucional del año 2011 formalmente tuvo como origen diversas iniciativas presentadas en el Parlamento mexicano, sin embargo, lo cierto es que la citada modificación al texto constitucional fue el resultado de una serie de sucesos que directa o indirectamente generaron un contexto propicio para la reforma. Un factor importante tuvo que ver con la progresiva democratización de México y por ende el rompimiento de la hegemonía de un solo partido político.

El proceso de transición democrática en México tuvo un referente importante en la reforma política de 1977, en donde además de elevar a rango constitucional el reconocimiento de los partidos políticos como entidades de interés público, se amplió el sistema de partidos y la participación de éstos en el Congreso. Asimismo, dicha reforma sirvió para que en el año de 1979 por primera vez se permitiera la presencia en la Cámara de Diputados de otros partidos políticos diferentes a los que habían estado en el poder por más de tres lustros[1].

El proceso de democratización ha sido determinante en el avance del reconocimiento y la protección de los derechos humanos, pues en un escenario de pluralismo político y partidista se propicia el señalamiento y el debate público sobre los problemas de la sociedad. En virtud de ese proceso y teniendo en cuenta la inercia internacional, en el año de 1990 se creó en México la Comisión Nacional de los Derechos Humanos, primero como un órgano desconcentrado de la Secretaría de Gobernación, para en 1999 convertirse en un órgano constitucional autónomo[2], concebido como el principal organismo gubernamental encargado de promover y proteger los derechos humanos, con una presencia cada vez más importante en el país.

Otro factor que incidió en el fortalecimiento de los derechos humanos tiene que ver con la autonomía del Poder Judicial, sobre todo de la federación, más que nada si se tiene en cuenta que hasta 2011, la protección jurisdiccional directa de los derechos humanos estaba reservada por los tribunales de la federación. Así, la reforma publicada en el Diario Oficial de la Federación del 31 de diciembre de 1994, considerada como la más amplia y profunda que se haya producido en materia del Poder Judicial Federal,[3] en

---

1 *Nuestro siglo – La Reforma política de 1977* (Cámara de Diputados del H. Congreso de la Unión) <http://www.diputados.gob.mx/museo/s_nues11.htm> consultado el 12 de noviembre 2022.

2 CÓRDOVA VIANELLO, Lorenzo, "La reforma constitucional de derechos humanos: una revolución copérnica", *Revista de la Facultad de Derecho Mexicano,* vol. 61 núm. 256, 2011, p.70.

3 UNAM (ed) "La reforma judicial de 1994: una visión integral" en AA.VV. *La justicia mexicana hacia el siglo XX",* Universidad Nacional Autónoma de México, Senado de la República, LVI Legislatura 1997.

particular por lo que hace a las atribuciones de la Suprema Corte de Justicia de la Nación en materia de control de constitucionalidad, introdujo el control abstracto de congruencia normativa de las leyes y la Constitución, y de las Controversias Constitucionales, así como la creación del Consejo de la Judicatura Federal[4], dándole con ello una fortaleza al Poder Judicial como contrapeso del Poder Ejecutivo y Legislativo.

El proceso de democratización fue muy importante para que surgieran varias instituciones garantes de derechos humanos como lo son: el Tribunal de lo Contencioso Electoral (TRICOEL) en 1987, el cual cambio su nombre por el del Tribunal Federal Electoral (TRIFE) en 1990 –hoy Tribunal Electoral del Poder Judicial de la Federación-, y en ese mismo año, también se creó el Instituto Federal Electoral (hoy Instituto Nacional Electoral), instituciones que a lo largo de los años han sido promotores y garantes de los derechos político-electorales; el Instituto Federal de Acceso a la Información Pública, creado en el año de 2002, como instancia protectora del derecho de acceso a la información, de la protección de los datos personales y de la transparencia gubernamental- (hoy Instituto Nacional de Transparencia, acceso a la información y protección de datos personales); y el Consejo Nacional para Prevenir la Discriminación, creado en 2003, entre otras.

Estas instituciones que eventualmente adquirieron el rango de órganos constitucionales autónomos han fortalecido la protección de los derechos humanos, pero, además han propiciado el debate público sobre los derechos humanos más allá de la dogmática jurídica. La existencia de estas instituciones como promotoras -junto con la sociedad- del proceso de democratización, poco a poco incrementó la crítica social sobre la eficacia de los derechos humanos y el reclamo sobre las diversas violaciones, lo que sin duda hoy sigue siendo una constante en la vida cotidiana del país.

<https://biblio.juridicas.unam.mx/bjv/detalle-libro/159-la-justicia-mexicana-hacia-el-siglo-xxi> consultado el 05 de enero 2023.

4 CÓRDOVA VIANELLO, Lorenzo, *óp. cit.*, p. 71.

La reforma constitucional de 2011 se dio además en el contexto de una grave crisis de inseguridad pública que al día de hoy sigue generando miles de muertes violentas relacionadas con el crimen organizado.

Asimismo, dicha reforma llega también cuando en el país se acumulaban ya las primeras seis sentencias condenatorias de la Corte Interamericana de Derechos Humanos, en donde el Estado mexicano había sido declarado como responsable de violaciones a derechos humanos[5]. Lo que confirma a nivel internacional algo que ya se sabía: el Estado mexicano exhibe profundas deficiencias en la tutela de los derechos[6]. Pero además debe resaltarse que la estructura del Derecho mexicano previo a la reforma de 2011 no facilitaba la recepción y el cumplimiento de las sentencias de la Corte Interamericana, sobre todo teniendo en cuenta la visión de la jerarquía normativa que se tenía.

Los temas sobre los que la Corte Interamericana de Derechos Humanos se pronunció, abordan tópicos sumamente sensibles en la vida del país, uno de ellos se relaciona con la situación de violencia que se vive desde hace bastantes años -y que pese a la determinación de la CIDH, en la actualidad pocos han sido los cambios respecto a la postura del Estado mexicano- sobre las mujeres muertas en Ciudad Juárez, en el Estado de Chihuahua, tema abordado en el caso González y otras ("Campo Algodonero") vs. México; en dicha sentencia, se denunciaba el homicidio brutal y con motivo sexual de diversas mujeres, en la cual la Corte Interamericana esencialmente concluyó que "...desde 1993 existe en Ciudad Juárez un aumento de homicidios de mujeres, habiendo por lo menos 264 víctimas hasta el año 2001 y 379 hasta el 2005. Sin embargo, más allá de las cifras, sobre las cuales la Corte observa no existe firmeza, es preocupante el hecho de que algunos de estos crímenes parecen presentar altos grados de violencia, inclu-

---

5 *Las reformas constitucionales en materia de derechos humanos*, Comisión de Derechos Humanos del Distrito Federal México, 2012, p. 13.

6 *Ibídem*.

yendo sexual, y que en general han sido influenciados, tal como lo acepta el Estado, por una cultura de discriminación contra la mujer, la cual, según diversas fuentes probatorias, ha incidido tanto en los motivos como en la modalidad de los crímenes, así como en la respuesta de las autoridades frente a éstos."[7]. En este mismo asunto, la Corte Interamericana concluyó que debían destacarse las respuestas ineficientes y las actitudes indiferentes de las autoridades en cuanto a las investigaciones de los crímenes, lo que según la misma Corte, parece haber permitido que se hubiera perpetuado la violencia contra las mujeres en Ciudad Juárez[8].

Estos casos reflejaron la crisis de derechos humanos en México no sólo en cuanto a los mecanismos internos de protección de derechos humanos sino además, en las limitaciones del sistema jurídico para interactuar con el sistema interamericano de derechos humanos. En ese sentido, en el proceso de desarrollo y evolución de los derechos humanos, muchas naciones habían ido adaptando sus legislaciones a las creadas en el ámbito internacional, sobre todo a partir de la segunda mitad del siglo XX, con la Declaración Universal de los Derechos Humanos, el Pacto Internacional de Derechos Civiles y Políticos, el Pacto Internacional de Derechos Económicos, Sociales y Culturales; y la Convención Americana sobre Derechos Humanos, entre otros.

Los anteriores instrumentos jurídicos son los más representativos a escala internacional y han servido como base para el reconocimiento y la protección de los derechos humanos[9].

---

7 *Cfr.* GONZÁLEZ y otras ("Campo Algodonero") vs. México [2009] Corte Interamericana de Derechos Humanos <http://www.corteidh.or.cr/docs/casos/articulos/seriec_205_esp.pdf > consultado el 10 de diciembre 2022.

8 *Ibídem.*

9 Dictámenes a discusión de las Comisiones Unidas de Puntos Constitucionales, y de Derechos Humanos, con proyecto de decreto que modifica la denominación del capítulo I del título primero y reforma diversos artículos de la Constitución Política de los Estados Unidos Mexicanos,

Por otro lado, la reforma tuvo como referente no sólo las iniciativas presentadas por los legisladores, sino que incorporaron propuestas de grupos de la sociedad civil; los trabajos de la Comisión Ejecutiva de Negociación y Construcción de Acuerdos del Congreso de la Unión en el Grupo de garantías Sociales, el trabajo coordinado por la Oficina en México de la Alta Comisionada de las Naciones Unidas para los Derechos Humanos, con integrantes de la academia y ONG´s, así como las aportaciones de la Comisión de Derechos Humanos del Distrito Federal[10].

En 2009 y 2010 se aprobaron modificaciones a diversos artículos de la Constitución, pero es hasta el 15 de enero de ese último año cuando el proyecto de reforma constitucional en materia de derechos humanos fue aprobado con modificaciones y enviado a la Cámara de Senadores la que aprobó el proyecto el 8 de marzo de 2011, publicando el dictamen el día siguiente. Así, se devolvió a la Cámara de Diputados quien aprobó el 23 de marzo de 2011[11]. La Cámara de Senadores, remitió la reforma a las entidades federativas para su aprobación, y concluyó el proceso el 11 de marzo de 2011.

Finalmente, la reforma fue publicada el 10 de junio de 2011 en el Diario Oficial de la Federación, dando inicio el cambio de paradigma de los derechos humanos en México, dejando además atrás el término constitucional y doctrinal de las garantías individuales, para sustituirlo por el de derechos humanos, lo que ha supuesto un cambio terminológico y conceptual.

No obstante, la reforma, aunque no resuelve algunas inconsistencias teóricas que el texto constitucional mantiene, en

---

Gaceta parlamentaria de la LXI Legislatura, Cámara de Diputados. Año XIV. Número 3162-IV, 2010, p. 7.

10 Dictámenes a discusión de las Comisiones Unidas de Puntos Constitucionales, y de Derechos Humanos, con proyecto de decreto, *óp. cit.*, p. 16.

11 CASTILLA JUÁREZ, Karlos, "Un nuevo panorama constitucional para el derecho internacional de los derechos humanos en México" *Estudios Constitucionales,* año 9, número 2, Universidad de Talca, 2011, p. 137 y ss.

cambio sí representa un cambio de paradigma para los derechos humanos en México, fundamentalmente porque a partir de la reforma de 2011 desde el propio texto constitucional se establecen las bases conceptuales obligatorias para entender y aplicar a los derechos.

2. LOS NUEVOS PRINCIPIOS DE INTERPRETACIÓN DE LOS DERECHOS FUNDAMENTALES

La base central del nuevo paradigma de los derechos fundamentales en México reside en la redacción del artículo 1° de la Constitución que textualmente establece lo siguiente:

> "Artículo 1o. En los Estados Unidos Mexicanos todas las personas gozarán de los derechos humanos reconocidos en esta Constitución y en los tratados internacionales de los que el Estado Mexicano sea parte, así como de las garantías para su protección, cuyo ejercicio no podrá restringirse ni suspenderse, salvo en los casos y bajo las condiciones que esta Constitución establece.
>
> Las normas relativas a los derechos humanos se interpretarán de conformidad con esta Constitución y con los tratados internacionales de la materia favoreciendo en todo tiempo a las personas la protección más amplia.
>
> Todas las autoridades, en el ámbito de sus competencias, tienen la obligación de promover, respetar, proteger y garantizar los derechos humanos de conformidad con los principios de universalidad, interdependencia, indivisibilidad y progresividad. En consecuencia, el Estado deberá prevenir, investigar, sancionar y reparar las violaciones a los derechos humanos, en los términos que establezca la ley...[12]"

A partir de este artículo las normas relativas a los derechos humanos se interpretarán de conformidad con la Constitución y con los tratados internacionales de la materia, favoreciendo en todo tiempo a las personas la protección más amplia; expansivamente, cuando se trate de normas que confieran derechos, y limitada-

---

12 Constitución Política de los Estados Unidos Mexicanos.

mente, cuando se refieran a normas que establecen restricciones a los derechos o su suspensión extraordinaria[13].

Con lo anterior se advierte que se han constitucionalizado los principios pro homine o pro libertatis, reconocidos en el artículo 29 de la Convención Americana sobre Derechos Humanos, lo que implica que debe observarse en la actuación de todas las autoridades, que de acuerdo a lo previsto en el párrafo tercero del artículo en comento, en el ámbito de sus competencias, tienen la obligación de promover, respetar, proteger y garantizar los derechos humanos de conformidad con los principios de universalidad, interdependencia, indivisibilidad y progresividad.

Esta pauta interpretativa, se suma a las previstas en los párrafos tercero y cuarto del artículo catorce constitucional, y a los criterios de interpretación utilizados normalmente por los jueces mexicanos, tales como los criterios gramatical, sistemático y funcional[14].

El principio de interpretación *propersona* establecido en el artículo primero constitucional, se dirige a todas las autoridades en sus respectivos ámbitos de competencia, con la finalidad de que, en los asuntos relacionados con derechos humanos, utilicen este criterio de interpretación que resulta obligatorio teniendo en cuenta la jerarquía normativa de los derechos humanos. Por otro lado, este nuevo parámetro de interpretación se traduce en una labor permanente de armonizar las normas del Derecho interno con las normas de carácter internacional, prefiriendo la aplicación de la norma que otorgue la más amplia protección a las personas, con base al aludido principio *propersona.*

El párrafo tercero del artículo primero constitucional establece que todas las autoridades en el ámbito de sus competencias tienen la obligación de promover, respetar, proteger y garantizar los derechos humanos de conformidad con los principios de univer-

---

13 MONTOYA ZAMORA, Raúl, "Las nuevas pautas interpretativas en materia de derechos humanos", *Revista Quid Iuris,* Año 6, Volumen 17, 2012, pp. 140 y ss.

14 *Ídem.*

salidad, interdependencia, indivisibilidad y progresividad. Estos principios que el constituyente mexicano adoptó e incorporó al texto constitucional habían sido ya proclamados en instrumentos como la Declaración y el Programa de Acción de Viena, aprobada en la Conferencia Mundial de Derechos Humanos realizada en Viena en el año de 1993. Instrumento que ha servido de gran apoyo al cumplimiento y observancia de la Carta de las Naciones Unidas y a la Declaración Universal de Derechos Humanos. En dicha Declaración y Programa de Acción de Viena se establece en el punto 5 lo siguiente:

> "5. Todos los derechos humanos son universales, indivisibles e interdependientes y están relacionados entre sí. La comunidad internacional debe tratar los derechos humanos en forma global y de manera justa y equitativa, en pie de igualdad y dándoles a todos los mismos pesos. Debe tenerse en cuenta la importancia de las particularidades nacionales y regionales, así como de los diversos patrimonios históricos, culturales y religiosos, pero los Estados tienen el deber, sean cuales fueren sus sistemas políticos, económicos y culturales, de promover y proteger todos los derechos humanos y las libertades fundamentales.[15]"

Estos principios que hoy constituyen la pauta interpretativa de todas las autoridades mexicanas y representan auténticos criterios de optimización interpretativa de los derechos fundamentales, han sido ya abordados por el Poder Judicial de la Federación, tal y como se advierte en los siguientes criterios:

> "PRINCIPIOS DE UNIVERSALIDAD, INTERDEPENDENCIA, INDIVISIBILIDAD Y PROGRESIVIDAD ESTABLECIDOS EN LA CONSTITUCIÓN FEDERAL. REPRESENTAN CRITERIOS DE OPTIMIZACIÓN INTERPRETATIVA DE LOS DERECHOS FUNDAMENTALES. El 10 de junio de 2011 se promulgaron reformas a la Constitución Política de los Estados Unidos Mexicanos en materia de derechos humanos, de las que sobresale la modificación de su artículo 1o. que establece la obligación de toda autoridad de promover, respe-

---

15 Declaración y programa de acción de Viena. Aprobados por la Conferencia Mundial de Derechos Humanos el 25 de junio de 1993. <https://www.ohchr.org/documents/events/ohchr20/vdpa_booklet_spanish.pdf>consultado el 11 de diciembre 2022.

tar y garantizar los derechos humanos, favoreciendo la protección más amplia posible a favor de la persona, de conformidad con los principios de universalidad, interdependencia, indivisibilidad y progresividad. En virtud de éstos, la valoración de los derechos fundamentales queda vinculada a la premisa de que deben respetarse en beneficio de todo ser humano, sin distinción de edad, género, raza, religión, ideas, condición económica, de vida, salud, nacionalidad o preferencias (universalidad); además, tales derechos han de apreciarse como relacionados de forma que no sería posible distinguirlos en orden de importancia o como prerrogativas independientes, prescindibles o excluyentes unas ante otras, sino que todos deben cumplirse en la mayor medida posible, así sea en diferente grado por la presencia de otro derecho fundamental que también deba respetarse y que resulte eventualmente preferible, por asegurar un beneficio mayor al individuo, sin que el derecho fundamental que ceda se entienda excluido definitivamente (indivisibilidad e interdependencia); asimismo, con el entendimiento de que cada uno de esos derechos, o todos en su conjunto, obedecen a un contexto de necesidades pasadas y actuales, mas no niegan la posibilidad de verse expandidos, por adecuación a nuevas condiciones sociales que determinen la necesidad y vigencia de otras prerrogativas que deban reconocerse a favor del individuo (progresividad). De esta guisa, los referidos principios representan criterios de optimización interpretativa de los derechos fundamentales, porque conducen a su realización y observancia plena e inmejorable a favor del individuo, al orientar el proceder de toda autoridad en el cumplimiento del mandato de promover, respetar, proteger y garantizar los derechos humanos reconocidos en la Constitución y los tratados internacionales de la materia, lo cual se refleja al ejercer el control constitucional, en el sentido de que el respeto y restauración de los indicados derechos son una tarea no sólo de la jurisdicción federal, sino también de la ordinaria en el conocimiento de los asuntos de su competencia.[16]"

"PRINCIPIOS DE OPTIMIZACIÓN INTERPRETATIVA DE LOS DERECHOS HUMANOS RECONOCIDOS EN LA CONSTITUCIÓN FEDERAL (UNIVERSALIDAD, INTERDEPENDENCIA, INDIVISIBILIDAD Y PROGRESIVIDAD). ORIENTAN LA INTERPRETACIÓN

---

16 Tesis: IV.2o.A.15 K (10a.), página: 1289, Tomo: Libro XXI, junio de 2013 Tomo 2, Tribunales Colegiados de Circuito, registro digital: 2003881, Semanario Judicial de la Federación y su Gaceta <https://sjf2.scjn.gob.mx/detalle/tesis/2003881> consultado el 10 de diciembre 2022.

DE LOS PRECEPTOS CONSTITUCIONALES EN ESA MATERIA Y SON DE INELUDIBLE OBSERVANCIA PARA TODAS LAS AUTORIDADES. El 10 de junio de 2011 se promulgaron reformas a la Constitución Política de los Estados Unidos Mexicanos en materia de derechos humanos, de las que sobresale la modificación de su artículo 1o. que establece la obligación de toda autoridad, de promover, respetar y garantizar los derechos humanos, favoreciendo la protección más amplia posible a favor de la persona, de conformidad con los principios de universalidad, interdependencia, indivisibilidad y progresividad. En virtud de éstos, la valoración de los derechos fundamentales queda vinculada a la premisa de que deben respetarse en beneficio de todo ser humano, sin distinción de edad, género, raza, religión, ideas, condición económica, de vida, salud, nacionalidad o preferencias (universalidad); además, tales derechos han de apreciarse como relacionados de forma que no sería posible distinguirlos en orden de importancia o como prerrogativas independientes, prescindibles o excluyentes unas ante otras, sino que todos deben cumplirse en la mayor medida posible, así sea en diferente grado por la presencia de otro derecho fundamental que también deba respetarse y que resulte eventualmente preferible, por asegurar un beneficio mayor al individuo, sin que el derecho fundamental que ceda se entienda excluido definitivamente (indivisibilidad e interdependencia); asimismo, con el entendimiento de que cada uno de esos derechos, o todos en su conjunto, obedecen a un contexto de necesidades pasadas y actuales, mas no niegan la posibilidad de verse expandidos, por adecuación a nuevas condiciones sociales que determinen la necesidad y vigencia de otras prerrogativas que deban reconocerse a favor del individuo (progresividad). De esta guisa, los referidos principios orientan la interpretación de los restantes preceptos constitucionales en materia de derechos fundamentales, conduciendo a su realización y observancia más plena e inmejorable posibles, vinculando el proceder de toda autoridad en el cumplimiento del mandato de promover, respetar, proteger y garantizar los derechos humanos reconocidos en la Constitución y los tratados internacionales de la materia, por lo que se constituyen como auténticos principios de optimización e interpretación constitucional que el legislador decidió objetivar en la Norma Suprema y, que por ende, resultan de ineludible observancia para todas las autoridades, y más aún para las jurisdiccionales."[17]

---

17 Tesis: IV.2o.A.15 K (10a.), página: 1946, Tomo: Libro XII, septiembre de 2012 Tomo 3, Tribunales Colegiados de Circuito, registro digital:

Estos cuatro principios constitucionales de interpretación de los derechos humanos resultan torales para el nuevo paradigma de los derechos en México.

El principio de universalidad de los derechos humanos se concibe bajo la perspectiva de que corresponden a todas las personas por igual. El común denominador es el ser humano, sin criterios de exclusión fundados en el género, la raza, el origen étnico, la nacionalidad o cualquier otra distinción. Dado que los derechos humanos son exigencias éticas justificadas especialmente importantes, deben ser protegidas eficazmente a través del sistema jurídico. Tales características de justificación ética y especial relevancia, conllevan la necesidad de que sean reconocidos y garantizados por el sistema jurídico, de lo contrario no tendrían una eficaz garantía, por tanto, el reconocimiento de los derechos humanos como "exigencias éticas justificadas y especialmente importantes" es también lo que sostiene la idea de universalidad[18].

Por lo que respecta al principio de interdependencia, estese traduce en la tesis de que los derechos humanos se encuentran interconectados unos con otros, es decir, dependen unos de otros, por lo que la satisfacción de un derecho, así como su ejercicio, implica necesariamente que se respeten y protejan multiplicidad de derechos que de esa manera se encuentran vinculados[19]. De tal suerte, los derechos son interdependientes en virtud de que establecen relaciones recíprocas entre ellos, es decir, el disfrute y protección de un derecho dependen en buena medida de la rea-

---

2001718, Semanario Judicial de la Federación y su Gaceta<https://sjf2.scjn.gob.mx/detalle/tesis/2001718> consultado el 10 de diciembre 2022.

18 VÁZQUEZ, Luis Daniel y SERRANO, Sandra, "Los principios de universalidad, interdependencia, indivisibilidad y progresividad. Apuntes para su aplicación práctica", en Miguel Carbonell y Pedro Salazar (Coord) *La reforma constitucional de derechos humanos: un nuevo paradigma,* Instituto de Investigaciones Jurídicas-UNAM, 2011, p. 139.

19 MONTOYA ZAMORA, Raúl, "Las nuevas pautas interpretativas en materia de derechos humanos". *óp. cit.* p. 148.

lización de otro o de otros derechos. En este sentido, el respeto, garantía, protección y promoción de un derecho tendrá impacto en los otros y/o viceversa[20].

Lo anterior implica que se respeten y protejan los derechos que se encuentran relacionados; de esa manera, si se quiere reconocer un derecho, se deben de garantizar toda la gama de derechos propios del ser humano, lo que marca una orientación para las autoridades, que al proteger un derecho deben observar los efectos que se causan sobre otros, a la vez que se obliga, en la labor de promoción de los mismos a mantener siempre una visión integral.

El principio de indivisibilidad implica concebir a los derechos humanos en sí mismos como infragmentables, independientemente de su contenido ya que todos ellos inherentes al ser humano y derivan de su dignidad. No se protegen o reconocen partes de los derechos humanos o un grupo de ellos, la visión, la comprensión y su eficacia es integral. En esta lógica, los derechos son indivisibles, ya que no pueden considerarse como elementos aislados o separados sino como un conjunto, ya que tal característica de indivisibilidad niega cualquier separación, categorización o jerarquía entre los mismos. El aspecto central de este criterio es que los Estados no están autorizados para proteger y garantizar una determinada categoría de derechos humanos en contravención de otra, sino que todos los derechos humanos merecen la misma atención y urgencia. Con base en esta idea, "la existencia real de cada uno de los derechos humanos sólo puede ser garantizada por el reconocimiento integral de todos ellos"[21].

---

20 VÁZQUEZ, Luis Daniel y SERRANO, Sandra, "Los principios de universalidad, interdependencia, indivisibilidad y progresividad. Apuntes para su aplicación práctica", *óp. cit.* p. 152.

21 BLANC ALTEMIR, Antonio, "Universalidad, indivisibilidad e interdependencia de los derechos humanos a los cincuenta años de la Declaración Universal", en *La protección internacional de los derechos humanos a los cincuenta años de la Declaración Universal,* Universitat de Lleida-Tecnos-ANUE, España, 2001, p. 31.

Los derechos humanos se encuentran unidos, ya no por razones de dependencia sino porque de una u otra forma los derechos forman una sola construcción. Así, tanto la realización como la violación de un derecho impactan en otros, más allá de si existe o no una relación de dependencia inmediata entre ellos. La idea central es que la realización de los derechos sólo puede alcanzarse mediante el cumplimiento conjunto de todos ellos.

Por último, el principio de progresividad se refiere a la obligación del Estado de procurar, por todos los medios posibles, la observancia de los derechos humanos en cada momento histórico, y la prohibición de cualquier retroceso en materia de los mismos.

El principio de que los derechos humanos deben alcanzarse progresivamente, significa que los gobiernos tienen la obligación inmediata de asegurar las condiciones que permitan gradual y constantemente la realización de estos derechos, por ser inherentes a la persona y no depender su existencia del reconocimiento de un Estado.

Por tanto, el principio de progresividad, radica en que el espacio que hayan ganado los derechos humanos y les haya sido reconocido por la ley, no puede ser revertido en lo sucesivo. La gradualidad se refiere a que la efectividad de los derechos no va a lograrse de una vez y para siempre, sino que se trata de un proceso que supone definir metas a corto, mediano y largo plazo, por ello el principio de progresividad patenta que el disfrute de los derechos siempre debe mejorar[22].

Es de tal la importancia este principio, que se obliga al Estado a actualizar su legislación en aras de dignificar la condición humana, adaptando la interpretación de las normas a la sensibilidad, pensamiento y necesidades de los nuevos tiempos, a fin de armo-

---

22 VÁZQUEZ, Luis Daniel y SERRANO, Sandra, "Los principios de universalidad, interdependencia, indivisibilidad y progresividad. Apuntes para su aplicación práctica", *óp. cit.*, p. 159.

nizarlas con el nuevo orden establecido y rechazar todo precepto anacrónico que se oponga a su efectiva vigencia[23].

El principio de progresividad es inherente en todos los instrumentos que se refieran a derechos humanos a medida que se elaboran y amplían, la propia Constitución cuando otorga la máxima jerarquía normativa a los tratados y convenios suscritos por el Estado mexicano, conduce a una obligación del mismo Estado y de todas sus instituciones para observar y garantizar los derechos humanos.

Estos principios han tenido una gran importancia en el desarrollo interpretativo de los derechos humanos, sin embargo, la forma de entender y practicar a la Constitución y al Derecho mismo han tenido una marcada influencia en la efectividad de los derechos fundamentales y en la construcción de un Estado de Derecho que dista mucho de haberse consolidado. Al día de hoy, esa construcción ideológica deja patente su influencia en problemas importantes para la sociedad mexicana, que se traducen en la falta de una cultura de legalidad generalizada que inciden directamente en la eficacia de los derechos humanos, en los graves problemas de corrupción y violencia que vive México.

3. NOTAS SOBRE LA COMPRENSIÓN DEL DERECHO EN MÉXICO

La manera en cómo concebimos un fenómeno en buena medida condiciona la forma en que llevamos a la práctica las ideas. Con el fenómeno jurídico la distinción entre el concepto y la concepción resulta necesaria pues mientras "concepto alude al significado teórico y general de un término, la concepción hace

---

[23] PICARD DE ORSINI, Marie y USECHE, Judith, "El principio de progresividad y la actuación de los órganos del Poder Público conforme a la Constitución vigente", Revista *Provincia,* número especial, 2005, p. 432.

referencia a la forma de llevar a la práctica en concepto" En este sentido Pérez Luño hace referencia a la distinción entre concepto y concepción avanzada por Ronald Dworkin, así, haciendo referencia a este último dirá: Cuando apelo a un concepto planteo un problema; cuando formulo una concepción intento resolverlo[24].

El concepto del Derecho que se ha construido en México a lo largo de los años ha tenido una trascendencia muy importante pues esto ha influido en la forma en la que los operadores jurídicos lo han llevado a la práctica, pero también, en la manera en la que la sociedad en general concibe el fenómeno de lo jurídico, lo cual tiene una enorme relación con la cultura jurídica de la colectividad. Así, las distintas construcciones teóricas sobre el Derecho en México que se han ido consolidando desde la enseñanza del mismo, desde la academia u otros sectores, han ido perfilando la forma en que la sociedad interactúa con las leyes, con las instituciones y en un sentido amplio, con los espacios de lo público y lo privado.

En ese sentido la visión del Derecho que han tenido los operadores jurídicos y la sociedad mexicana en general se ha traducido en una determinada forma de entender y practicar al Derecho y a los derechos, lo que sin duda ha condicionado la construcción de una determinada cultura jurídica, la del Estado de Derecho y la proliferación misma de la corrupción y muchos de los problemas graves del país vinculados con el imperio de la ley.

Durante casi todo el siglo XX e inicios del presente siglo, la concepción del Derecho no deja de estar profundamente marcada por una visión sumamente formalista. Esto puede rastrearse hasta los albores del constitucionalismo mexicano de inicios del siglo XX en los debates mismos del constituyente de 1916-1917, marcado por un gran pragmatismo y empatía social con el movimiento revolucionario de 1910. Esa impronta formalista pragmá-

---

24 PÉREZ LUÑO, Antonio Enrique, "Concepto y Concepción de los derechos humanos. Acotaciones a la Ponencia de Francisco Laporta,", *Revista DOXA,* No. 4, 1987, p. 47.

tica de inicios del siglo XX, fue nutriéndose y fortaleciéndose conceptualmente durante las décadas siguientes, fundamentalmente con el formalismo jurídico kelseniano que con ciertos matices influyó en la obra de muchos autores mexicanos, arraigándose en la visión y en la praxis de muchos operadores jurídicos, en los tribunales, instituciones y en la cultura jurídica misma, lo que incluso contribuyó en buena medida en el déficit de la investigación iusfilosófica en México [25].

En este sentido, resulta oportuno precisar que se afirma la falta de consolidación del Estado de Derecho mexicano desde una perspectiva formal y material. Desde una perspectiva formal entendido el Estado de Derecho como el "modelo de estructuración de las relaciones entre el Derecho y el Poder político, en el que éste se debe ejercer en el marco de las limitaciones formales establecidas por las normas jurídicas" [26]. En esta visión el Estado de Derecho implicaría un sometimiento del Poder político al Derecho, el principio de legalidad o el imperio de la ley, es decir, la actuación del Poder político siempre bajo el marco de la ley. En este contexto, se asume una visión formal pues no se dice nada del contenido del Derecho, sería una forma procedimental que implica la sujeción de los poderes públicos a las normas jurídicas al margen de considerar los contenidos morales de éstas.

Por otro lado, una visión material o sustancial del Estado de Derecho implicaría un modelo en el que aquella estructuración de las relaciones entre el Derecho y el Poder político debe de ejercerse dentro del marco de las normas jurídicas desde un punto de vista formal pero además material. De tal suerte "El Estado de Derecho material supera al Estado formal en la consideración del significado de la legalidad. En efecto, en el Estado de Derecho formal la legalidad y el imperio de la ley no son considerados desde

---

25 CRUZ, Juan Antonio, "La Filosofía del Derecho en México", *Isonomía: Revista de Teoría y Filosofía del Derecho,* número 2, 1995, p. 207.

26 ANSUÁTEGUI ROIG, Francisco Javier, "La relación entre los derechos fundamentales y el Estado de Derecho: dimensiones y consecuencias", *Anuario de Filosofía del Derecho,* No. 23, 2006, p. 190.

el punto de vista de los contenidos" [27]. En esta tesitura, serían los derechos fundamentales "el mínimo moral común y compartido en el Estado de Derecho, el núcleo de una ética pública cuyo sentido básico no es tanto el de generar una voluntad de imposición como el de significar un referente de adhesión individual libre" [28].

Así visto, sea desde una perspectiva material o formal lo cierto es que a la fecha hay un déficit importante en la consolidación del Estado de Derecho en México y buena parte de los factores que han incidido en ello tienen su origen en la construcción del iuspositivismo formalista que comenzó a inicios del siglo XX y que aún hoy en día persiste en buena parte de los operadores jurídicos, pese a la importante reforma constitucional del año 2011.

La génesis de la Constitución mexicana vigente tiene su origen en la revolución de 1910 y las propias reivindicaciones sociales del movimiento tuvieron un gran impacto en las deliberaciones del constituyente y en el texto mismo de la Constitución. Durante gran parte del siglo XX, la construcción que los juristas mexicanos y el propio sistema político hicieron sobre la comprensión de la Ley Suprema, dejó de manifiesto que la Constitución mexicana de 1917, surgida a partir de un movimiento político armado, seguía siendo expresión cotidiana de aquellas "decisiones políticas fundamentales" (como se las conoció por mucho tiempo) y por lo tanto, su interpretación, su significación y compresión debían tener como referente y límite, los sucesos, las deliberaciones y los fines perseguidos en el movimiento armado de 1910.

En los años posteriores a la revolución, la comprensión de la Constitución quedó supeditada a la coyuntura y los programas políticos de los regímenes en turno, ya que éstos eran expresión del mismo movimiento revolucionario de principios del siglo XX. Paradójicamente, pese a que por una parte se consolidaba una visión positivista formalista del Derecho, por otro lado, el fenómeno jurídico estuvo subordinado a la coyuntura política de los regí-

---

27 *Ídem*, p. 194.
28 *Ídem*, p. 202.

menes políticos emanados de la revolución, ya que los gobiernos en turno eran emanados de un partido revolucionario. Desde entonces se asumió que el Derecho debía ceder ante determinadas decisiones políticas, pues en el extremo, los regímenes políticos en turno, al menos los discursos oficiales de gran parte del siglo XX consistían en afirmar que la revolución no había acabado, sino que continuaba vigente [29].

Con el tiempo, este contexto hizo posible que en el país se consolidaran dos grandes concepciones del Derecho que parecieran contradictorias entre sí, pero que a la postre dibujarían las líneas básicas de la comprensión del fenómeno jurídico con importantes consecuencias en la aplicación del Derecho y de los derechos humanos. Por una parte, se consolidó una concepción científica del Derecho nutrida del positivismo formalista kelseniano, y por la otra, se consolidó una concepción política del Derecho en la cual la aplicación de las normas jurídicas debía ceder ante determinadas decisiones políticas fundamentales que los gobiernos en turno iban estableciendo, pero que se estimaban decisiones legítimas por tener como origen el movimiento revolucionario de 1910.

Durante prácticamente todo el siglo XX y aún hoy en día la llamada concepción científica del Derecho ha dominado el estudio de este, su aplicación judicial y su aplicación en general por los operadores jurídicos [30]. Este enfoque formalista del Derecho propio de la dogmática jurídica, que ha tenido y tiene presencia en muchos contextos jurídicos, se consolidó en la cultura jurídica mexicana a partir de su enseñanza, su estudio y su transmisión cotidiana en casi todos los ámbitos de operación del Derecho. Esta visión fue muy utilizada sobre todo en el ámbito judicial, donde se utilizó para sostener la tesis de la división de poderes, pero más aún para darle cauce a la tesis de la labor de descubrimiento de

---

[29] MADRAZO, Alejandro, "Estado de derecho y Cultura Jurídica en México", *Isonomía: Revista de Teoría y Filosofía del Derecho,* No. 17, 2002, p. 214.

[30] *Ídem,* p. 205

los jueces sobre el significado de las normas, a través de una operación lógico deductiva.

A lo largo de las décadas esta forma de comprender al Derecho cercana al formalismo kelseniano, propició que los estudios jurídicos se mantuvieran ajenos a elementos "impuros" como los contenidos morales y políticos, dándole el carácter de "científico" al trabajo que hacen los estudiosos del Derecho. Como señala Merryman, la llamada ciencia jurídica trata de ser pura, "quienes cultivan la ciencia jurídica deliberadamente dirigen su atención hacia los fenómenos y valores jurídicos puros como el valor jurídico de la certeza de la ley, y excluyen a otros". Para quienes se encargan de estudiar y operar el Derecho bajo esta concepción científica, "...tampoco se interesa en los resultados del Derecho, en valores tan elevados como la justicia". Así, los científicos del Derecho "blandiendo la bandera de la ciencia jurídica crearon conceptos de altísima ideología armándolos en un cuerpo jurídico conceptual sistemático, que aún se enseña en las facultades de derecho de las universidades, que limita y dirige el pensamiento de los parámetros de la interpretación judicial y de la aplicación de las leyes, de los precedentes y de las transacciones jurídicas, y que, en una palabra, domina el proceso jurídico"[31].

Esa visión positivista y formalista del fenómeno jurídico generó que durante mucho tiempo los estudios jurídicos mexicanos dieran más relevancia a los análisis de las normas y de las instituciones jurídicas desde un punto de vista interno, que se presentaban como estudios cognoscitivos o explicativos, pero que, en realidad, servían más para operar el Derecho que para explicar el contexto de su creación, sus implicaciones morales o políticas y las múltiples opciones de interpretación [32]. La visión científica o iuspositivista formalista que se consolidó en México en el fon-

---

[31] MERRYMAN, John Henry, *La tradición jurídica romano-canónica*, Fondo de Cultura Económica, 1971, p. 116.

[32] MADRAZO, Alejandro, "Estado de derecho y Cultura Jurídica en México", *op. cit.*, p. 209

do escondía la transmisión de una ideología concreta y particular que finalmente se tradujo -o al menos se hizo durante buena parte del siglo XX- en una visión parcial del fenómeno jurídico como algo puramente legal, es decir, se identificó al Derecho con la ley formalmente vigente, evitando o dejando de lado las deliberaciones críticas sobre el Derecho y sus repercusiones morales, políticas o sociales, reproduciendo así esquemas de organización social autoritarios [33].

En esta lógica la comprensión científica o formalista del Derecho que se fue consolidando durante el siglo XX, coexistió con la comprensión política de la Constitución y del Derecho mismo. Como refiere Cossío, las supuestas contradicciones que aparentemente pudieran existir entre concepciones normativas de juristas mexicanos y la comprensión política de la Constitución, no eran tales, pues la idea que se formó de la Constitución fue construida por los juristas a partir de una imagen y una explicación que favorecía el modo de dominación política del siglo XX, al menos y sobre todo de la primera mitad, pues los regímenes políticos en turno eran emanados de un partido político "portador" del ideal revolucionario, que como se ha dicho, era el origen y la finalidad del orden constitucional y normativo. En ese contexto "los juristas mexicanos se formularon una idea de Constitución que, justamente, justificaba ese modo de dominación política" [34].

En esa tesitura la comprensión y la praxis del Derecho que se ha ido construyendo a lo largo de los años ha generado una determinada cultura de la Constitución y los derechos que dista mucho de estar consolidada y que en buena medida ha influenciado la debilidad del Estado de Derecho mexicano y los graves problemas en la vigencia real de los derechos humanos en el país.

---

33 *Ídem*, p. 210.

34 COSSÍO DÍAZ, José Ramón, "Los Derechos Sociales como normas programáticas y la comprensión política de la Constitución" en *Ochenta años de vida constitucional en México*, Cámara de diputados LVII legislatura, Instituto de Investigaciones jurídicas, Universidad Nacional Autónoma de México, 1998, p. 302.

4. LA CULTURA DE LA CONSTITUCIÓN Y ALGUNOS DATOS SOBRE LOS DERECHOS EN MÉXICO

Pese a la nueva visión de las normas constitucionales que desde la reforma del 2011 han venido marcando la pauta para una nueva comprensión del Derecho, lo cierto es que aún en día la concepción científica y política del Derecho siguen teniendo consecuencias en la falta de consolidación del Estado de Derecho y en la construcción de una determinada cultura jurídica en el país.

Hoy en día la percepción de la propia Constitución y de las instituciones públicas en general no es positiva, lo que sin duda contribuye a una cultura de corrupción, de falta de aplicación de la ley y de impunidad. La propia consolidación de una concepción científica del Derecho y de la Constitución, influenciada por una visión positivista formalista y por una comprensión y praxis política del mismo Derecho, han sido factores importantes en la cultura jurídica y en la consolidación de hábitos y costumbres sobre el fenómeno jurídico. Pero si además se suman otros factores como la práctica permanente de reformar constantemente a la Constitución, así como a aumentar de manera desmedida sus contenidos, las consecuencias resultan aún más problemáticas para consolidar una cultura de la Constitución, del Derecho y de los derechos.

Al día de hoy la Constitución mexicana de 1917 cuenta ya con casi 800[35] modificaciones lo que resulta paradójico pues en teoría es una Constitución rígida[36]. Se podría decir que es una Constitución rígida sumamente flexible pues aunque el procedimiento para su reforma sea agravado o complejo teóricamente hablando,

---

35 Reformas constitucionales por artículo <http://www.diputados.gob.mx/LeyesBiblio/ref/cpeum_art.htm> consultado el 17 de diciembre 2022.

36 *Cfr.* GUASTINI, Riccardo, "Rígidez constitucional y límites a la reforma en el ordenamiento italiano", Revista *Jurídica. Anuario del Departamento de Derecho de la Universidad Iberoamericana,* número 30, 2000, pp. 175 a 194.

lo cierto es que el número de reformas dan cuenta de lo habitual y ordinario que resulta realizar una modificación al texto constitucional[37].

De hecho, la Constitución promulgada en 1917 poco se parece al texto vigente, pues además del reformismo habitual que ha caracterizado a México, el texto constitucional ha aumentado de una manera desmesurada pues además se ha generado un evidente afán reglamentista para ubicar todo en la Constitución. El texto original de 1917 tenía aproximadamente 21 mil palabras, mientras que a la fecha tiene más de 70 mil, lo que da cuenta de un crecimiento de más de tres veces su extensión, ubicando a la Constitución mexicana como la segunda más extensa del mundo[38]. Esto es sin duda es un factor importante para la comprensión y el conocimiento generalizado de la Constitución pues es un documento que cambia constantemente y que aumenta su tamaño de manera considerable, dificultando su conocimiento y comprensión. De hecho, la mayoría de la población no conoce o conoce muy poco a su Constitución, lo que resulta importante para configurar una base cultural y social mínima para una cultura jurídica.

Según la tercera encuesta de cultura constitucional del 2016 realizada por el Instituto de Investigaciones Jurídicas de la Universidad Nacional Autónoma de México, reflejan que no existe un

---

37 En la teoría el procedimiento de reforma constitucional refleja una Constitución rígida; el artículo 135 del propio texto constitucional refiere que para que sea válida una reforma constitucional, debe ser aprobada por la mayoría calificada de las dos Cámaras del Congreso de la Unión, además de la mayoría de los 32 Parlamentos de los Estados. Sobre la realidad y el procedimiento *Cfr.* Jorge Carpizo McGregor, "La reforma constitucional en México. Procedimiento y realidad.", *Boletín Mexicano de Derecho Comparado,* 2011, No. 131.

38 BARTHÉLÉMY, Michalon, "Las singularidades de la Constitución mexicana en perspectiva: una mirada de internacionalista sobre un texto centenario", *Revista de Relaciones Internacionales de la UNAM,* número 130, 2018, p. 164.

conocimiento generalizado y puntual del contexto y de la importancia histórica de la Constitución mexicana, ya que de los entrevistados solamente el 24% respondió que el texto constitucional nació a partir de la revolución mexicana de 1910, mientras que el 34.9% respondió que nació a partir de la independencia de México, el 23.1% no supo, el 11.4% en la Guerra de Reforma y el 3.9% en el movimiento estudiantil de 1968 [39].

Por otro lado, un dato sumamente contrastante que denota la percepción de la sociedad ajena a la Constitución es el que da cuenta a la pregunta de qué tanto se reforma la Constitución. En ella, sólo el 12% de los entrevistados dijo que, con mucha frecuencia, mientras que el 23.4% contestó que, con alguna frecuencia, el 31% contestó que, con poca frecuencia, el 8% dijo que no se reformaba y el 22% que no sabía [40]. Como se dijo antes, el texto de la Constitución además de haberse reformado 750 veces, ha aumentado más de tres veces en su extensión, lo que sin duda es un factor importante para la comprensión y el conocimiento generalizado de la Constitución, cuestión que queda de manifiesto en la tercera encuesta de cultura constitucional. En efecto, a la pregunta de qué tanto considera usted que conoce a la Constitución: ¿mucho, poco o nada?, solamente el 4.9% de los encuestados contestó que mucho, el 56.1% contestó que poco, mientras que el 34.4% contestó que nada [41].

Lo anterior refleja la ausencia de una visión compartida sólida sobre la Constitución mexicana, lo cual resulta preocupante el contexto para la construcción de una cultura de legalidad en la que los derechos fundamentales sean una práctica constante y generalizada. Así pues, la efectividad de los derechos va de la mano con la cultura de legalidad y política pues "no son sino significa-

---

39 Universidad Nacional Autónoma de México, *Los mexicanos y su constitución. Tercera encuesta de cultura constitucional. Centenario de la Constitución de 1917,* Universidad Nacional Autónoma de México, Instituto de Investigaciones Jurídicas, 2017, p. 47.

40 *Ídem,* p. 54.

41 *Ídem,* p. 60.

dos normativos, cuya percepción y aceptación social como vinculantes es la primera, indispensable condición de su efectividad"[42].

El nexo entre Constitución, derechos fundamentales y cultura resulta central. Aquella debe entenderse no sólo como ordenamiento jurídico dirigido a los abogados que deben interpretarla conforme a las reglas de la profesión, sino además, la Constitución, en cuanto cultura, debe actuar como una guía para los ciudadanos no juristas, debe ser expresión de un estadío cultural, medio para la representación del pueblo ante sí mismo, espejo de su patrimonio cultural y fundamento de sus esperanzas[43]. En esta lógica, la Constitución debería poder institucionalizar el principio de la esperanza de un pueblo, representar el pacto de todos de los ciudadanos sobre el futuro posible y deseable común, constituyendo por lo menos "deseos de utopía" concretos[44].

La eficacia de una Constitución y de los derechos fundamentales tiene una relación directa con la forma en que los ciudadanos los conciben, en cómo los ciudadanos practican en la vida cotidiana sus mandatos, principios y valores. No se trata solamente de modificar y mejorar mecanismos jurídicos para garantizar a los derechos, ya que "una Constitución solamente puede ser protegida políticamente o en la profundidad cultural (...) cuando todos poseen una voluntad de Constitución y esta desenvuelve duramente su fuerza normativa"[45].

Una débil cultura constitucional es un dato sumamente importante que influye en una débil cultura de legalidad y de los propios derechos, y que al final tiene una repercusión en la eficacia de los derechos fundamentales, lo que ha sido una constante en la historia de México. Si bien han existido y existen normas jurídicas

---

42 FERRAJOLI, Luigi, *Derechos y garantías. La ley del más débil,* Ed.Trotta, 1999, p. 68.

43 HÄBERLE, Peter, *El Estado Constitucional,* Universidad Nacional Autónoma de México, 2003, p. 5.

44 *Ídem,* p. 7.

45 *Ídem,* p. 287.

formalmente válidas que dibujan las líneas básicas de un Estado constitucional, en los hechos existe un incumplimiento sistemático de las normas, en palabras de Elías Díaz "la promulgación/vigencia es la señal de existencia de la norma, la base del Derecho como normatividad. Respetar la ley significa acatarla, obedecerla, cumplirla. La evasiva tradicional <se acata pero no se cumple> no es más que una astuta añagaza o pretexto formalista para en realidad no respetar, ni tampoco acatar la ley."[46]. Esto, ha representado una crisis de legalidad expresada en la ausencia o ineficacia de los controles, como lo denomina Ferrajoli la "variada y llamativa fenomenología de la ilegalidad del poder" [47].

Ese rasgo que ha caracterizado a México refleja la debilidad institucional y del Derecho, dando lugar a una serie de problemas endémicos que se ha agravado en los últimos años. Así, al día de hoy, la grave crisis de inseguridad pública y los hechos de violencia que vive el país, se suman a la crisis de bienestar que durante décadas ha venido padeciendo México, lo que sin duda refleja la crisis de derechos humanos existente.

Esta debilidad del Estado de Derecho mexicano asociada a una frágil cultura jurídica ha generado problemas estructurales para el país que hoy se traducen en una crisis de seguridad y bienestar en muchos sentidos. Sin duda el más grave y alarmante parece ser la crisis de seguridad pública y de violencia que vive el país, y aunque no existe certeza plena sobre las cifras de muertes violentas en los últimos años, lo cierto es que desde el año 2008 el país empezó a registrar un incremento alarmante de los homicidios[48]. Desde el año 2010 las cifras de homicidios cometidos en cada año no han bajado los 20 mil, llegando a la cifra de cerca de 30 mil ho-

---

46 DÍAZ GARCÍA, Elías, *El derecho y el poder. Realismo crítico y filosofía del derecho,* Dykinson, 2013, p. 48.

47 Luigi Ferrajoli, *Derechos y garantías. La ley del más débil, óp. cit.* p. 15.

48 Defunciones por homicidio INEGI <https://www.inegi.org.mx/sistemas/olap/consulta/general_ver4/MDXQueryDatos.asp?proy=> consultado el 08 de enero 2020.

micidios cometidos en el año 2022[49]. Estas cifras que son cercanas a las de países con conflictos bélicos como Siria, Irak, Afganistán o Yemen reflejan la gravedad de la crisis que vive el país y que trastoca todos los aspectos de la vida cotidiana[50].

La falta de una cultura de apego a la ley trastoca la eficacia del Derecho y a la postre, ha agravado problemas como la corrupción, la pobreza y la violencia que vive el país. Este escenario resulta complejo para construir y consolidar un régimen donde el imperio de la ley o el principio de legalidad sea una realidad social cotidiana si de inicio hay un desconocimiento generalizado de la sociedad de la Constitución.

De tal suerte la débil cultura jurídica incide de manera directa en la cultura de los derechos humanos y por ende en su efectividad cotidiana en la vida de las personas. La Constitución no sólo debe concebirse como un ordenamiento jurídico dirigido a los abogados que deben interpretarla conforme a las reglas de la profesión, sino además, debe entenderse como cultura, debe actuar como una guía para los ciudadanos no juristas, la Ley Suprema debería poder institucionalizar el principio de la esperanza de un pueblo, representar el pacto de todos de los ciudadanos sobre el futuro posible y deseable común, constituyendo por lo menos "deseos de utopía" concretos [51].

---

49 "México registró menos homicidios en 2022" en WD [2023] < https://www.dw.com/es/m%C3%A9xico-registr%C3%B3-menos-homicidios-en-2022/a-64430440> consultado el 04 de marzo 2023.

50 "Estudio: México es el segundo país más violento del mundo" en *DW* [2020] <https://www.dw.com/es/estudio-m%C3%A9xico-es-el-segundo-pa%C3%ADs-%C3%A1s-violento-del-mundo/a-38770281> consultado el 18 de diciembre 2020.

51 Peter Häberle, *El Estado Constitucional, óp. cit.*, p.7.

5. FUENTES BIBLIOGRÁFICAS

"2019 se convierte en el año más violento en la historia reciente de México" en *El país* [2020]<https://elpais.com/internacional/2020/01/21/mexico/1579621707_576405.html> consultado el 18 de diciembre 2020.

"Estudio: México es el segundo país más violento del mundo" en *DW* [2020] <https://www.dw.com/es/estudio-m%C3%A9xico-es-el-segundo-pa%C3%ADs-%C3%A1s-violento-del-mundo/a-38770281> consultado el 18 de diciembre 2020.

<http://www.diputados.gob.mx/LeyesBiblio/ref/cpeum_art.htm> consultado el 17 de diciembre 2020.

Ansuátegui Roig Francisco Javier, "La relación entre los derechos fundamentales y el Estado de Derecho: dimensiones y consecuencias", *Anuario de Filosofía del Derecho* [2006] No. 23.

Blanc Altemir Antonio, "Universalidad, indivisibilidad e interdependencia de los derechos humanos a los cincuenta años de la Declaración Universal", en *La protección internacional de los derechos humanos a los cincuenta años de la Declaración Universal* (Universitat de Lleida-Tecnos-ANUE, España, 2001).

Carpizo McGregor Jorge, "La reforma constitucional en México. Procedimiento y realidad.", *Boletín Mexicano de Derecho Comparado* (2011) No. 131.

Castilla Juárez Karlos, "Un nuevo panorama constitucional para el derecho internacional de los derechos humanos en México", *Estudios Constitucionales* [2011] año 9, número 2, Universidad de Talca.

Constitución Política de los Estados Unidos Mexicanos.

Córdova Vianello Lorenzo, "La reforma constitucional de derechos humanos: una revolución copérnica" Revista de la Facultad de Derecho Mexicano [2011] vol. 61.

Cruz Juan Antonio, "La Filosofía del Derecho en México", *Isonomía: Revista de Teoría y Filosofía del Derecho* [1995] número 2.

Declaración y programa de acción de Viena. Aprobados por la Conferencia Mundial de Derechos Humanos el 25 de junio de 1993 <https://www.ohchr.org/documents/events/ohchr20/vdpa_booklet_spanish.pdf>consultado el 11 de diciembre 2020.

Defunciones por homicidio INEGI. <https://www.inegi.org.mx/sistemas/olap/consulta/general_ver4/MDXQueryDatos.asp?proy=> consultado el 08 de enero 2020.

Díaz Elías García, *El derecho y el poder. Realismo crítico y filosofía del derecho* (Dykinson, 2013).

Dictámenes a discusión de las Comisiones Unidas de Puntos Constitucionales, y de Derechos Humanos, con proyecto de decreto que modifica la denominación del capítulo I del título primero y reforma diversos artículos de la Constitución Política de los Estados Unidos Mexicanos [2010] Gaceta parlamentaria de la LXI Legislatura, Cámara de Diputados. Año XIV. Número 3162-IV.

Ferrajoli Luigi, *Derechos y garantías. La ley del más débil* (Ed.Trotta, 1999).

González y otras ("Campo Algodonero") vs. México [2009] Corte Interamericana de Derechos Humanos <http://www.corteidh.or.cr/docs/casos/articulos/seriec_205_esp.pdf > consultado el 10 de diciembre 2020.

Guastini Riccardo, "Rígidez constitucional y límites a la reforma en el ordenamiento italiano", Revista *Jurídica. Anuario del Departamento de Derecho de la Universidad Iberoamericana,* número 30.

Häberle Peter, *El Estado Constitucional* (Universidad Nacional Autónoma de México, 2003).

Las reformas constitucionales en materia de derechos humanos (Comisión de Derechos Humanos del Distrito Federal México, 2012).

Madrazo Alejandro, "Estado de derecho y Cultura Jurídica en México", *Isonomía: Revista de Teoría y Filosofía del Derecho* [2002], No. 17.

Merryman John Henry, *La tradición jurídica romano-canónica* (Fondo de Cultura Económica, 1971).

Michalon Barthélémy, "Las singularidades de la Constitución mexicana en perspectiva: una mirada de internacionalista sobre un texto centenario", *Revista de Relaciones Internacionales de la UNAM* [2018] número 130.

Montoya Zamora Raúl, "Las nuevas pautas interpretativas en materia de derechos humanos" *Revista Quid Iuris* [2012] Año 6, Volumen 17.

Nuestro siglo – La Reforma política de 1977 (Cámara de Diputados del H. Congreso de la Unión) http://www.diputados.gob.mx/museo/s_nues11.htm> consultado el 12 de noviembre 2020.

Pérez Luño Antonio Enrique, "Concepto y Concepción de los derechos humanos (Acotaciones a la Ponencia de Francisco Laporta)", *Revista DOXA* [1987] No. 4.

Picard de Orsini Marie y Useche Judith, "El principio de progresividad y la actuación de los órganos del Poder Público conforme a la Constitución vigente", Revista *Provincia* [2005].

Reformas constitucionales por artículo

Tesis: IV.2o.A.15 K (10a.), página: 1289, Tomo: Libro XXI, Junio de 2013 Tomo 2, Tribunales Colegiados de Circuito, registro digital: 2003881, Semanario Judicial de la Federación y su Gaceta <https://sjf2.scjn.gob.mx/detalle/tesis/2003881> consultado el 10 de diciembre 2020.

Tesis: IV.2o.A.15 K (10a.), página: 1946, Tomo: Libro XII, septiembre de 2012 Tomo 3, Tribunales Colegiados de Circuito, registro digital: 2001718, Semanario Judicial de la Federación y su Gaceta<https://sjf2.scjn.gob.mx/detalle/tesis/2001718> consultado el 10 de diciembre 2020.

UNAM (ed) "La reforma judicial de 1994: una visión integral" en AA.VV. *La justicia mexicana hacia el siglo XX*" (Universidad Nacional Autónoma de México, Senado de la República, LVI Legislatura 1997) <https://biblio.juridicas.unam.mx/bjv/detalle-libro/159-la-justicia-mexicana-hacia-el-siglo-xxi> consultado el 05 de enero 2020.

Universidad Nacional Autónoma de México, *Los mexicanos y su constitución. Tercera encuesta de cultura constitucional. Centenario de la Constitución de 1917* (Universidad Nacional Autónoma de México, Instituto de Investigaciones Jurídicas, 2017) p. 47.

Vázquez Luis Daniel y Serrano Sandra, "Los principios de universalidad, interdependencia, indivisibilidad y progresividad. Apuntes para su aplicación práctica", en Carbonell Miguel y Salazar Pedro (Coord) *La reforma constitucional de derechos humanos: un nuevo paradigma* (Instituto de Investigaciones Jurídicas-UNAM, 2011).

Los tratados internacionales en materia de derechos humanos, su celebración en México, en manos de 129 personas. Algunas consideraciones

LUIS FERNANDO CONTRERAS CORTÉS[1]
RAÚL MONTOYA ZAMORA[2]

SUMARIO: 1. INTRODUCCIÓN; 2. LA IMPORTANCIA DE LOS DERECHOS HUMANOS EN MÉXICO; 3. EL PROCEDIMIENTO PARA LA CELEBRACIÓN DE TRATADOS INTERNACIONALES Y EL PROCESO DE REFORMA CONSTITUCIONAL MEXICANO; 4. CONSIDERACIONES FINALES EN TORNO A LA ADOPCIÓN DE LAS NORMAS SUPRANACIONALES EN MATERIA DE DERECHOS HUMANOS EN MÉXICO; 5. FUENTES DE CONSULTA.

---

1 Doctorando en Derecho Por la Universidad Juárez del Estado de Durango (UJED); Especialista en Justicia Constitucional Aplicación e Interpretación de la Constitución por la Universidad de Castilla-La Mancha, campus Toledo, España; Perfil deseable PRODEP vigente al 2025; Investigador Estatal; Profesor Investigador adscrito a la Facultad de Derecho y Ciencias Políticas de la UJED.

2 Doctor en Derecho por la Universidad Juárez del Estado de Durango (UJED); Especialista en Justicia Constitucional y Procesos Constitucionales por la Universidad de Castilla-La Mancha; Perfil deseable PRODEP; Investigador Estatal Honorífico; Investigador Nacional Nivel 2 del CONACYT; Profesor Investigador adscrito a la Facultad de Derecho y Ciencias Políticas de la UJED.

INTRODUCCIÓN

El presente ensayo tiene por objeto hacer del conocimiento del lector el proceso que utiliza el Estado mexicano para la celebración de los tratados internacionales en materia de derechos humanos, lo cual realiza a través del Ejecutivo Federal y el Senado de la República, es decir, ciento veintinueve personas, sin seguir un procedimiento especial en donde intervenga la Cámara de Diputados y las legislaturas de los Estados y de la Ciudad de México, como sí se hace al efectuar una modificación o reforma constitucional.

El proceso de consolidación de los derechos humanos en México, ha provocado cambios trascendentales en el derecho interno que impactan en modificaciones legislativas, institucionales y sociales, en los diferentes órdenes de gobierno, por lo que, dada la importancia, se considera que la adopción de un tratado internacional se asemeja a una modificación constitucional, razón por la cual debería contar con un procedimiento especial, es decir, una mayor rigidez para su celebración.

Para el desarrollo del presente trabajo, en primer lugar, se abordará lo relativo a la importancia de los derechos humanos en México, pues se considera primordial establecer los alcances y la trascendencia de los mismos en nuestro país; en segundo lugar, a efecto de ofrecer una mayor comprensión de lo que se propone, se establecerá el concepto de rigidez constitucional, para posteriormente, ahondar en el proceso de modificación o reforma constitucional y en el procedimiento para la celebración de tratados internacionales; y, finalmente, se emitirán algunas consideraciones y propuesta en torno a la adopción de las normas supranacionales en materia de derechos humanos en México.

2. LA IMPORTANCIA DE LOS DERECHOS HUMANOS EN MÉXICO

Los grandes conflictos y las exigencias sociales, tanto nacionales como internacionales han llevado a que el Estado mexicano realice algunas de las más grandes e innovadoras modificaciones constitucionales y legales en materia de derechos humanos.

Por lo que, podemos advertir una gran maximización de los derechos humanos, así como de las formas de garantizar su protección, los cuales podemos ver materializados en la celebración de tratados y convenios internacionales[3] en la materia antes referida, tal es el caso, a manera de ejemplo, de las adiciones que se señala a continuación:

a) El Pacto Internacional de Derechos Civiles y Políticos de la Organización de las Naciones Unidas, de 1966; b) El Pacto Internacional de Derechos Económicos, Sociales y Culturales de la Organización de las Naciones Unidas, de 1966; c) la Convención

---

[3] En el presente trabajo se optó por denominarlo de esta a manera, ya que el artículo 2, apartado 1, inciso a), de la Convención de Viena sobre el Derecho de los Tratados, de la que es parte el Estado mexicano, por "tratado" se entiende el acuerdo celebrado por escrito entre uno o varios Estados y una o varias organizaciones internacionales, o entre organizaciones internacionales, ya conste ese acuerdo en un instrumento único o en varios conexos, cualquiera que sea su denominación particular, por lo que la noción de tratado es puramente formal siempre que su contenido sea acorde con su objeto y finalidad, pues desde el punto de vista de su carácter obligatorio los compromisos internacionales pueden denominarse tratados, convenciones, declaraciones, acuerdos, protocolos o cambio de notas, además de que no hay consenso para fijar las reglas generales a que deben sujetarse las diferentes formas que revisten tales compromisos internacionales. Lo cual ha sostenido la Segunda Sala de la Suprema Corte de Justicia de la Nación en la tesis de jurisprudencia del siguiente rubro: "**TRATADOS INTERNACIONALES. ADMITEN DIVERSAS DENOMINACIONES, INDEPENDIENTEMENTE DE SU CONTENIDO**.", publicada en la Novena Época, visible en el *Semanario Judicial de la Federación y su Gaceta,* en el Tomo XXV, febrero de 2007, p. 738.

Americana sobre Derechos Humanos de la Organización de Estados Americanos, de 1969; d) La Convención sobre los Derechos del Niño de la Organización de las Naciones Unidas, de 1989; e) El Convenio de la Organización Internacional del Trabajo número 169 sobre Pueblos Indígenas y Tribales en Países Independientes, de 1989, y f) El reconocimiento de la jurisdicción obligatoria de la Corte Interamericana de Derechos Humanos de 1998.

Del último inciso en mención destaca el reconocimiento de la competencia contenciosa de la Corte IDH, de la cual surgen algunas otras exigencias de carácter supranacional, que han marcado la pauta de la evolución de los derechos humanos en México, en las últimas décadas, pues este órgano jurisdiccional ha declarado a México responsable de violaciones a derechos humanos en seis ocasiones, lo que denota la incapacidad de nuestro país para velar por el respeto y protección de dichos derechos.

Las declaraciones, *grosso modo*, se relacionan con la violencia estructural en contra de las mujeres en Ciudad Juárez, Chihuahua; cuatro tienen que ver con violaciones a derechos humanos por parte del Ejército y la falta de idoneidad del fuero militar para conocer de esos asuntos, y el otro, es relativo a la falta de recursos internos en materia electoral[4].

De igual manera, vale la pena mencionar el último caso por el cual fue condenado nuestro país, siendo este, el denominado *Tzompaxtle Tecpile y Otros Vs. México*, sentencia de 7 de noviembre de 2022, el cual, si bien es cierto, es relativamente reciente, también lo es que resulta importante mencionarlo y más si se toman

---

4 *Caso (Campo Algodonero) González y otros vs. México, Fondo, Reparaciones y Costas, sentencia de 16 de septiembre de 2009, serie C, número 205; caso Radilla Pacheco vs. Estados Unidos Mexicanos, Fondo, Reparaciones y Costas, sentencia de 23 de noviembre de 2009, serie C, número 209; caso Fernández Ortega y otros vs. México, Fondo, Reparaciones y Costas, sentencia de 30 de agosto de 2010, serie C, número 215; caso Rosendo Cantú y otro vs. México, Fondo, Reparaciones y Costas, sentencia de 31 de agosto de 2010, serie C, número 21, y caso Castañeda Gutman vs. México, Fondo, Reparaciones y Costas, sentencia de 6 de agosto de 2008, serie C, número 184.*

en consideración los aspectos que señala, pues en lo relativo a la reparación, la propia Corte IDH, determinó que su sentencia constituye, *per se*, una forma de reparación. Asimismo, ordenó al Estado, como medidas de reparación integral, algunos aspectos de gran trascendencia para la vida jurídica y el respeto de los derechos humanos en México, los cuales consisten en lo siguiente[5]:

a) Dejar sin efecto en su ordenamiento interno las disposiciones relativas al arraigo de naturaleza pre procesal;

b) Adecuar su ordenamiento jurídico interno sobre prisión preventiva;

c) Realizar las publicaciones y difusiones de la Sentencia y su resumen oficial;

d) Realizar un acto público de reconocimiento de responsabilidad internacional;

e) Brindar el tratamiento médico, psicológico, psiquiátrico o psicosocial a las víctimas que así lo soliciten, y

f) Pagar las cantidades fijadas en la Sentencia por concepto de costas y gastos.

En ese mismo orden de ideas, a la par de las circunstancias reseñadas, es posible apreciar que desde hace aproximadamente tres décadas se presentaron algunas otras modificaciones al orden jurídico nacional, pues, se erigen nuevas instituciones como lo son los órganos protectores de derechos humanos tanto nacional como de las diferentes entidades federativas; la Suprema Corte de Justicia de la Nación toma un papel más relevante en materia de control de constitucionalidad por medio de las acciones de inconstitucionalidad y de las controversia constitucionales; se crean órganos protectores de los derechos político electorales, como el Instituto Nacional Electoral antes denominado IFE y el Tribunal

---

5 Consultado en línea en: https://www.corteidh.or.cr/docs/casos/articulos/resumen_470_esp.pdf, el 13 de junio de 2023.

Electoral del Poder Judicial de la Federación y el Instituto Federal de Acceso a la Información Pública, entre otros.

Así pues, derivado de lo señalado supra líneas y de la gran importancia que cobran los derechos humanos en México, es que se presenta la reforma de diez de junio de dos mil once, una de las modificaciones constitucionales y legales que cambió la percepción de los operadores jurídicos, de los investigadores, de las instituciones públicas y privadas y de la sociedad en general, pues la positivación e interpretación de los derechos humanos se comprenden de una forma diferente.

Las transformaciones más trascendentales a las que podemos hacer alusión, son las siguientes:

a) Constitucionalización de los tratados internacionales en materia de derechos humanos;

b) Reconocimiento de los principios de interpretación conforme y principio pro persona (*pro homine*);

c) Obligación de las autoridades de promover, respetar, proteger y garantizar los derechos humanos;

d) Obligación del Estado mexicano de aplicar los principios de universalidad, interdependencia, indivisibilidad y progresividad;

e) Obligación de prevenir, investigar, sancionar y reparar las

f) Reconocimiento de no discriminación con base en preferencias sexuales

g) Prevé la educación en materia de derechos humanos

h) Establece el derecho de toda persona a solicitar asilo por motivo de orden político y refugio por causas de carácter humanitario

i) Integra al régimen constitucional de las normas internacionales de derechos humanos al parámetro de control de regularidad constitucional

j) Determina que el respeto a los derechos humanos será uno de los criterios o elementos sobre los cuales habrá de organizarse y desarrollarse el sistema penitenciario[6]

k) Acota al Poder Ejecutivo respecto a la posibilidad de declarar la emergencia y su actuación durante la duración del estado de excepción, así como respecto de los efectos posteriores de sus actuaciones.[7]

l) Fortalece a los organismos no jurisdiccionales encargados de la protección de derechos humanos, toda vez que, se asigna a la Comisión Nacional de Derechos Humanos la facultad de investigación.

Como se puede advertir, la reforma constitucional de junio de dos mil once democratizó la justicia en materia de derechos humanos en el país a través de un esquema de constitucionalización de la vida cotidiana[8], pues vino a generar cambios paradigmáticos en la forma de concebir los tratados internacionales, así como su aplicación.

Otorgó la importancia y trascendencia a los derechos humanos que, en muchos de los casos, por cuestiones interpretativas, se reconocían de forma acotada, distorsionada o no se reconocían (y que, a la fecha, con menor frecuencia, se sigue presentando).

Empero, ya que hemos señalado lo ineludible de los derechos humanos, es momento de preguntarnos: ¿Cómo es que dichos derechos humanos llegan a ser parte del parámetro de regularidad constitucional mexicano?, ¿Cómo es que el Estado Mexicano adopta los referidos convenios o tratados internacionales?,

---

6 MARTÍNEZ BULLÉ-GOYRI, Víctor M., *Reforma constitucional en materia de derechos humanos,* consultado en línea en: biblio.juridicas.unam.mx/revista/pdf/derechocomparado/130/el/el12.pdf, el 3 de septiembre de 2020.

7 *Ídem.*

8 RESTREPO, Esteban, *Reforma Constitucional y progreso social: La "constitucionalización de la vida cotidiana" en Colombia, YALE, SELA (Seminario en Latinoamérica de Teoría Constitucional y Política) Papers.*

¿La forma de integración de un tratado o convenio internacional cumple con el proceso de reforma constitucional, partiendo desde la premisa de que se cuenta con una "constitución rígida", desde el punto de vista de la reformabilidad? y ¿El procedimiento de integración de un tratado o convenio internacional, es el más adecuado, asumiendo la trascendencia y relevancia que implican?

Estas grandes interrogantes han quedado sobre el tintero, por ello, en subsecuentes apartados, trataremos de dar respuesta a los cuestionamientos planteados y emitiremos algunas consideraciones en torno a la adopción de las normas supranacionales en materia de derechos humanos en nuestro país.

3. EL PROCEDIMIENTO PARA LA CELEBRACIÓN DE TRATADOS INTERNACIONALES Y EL PROCESO DE REFORMA CONSTITUCIONAL MEXICANO

Es interesante la forma en como nuestro país se adhiere a convenciones o tratados internacionales en materia de derechos humanos, sin una rigidez, como la establecida en el proceso de reforma a la Constitución Política de los Estados Unidos Mexicanos, pues, pareciera ser un tanto laxa[9], si se toma en consideración, la trascendencia e impacto tan grande que ha tenido y sigue teniendo la adopción de algunas convenciones y tratados internacionales.

Para contextualizar un poco y para efecto de nuestro estudio, se considera oportuno señalar, que una constitución desde la perspectiva de su reformabilidad, puede ser, como lo define Ja-

---

9 Nos permitimos la expresión, puesto que, si bien es cierto, el proceso de reforma constitucional en México se considera es rígido, también lo es que nuestra constitución ha sido modificada tantas veces, que constantemente nos cuestionamos si en verdad cuenta o no con esa característica, pues pareciera tener un proceso flexible.

mes Bryce[10], flexible o rígida, esto es, a través de dichos criterios se puede determinar la existencia de una mayor o menor protección de las constituciones, en virtud de que, con relación al primero, no se contemplan mecanismos y garantías para su reforma y, por consiguiente, no reconoce jerarquía en cuanto a las fuentes del derecho.

Por su parte, en lo relativo al segundo discernimiento, el reconocido jurista Riccardo Guastini, alude que: "Una Constitución es rígida si y sólo si, en primer lugar, es escrita; en segundo lugar, está protegida (o garantizada) contra la legislación 'ordinaria', en el sentido de que las normas constitucionales no pueden ser derogadas, modificadas o abrogadas si no es mediante un procedimiento especial de revisión constitucional (más complejo respecto del procedimiento de formación de leyes)".[11]

Entonces, en concordancia con el concepto aludido supra líneas, se afirma que en el caso mexicano se cuenta con una Constitución rígida, ya que, si bien es cierto, la Constitución Política de los Estados Unidos Mexicanos, ha sufrido una excesiva cantidad de reformas, por lo que, de primera mano, se podría considerar que es una constitución flexible, también lo es que, reúne todos los elementos expresados en el parágrafo que antecede, en virtud de que, en primer lugar, es un cuerpo normativo escrito; en segundo lugar, está protegida contra la legislación ordinaria como lo determina el principio de Supremacía Constitucional establecido en el artículo 133 de la Constitución Federal, ya que es fuente de las normas secundaria del sistema y, en tercer lugar, cuenta con un procedimiento especial para ser adicionada o reformada como lo determina el numeral 135 del referido cuerpo normativo.

---

10 BRYCE, James, *Constituciones flexibles y constituciones rígidas*, 2° ed., Instituto de Estudios Jurídicos, Madrid, 1962, pp. 4-5.

11 GUASTINI, Riccardo, *La constitucionalización del ordenamiento jurídico: el caso italiano*, Estudios de teoría constitucional, México, Fontamara, 2013, pp. 148 - 149.

Abona lo antes manifestado, la tesis de Jurisprudencia que sostiene el Pleno de la Suprema Corte de Justicia de la Nación, bajo el siguiente rubro: "**DIVISIÓN DE PODERES. EL EQUILIBRIO INTERINSTITUCIONAL QUE EXIGE DICHO PRINCIPIO NO AFECTA LA RIGIDEZ DE LA CONSTITUCIÓN FEDERAL**"[12], la cual, a grandes rasgos, señala que la Constitución Política de los Estados Unidos Mexicanos, es rígida, ya que así se desprende del numeral 135 del mismo ordenamiento, asimismo, determina que de ella emanan las normas secundarias, es origen de la existencia, competencia y atribuciones de los poderes constituidos y continente de los derechos fundamentales, funcionando, por ende, como mecanismo de control de poder.

Ahora bien, por lo que respecta al citado procedimiento especial el multicitado precepto 135[13] de la Constitución General de la República, determina que:

> La presente Constitución puede ser adicionada o reformada. Para que las adiciones o reformas lleguen a ser parte de la misma, se requiere que el Congreso de la Unión, por el voto de las dos terceras partes de los individuos presentes, acuerden las reformas o adiciones, y que éstas sean aprobadas por la mayoría de las legislaturas de los Estados y de la Ciudad de México.
>
> El Congreso de la Unión o la Comisión Permanente en su caso, harán el cómputo de los votos de las Legislaturas y la declaración de haber sido aprobadas las adiciones o reformas.

Del estudio de dicho numeral, se desprende que el Congreso de la Unión tiene que seguir el proceso legislativo, mismo que comienza con una iniciativa, y ésta, para derivar en ley o decreto, debe cubrir los requisitos de forma y de fondo que prevé la ley: ser presentada por quienes tienen derecho o la facultad de hacerlo, referirse a materias susceptibles de ser reguladas por el Congreso

---

12 Jurisprudencia del Pleno de la SCJN, publicada en la Novena Época, visible en el Semanario Judicial de la Federación y su Gaceta, en el Tomo XXII, julio de 2005, p. 954.

13 Constitución Política de los Estados Unidos Mexicanos.

de la Unión, ser presentadas en el momento procesal oportuno y ante la Cámara que, en su caso, debe actuar como de origen.[14]

De forma más precisa, para efecto de una modificación o reforma constitucional, como uno de los pasos a seguir, se debe realizar el siguiente procedimiento legislativo[15]:

1) Se presenta la iniciativa de reforma constitucional por quienes tienen facultad de iniciativa de presentar leyes o decretos, como lo son el Presidente de la República, los diputados, los senadores, las legislaturas de los Estados y de la Ciudad de México;

Para la presentación de una iniciativa de ley o decreto, según Susana Pedroza y Jesús Cruz, deben seguirse los subsecuentes pasos[16]:

1. La iniciativa debe dirigirse a la Cámara que se haya elegido como de origen.
2. Se debe mencionar el nombre del autor que presenta la iniciativa y con qué carácter.
3. La exposición de motivos.
4. La denominación de la ley o decreto.
5. El fundamento constitucional y el derecho para iniciar leyes o decretos.
6. El cuerpo normativo propuesto.
7. Las disposiciones transitorias.

---

14 ARTEAGA NAVA, Elisur, *Tratado de Derecho Constitucional,* 2ª ed., México, Oxford, 2002, T. I, p. 307.

15 Artículo 71-74 de la Constitución Política de los Estados Unidos Mexicanos.

16 PEDROZA DE LA LLAVE, Susana Thalía y CRUZ VELÁZQUEZ, Jesús Javier, "Introducción a la Técnica Legislativa en México" en Carbonell, Miguel y Pedroza de la Llave, Susana Thalía (comp.), *Elementos de Técnica Legislativa,* 2ª ed., México, Porrúa/Universidad Nacional Autónoma de México, 2002, p. 118.

8. El lugar y fecha donde se produce el documento.

9. El nombre y firma de quien promueve.

2) Posteriormente, la iniciativa se presenta ante el Pleno de la Cámara de origen y se turna a comisiones, las que estudian el asunto y elaboran, en su caso, el dictamen correspondiente, el cual se presenta ante el Pleno de la Cámara de origen para que se le dé lectura, se discuta y, en su caso, se apruebe el proyecto de decreto de reforma constitucional;

3) Acto seguido, se remite a la otra Cámara la minuta correspondiente, la cual se presenta con proyecto de decreto de reforma constitucional ante el Pleno de la Cámara revisora; se turna a comisiones para efecto de su análisis, discusión y aprobación, en su caso, del dictamen correspondiente, el cual se presenta ante el Pleno de la Cámara revisora para que se discuta y apruebe, en su caso, el proyecto de decreto; puede suceder que existan observaciones con desechamiento total o parcial por la Cámara revisora, para lo cual, será devuelto el proyecto a la Cámara de origen, la cual podrá aprobarlo u observarlo total o parcialmente;

4) Luego, se remite la minuta con proyecto de decreto a los congresos locales para su aprobación; para cumplimiento de su obligación atenderán el proceso previsto dentro de sus constituciones para el caso en concreto, en el supuesto de que cuenten con el mismo, y en caso de no ser así, seguirán su proceso legislativo ordinario local; al finalizar el mismo, se envía el acuerdo aprobatorio o no, a alguna de las Cámaras del Congreso de la Unión;

5) El Congreso de la Unión o la Comisión Permanente contarán el número de acuerdos aprobatorios -el número de votos- suficientes de las legislaturas de los Estados y de la Ciudad de México -la mitad más uno- hará el cómputo y emitirá la declaratoria de Reforma Constitucional. Remitirá la minuta correspondiente a la colegisladora; la Cámara revisora de la Declaratoria de Reforma Constitucional, aprueba ésta y remite el asunto al Ejecutivo para efectos de su promulgación y publicación;

6) El Poder Ejecutivo publica la reforma constitucional aprobada por el Congreso de la Unión y las legislaturas de los Estados, así como de la Ciudad de México.

Con relación al presente proceso legislativo de carácter especial contemplado en el referido numeral 135, es un procedimiento cuya competencia corresponde al Órgano Revisor de la Constitución, que, conforme al artículo citado, se integra por las Cámaras de Diputados y de Senadores del Congreso de la Unión y las Legislaturas de los Estados de la República. En este Órgano Revisor no es parte el Poder Ejecutivo Federal, por lo que no cuenta con facultades de promulgación o sanción de la Reforma Constitucional, por parte del Ejecutivo por lo que se limita, consecuentemente, a ordenar la publicación solicitada por la Cámara del Congreso que formuló la declaratoria de aprobación por parte de las Legislaturas de los Estados y de la Ciudad de México.

Por otra parte, el procedimiento especial de reforma constitucional cuenta con algunos candados que le dan la rigidez planteada párrafos arriba, en virtud de que el Congreso de la Unión, a través de cada una de sus Cámaras, esto es, la de Diputados compuesta por quinientas legisladoras y legisladores y la de Senadores integrada por ciento veintiocho miembros, deben, como condición *sine qua non*, primero, para conocer de la iniciativa, contar con un *quorum* de reunión de más de la mitad, esto es, doscientos cincuenta y un miembros de la primera Cámara citada y sesenta y cinco de la segunda; segundo, para la aprobación de las reformas o adiciones, el voto de las dos terceras partes de los individuos presentes -mayoría calificada-, lo cual variará, ya que dependerá de la asistencia de los integrantes, y, finalmente, como tercer punto, esas reformas o adiciones deberán ser aprobadas por la mayoría absoluta -la mitad más uno- de las legislaturas de los estados y de la Ciudad de México, esto es, el voto de diecisiete legislaturas.

Como se advierte, el tratar de modificar la Constitución mexicana con base en su procedimiento, es relativamente complicado, por los diferentes pasos que se tienen que seguir y los diferentes consensos que se tienen que verificar y no es para menos, pues es la carta fundamental que rige a toda una nación, cuyos cambios, por muy mínimos que se lleguen a considerar, terminan impactando no sólo el aspecto interno sino también, en algunos casos, en el externo o internacional.

Pero, ¿qué pasa con los tratados internacionales, se necesita el mismo procedimiento interno para su celebración o adhesión?

La respuesta es no, y para ello es oportuno señalar el proceso de adopción de un tratado internacional en materia de derechos humanos por parte del Estado Mexicano, en donde, de manera concreta, intervienen tanto el presidente de los Estados Unidos Mexicanos, como el Senado de la República.

Lo anterior, no sin antes manifestar que las normas supranacionales aplicables para el procedimiento de los tratados internacionales son la Convención de Viena sobre Derecho de los Tratados, firmada en 1969, aprobada por el Senado en 1972 y publicada en 1975, así como la Ley sobre la Celebración de Tratados, publicada en el Diario Oficial de la Federación el 2 de enero de 1992.[17]

Sin embargo, por cuanto a la normatividad interna, que es la que nos ocupa, la encontramos en la Constitución General de la República, dentro de los artículos 76 fracción I y 89 fracción X, los cuales, en lo que nos atañe, determinan, lo siguiente:

Artículo 89. Las facultades y obligaciones del Presidente, son las siguientes:

> (...)
>
> X. Dirigir la política exterior y celebrar tratados internacionales, así como terminar, denunciar, suspender, modificar, enmendar, retirar reservas y formular declaraciones interpretativas sobre los mismos, sometiéndolos a la aprobación del Senado. En la conducción de tal política, el titular del Poder Ejecutivo observará los siguientes principios normativos: la autodeterminación de los pueblos; la no intervención; la solución pacífica de controversias; la proscripción

---

17 Cfr. TAPIA HERNÁNDEZ, Silverio, *Principales declaraciones y tratados internacionales de derechos humanos ratificados por México*, México, CNDH, 1999;

> de la amenaza o el uso de la fuerza en las relaciones internacionales; la igualdad jurídica de los Estados; la cooperación internacional para el desarrollo; el respeto, la protección y promoción de los derechos humanos y la lucha por la paz y la seguridad internacionales;
>
> Artículo 76. Son facultades exclusivas del Senado:
>
> Analizar la política exterior desarrollada por el Ejecutivo Federal con base en los informes anuales que el Presidente de la República y el Secretario del Despacho correspondiente rindan al Congreso.
>
> Además, aprobar los tratados internacionales y convenciones diplomáticas que el Ejecutivo Federal suscriba, así como su decisión de terminar, denunciar, suspender, modificar, enmendar, retirar reservas y formular declaraciones interpretativas sobre los mismos;

De lo antes transcrito, se puede deducir que la celebración de los tratados o convenios internacionales, se encuentran supeditados a la voluntad de dos entes, siendo estos, el Ejecutivo Federal y el Senado de la República.

Si bien es cierto, existen la Ley Sobre la Celebración de Tratados, la Ley Orgánica de la Administración Pública Federal, el Reglamento Interior de la Secretaría de Relaciones Exteriores, La Ley Orgánica del Congreso General de los Estados Unidos Mexicanos y su Reglamento para el Gobierno Interior, entre otras normas que se relacionan con la celebración de los tratados internacionales, de las cuales se puede considerar que existen otros entes que intervienen o forman parte de la toma de decisiones con relación a los referidos tratados, también lo es que, de facto, los únicos intervinientes directos, reconocidos constitucionalmente, son los mencionados en el párrafo que antecede.

Se afirma lo anterior, toda vez que, en efecto para la celebración de un tratado se tienen que presentar algunas formalidades asentadas en los textos normativos referidos, como lo son la negociación, la redacción y la adopción del texto, la firma, la aprobación interna, el consentimiento del Estado en vincularse y la entrada en vigor.

Dicha metodología se trabaja de forma interna por cada uno de los dos entes que intervienen, lo que no significa que sean idénticos los procedimientos, pues a manera de ejemplo, en el caso del Senado de la República su fin último es el análisis, discusión y aprobación de los tratados y para ello tiene que seguir el proceso legislativo, el cual se rige por la Constitución Política de los Estado Unidos Mexicanos, la Ley Orgánica, el Reglamento para el Gobierno Interior del Congreso General de los Estados Unidos Mexicanos y por los acuerdos parlamentarios adoptados por la mayoría de los miembros de la Cámara –mismo que ya fue analizado-. Todo ello, para la posterior suscripción del tratado por parte del Ejecutivo y la posterior aprobación que corresponde al Senado de la República.

Si el Senado aprueba el tratado lo propio es que su determinación sea publicada en el *Diario Oficial de la Federación*, a través del correspondiente decreto, previa autorización y firma del Presidente de la República, el cual se limitará a señalar que se aprueba el tratado, pues no se publica su texto. Posterior a ello, el Ejecutivo Federal se encontrará en condiciones de ratificar dicho tratado.

Claramente, se puede dilucidar la diferencia entre los procedimientos tanto de modificación o reforma de la constitución como el relativo a la celebración de tratados internacionales y más aún si partimos de la premisa de que en México contamos con una constitución rígida, dado el cumplimiento de los elementos señalados por Guastini, sin embargo, pareciera que dicha rigidez no se empata con el segundo procedimiento citado en este parágrafo, pues, podemos señalar que se advierte determinada formalidad metodológica, más no el rigor de la especialidad para modificar la constitución.

4. CONSIDERACIONES FINALES EN TORNO A LA ADOPCIÓN DE LAS NORMAS SUPRANACIONALES EN MATERIA DE DERECHOS HUMANOS EN MÉXICO

Ahora bien, hemos hablado sobre la importancia de los derechos humanos y de los tratados internacionales que vinieron a amplificar el catálogo de los mismos, así como su forma de garantizarlos, y para ello se mencionó la importante reforma de junio de dos mil once, que se convirtió en uno de los pilares del crecimiento, reconocimiento, difusión y respeto, entre otros calificativos, de los derechos humanos.

La referida reforma, la firma de los tratados internacionales y la aceptación de la competencia contenciosa de la Corte IDH, han otorgado el rango constitucional a los derechos humanos, reconocido y maximizado los mismos y fijado criterios en México, respectivamente, lo cual nos parece adecuado, sin embargo, lo que nos genera duda es el cómo se incorporan dichos tratados internacionales al parámetro de regularidad constitucional de nuestro país, pero desde el punto de vista del procedimiento de celebración de los mismos.

Pues sabemos que los artículos 15 y 105 fracción II inciso g) establecen de cierta manera la integración del régimen constitucional de las normas internacionales de derechos humanos al parámetro de control de regularidad cuya fuente es la propia Constitución. Ya que los preceptos mencionados permiten realizar un control de la validez de los tratados internacionales adoptando como parámetro para dicho estudio a los derechos humanos reconocidos en la Constitución y en los tratados internacionales de los que México forma parte, lo cual nos parece acertado.

Sin embargo, al revisar el citado procedimiento para la celebración de tratados internacionales se aprecia, como ya se enfatizó, que un Presidente de la República y ciento veintiocho Senadoras y Senadores, es decir, ciento veintinueve personas, se encargan de tomar las determinaciones de un país con relación a la celebración de los tratados internacionales, en el caso que nos ocupa, en materia de derechos humanos, los cuales derivados del rango constitucional, de su propia normatividad o de la emisión de los criterios jurisprudenciales que emanan de los tribunales supranacionales, tienen repercusión en toda la nación, llámense autoridades jurisdiccionales del fuero común y federal, legislativas locales y federales, administrativas de los diferentes órdenes de gobierno, autoridades de cualquier índole y la ciudadanía en general.

Ya que, si los mismos se armonizan con la constitución, tal como lo sostiene Gregorio Peces Barba al externar que a raíz del pluralismo jurídico las normas constitucionales se colocan en el mismo nivel que las normas convencionales y en una relación de horizontalidad[18], toda vez que al tratarse de la protección de los derechos de los individuos es necesario que ambos mecanismos de ambos espacios se complementen, con la finalidad de ofrecer una mejor protección de los derechos humanos de las personas, ya que uno puede resultar insuficiente sin el otro[19].

Entonces, la trascendente toma de decisiones que llevan a cabo las ciento veintinueve personas, consecuentemente impacta en todo el Estado Mexicano, por lo que se considera que lo propio es que para su celebración se siga un procedimiento especial como el que confiere la constitución en el artículo 135, para ser modificada o reformada, es decir, siguiendo la rigidez constitucional.

Sin que pase desapercibido, que el Ejecutivo está facultado para dirigir la política exterior y celebrar tratados internacionales y que, con la aludida reforma a la constitución, específicamente, lo relativo al artículo 89, se encuentra obligado a observar los principios de respeto, protección y promoción de los derechos humanos; lo que, consideramos trae como consecuencia que tanto el Ejecutivo Federal como el Senado de la República se encuentren obligados a denunciar, suspender, modificar o en su caso enmendar aquellos documentos internacionales de los cuales el Estado mexicano sea parte, que contradigan a la constitución y viceversa.

De igual forma, es claro que el Senado interviene como representante de la voluntad de las entidades federativas y, por me-

---

18 PECES BARBA, Gregorio, *Curso de Derechos Fundamentales. Teoría General,* Madrid, Carlos III de Madrid, 1999, p. 36.

19 BIAGGINI, Giovanni, *La Idea de Constitución: Nueva Orientación en la Época de la Globalización,* Madrid, Anuario Iberoamericano de Justicia Constitucional, No. 7, 2003, p. 66.

dio de su ratificación, obliga a sus autoridades, sin embargo, por la trascendencia, la cual puede obligar a que el Congreso de la Unión o cada una de sus Cámaras dependiendo de sus facultades, realicen modificaciones legislativas, se considera que también deberían conocer de la materia la Cámara de Diputados, esto es las y los quinientos Diputados; en esa misma inteligencia, por el impacto que conlleva la celebración de los referidos tratados internacionales en cada Estado de la República y en la Ciudad de México, así como en sus respectivas instituciones, se estima ineludible la aprobación de los mismos por parte de sus legislaturas.

Así pues, no se dejaría en manos de un grupo de personas la toma de una determinación tan importante y se abonaría al análisis de la pertinencia, del impacto que generaría, el estudio relacionado con el costo beneficio, la afectación o beneficio de un determinado grupo, sector o la sociedad en general, asimismo, se podrían analizar las consecuencias económicas, sociales y culturales, entre otras cuestiones.

5. FUENTES DE CONSULTA

ARTEAGA NAVA, Elisur, *Tratado de Derecho Constitucional,* 2ª ed., México, Oxford, 2002, T. I.

BIAGGINI, Giovanni, La Idea de Constitución: Nueva Orientación en la Época de la Globalización, Madrid, Anuario Iberoamericano de Justicia Constitucional, No. 7, 2003.

BRYCE, James, *Constituciones flexibles y constituciones rígidas,* 2° ed., Instituto de Estudios Jurídicos, Madrid, 1962.

Caso (Campo Algodonero) González y otros vs. México, Fondo, Reparaciones y Costas, sentencia de 16 de septiembre de 2009, serie C, número 205.

Caso Castañeda Gutman vs. México, Fondo, Reparaciones y Costas, sentencia de 6 de agosto de 2008, serie C, número 184.

Caso Fernández Ortega y otros vs. México, Fondo, Reparaciones y Costas, sentencia de 30 de agosto de 2010, serie C, número 215.

Caso Radilla Pacheco vs. Estados Unidos Mexicanos, Fondo, Reparaciones y Costas, sentencia de 23 de noviembre de 2009, serie C, número 209.

Caso Rosendo Cantú y otro vs. México, Fondo, Reparaciones y Costas, sentencia de 31 de agosto de 2010, serie C, número 21.

Caso Tzompaxtle Tecpile y Otros Vs. México, sentencia de 7 de noviembre de 2022.

Consultado en línea en: https://www.corteidh.or.cr/docs/casos/articulos/resumen_470_esp.pdf, el 13 de junio de 2023.

GUASTINI, Riccardo, *La constitucionalización del ordenamiento jurídico: el caso italiano,* Estudios de teoría constitucional, México, Fontamara, 2013.

MARTÍNEZ BULLÉ-GOYRI, Víctor M., Reforma constitucional en materia de derechos humanos, consultado en línea en: biblio.juridicas.unam.mx/revista/pdf/derechocomparado/130/el/el12.pdf, el 3 de septiembre de 2020.

PECES BARBA, Gregorio, Curso de Derechos Fundamentales. Teoría General, Madrid, Carlos III de Madrid, 1999.

PEDROZA DE LA LLAVE, Susana Thalía y CRUZ VELÁZQUEZ, Jesús Javier, "Introducción a la Técnica Legislativa en México" en Carbonell, Miguel y Pedroza de la Llave, Susana Thalía (comp.), *Elementos de Técnica Legislativa,* 2ª ed., México, Porrúa/Universidad Nacional Autónoma de México, 2002.

RESTREPO, Esteban, Reforma Constitucional y progreso social: La "constitucionalización de la vida cotidiana" en Colombia, YALE, SELA (Seminario en Latinoamérica de Teoría Constitucional y Política) Papers.

SCJN, Jurisprudencia del Pleno de la SCJN, publicada en la Novena Época, visible en el Semanario Judicial de la Federación y su Gaceta, en el Tomo XXII, julio de 2005.

SCJN, Jurisprudencia publicada en la Novena Época, visible en el Semanario Judicial de la Federación y su Gaceta, en el Tomo XXV, febrero de 2007.

TAPIA HERNÁNDEZ, Silverio, *Principales declaraciones y tratados internacionales de derechos humanos ratificados por México,* México, CNDH, 1999.

Estableciendo el vínculo entre estado de derecho, estado constitucional y democracia constitucional: entre lo empírico y lo aspiracional

EDGAR ALÁN ARROYO CISNEROS[1]

SUMARIO: 1. A MODO DE INTRODUCCIÓN. 2. ESTADO DE DERECHO Y DEMOCRACIA CONSTITUCIONAL: UN NEXO NECESARIO. 3. LA IMPORTANCIA DEL ESTADO DE DERECHO HOY. 4. LA IMPORTANCIA DE LA DEMOCRACIA CONSTITUCIONAL HOY. 5. INSUMOS EMPÍRICOS Y ELEMENTOS ASPIRACIONALES PARA EL ESTADO DE DERECHO Y PARA LA DEMOCRACIA CONSTITUCIONAL. 6. HALLAZGOS DEL *RULE OF LAW INDEX* DEL *WORLD JUSTICE PROJECT*. 7. HALLAZGOS DEL *DEMOCRACY INDEX* DE *ECONOMIST INTELLIGENCE UNIT*. 8. HALLAZGOS DEL *CORRUPTION PERCEPTIONS INDEX* DE TRANSPARENCIA INTERNACIONAL. 9. APUNTES CONCLUSIVOS. 10. FUENTES DE INFORMACIÓN.

RESUMEN: Estudios, mediciones prácticas e indicadores de desempeño de distintas organizaciones no gubernamentales de la sociedad civil global como el *World Justice Project, The Economist Intelligence Unit Limited* o Transparencia Internacional coinciden en señalar que el estado de cosas cuando aludimos a tópicos como democracia, derechos fundamentales y Estado de Derecho no es muy halagüeño. En la escena postpandemia, el mundo enfrenta retos y desafíos de proporciones mayúsculas, los cuales deben afrontarse a partir de una conjunción de esfuerzos entre ciudadanía, Estados e instituciones, pues lo que la pandemia COVID-19 dejó tras de sí no fue poco. En esta tesitura, es imperativo establecer un vínculo no sólo teórico sino práctico cuando nos referimos a la democracia y al Estado constitucional, por lo que en este ensayo se pretende poner de relie-

---

1 Profesor e investigador de la Universidad Juárez del Estado de Durango. Investigador Nacional Nivel I del Sistema Nacional de Investigadores del Consejo Nacional de Humanidades, Ciencias y Tecnologías.

ve algunos de los hallazgos más trascendentes que las organizaciones referidas líneas atrás han logrado identificar en sus investigaciones más recientes. De esta forma podremos dejar de lado la dimensión aspiracional de la democracia y del Estado constitucional para poder arribar a una vertiente efectiva.

PALABRAS CLAVE: DEMOCRACIA CONSTITUCIONAL, DERECHOS FUNDAMENTALES, ESTADO CONSTITUCIONAL, ESTADO DE DERECHO, TRANSPARENCIA

1. A MODO DE INTRODUCCIÓN

Estado de Derecho, Estado constitucional y democracia constitucional son términos que en ocasiones suelen ser utilizados como sinónimos pero que requieren ser distinguidos adecuadamente. A grandes rasgos, el Estado de Derecho es un estado de cosas donde el imperio de la ley es una condición de posibilidad para el funcionamiento social; el Estado constitucional es una forma de Estado en donde la Constitución y los derechos fundamentales son la punta de lanza de todo el ordenamiento; y la democracia constitucional es una forma de gobierno en donde el modelo democrático se caracteriza por brindar una visión sustantiva, de contenidos y de calidad.

En este sentido, los tres son sumamente importantes para los derroteros del mundo contemporáneo. Los Estados y las democracias del siglo XXI cumplen con funciones medulares sin las cuales no estaríamos en condiciones plenas de articular proyectos vitales de una forma estructurada y racional. Pero, ¿cómo calificar a un Estado o a una democracia de "constitucionales"?

Para contestar a esta interrogante hay elementos tanto empíricos como aspiracionales. Estos últimos son los que suelen dominar el discurso público, sin tener en cuenta estudios, mediciones, instrumentos demoscópicos y otros documentos metodológicamente ordenados que, con ítems prácticos e indicadores de desempeño, muestran la realidad cuando aludimos tanto al Estado constitucional como a la democracia constitucional.

Es por lo anterior que en este texto se argumenta por una visión empírica del Estado constitucional y democrático de Derecho. Apelar a las mediciones que realizan organizaciones no gubernamentales de la sociedad civil internacional siempre será positivo si es que se quiere saber el estado de cosas imperante comparativamente hablando entre un determinado régimen político y otro, incluso entre regiones geográficas distantes entre sí.

Por supuesto que ningún instrumento de medición de este tipo es infalible o perfecto, y se puede estar de acuerdo o no con la metodología que utilizan, pero lo cierto es que ofrecen elementos para al menos tener un punto de partida en aras de la autocrítica que en muchas de las ocasiones falta al interior de un Estado nacional en cuanto tal.

Así las cosas, en el ensayo se habla del vínculo entre Estado de Derecho y democracia constitucional, argumentando que uno y otro se influyen de manera recíproca, pues el cumplimiento de la ley es absolutamente indispensable para hablar de un sistema democrático que tenga como punto de partida a la Constitución y los derechos fundamentales.

Con posterioridad, se ofrecen algunas perspectivas acerca de la importancia del Estado de Derecho hoy, en donde más que nunca se requieren de auténticos muros y barreras de contención a escala global en contra de las pulsaciones autoritarias que han ido surgiendo por doquier, en menoscabo de los derechos y libertades de las personas.

Luego se enfatiza cómo los insumos empíricos y no tanto los elementos aspiracionales del Estado y la democracia son los que deben modelar a ambos constructos. Lo anterior es así porque los primeros representan coordenadas objetivas y los segundos se asocian más bien con la subjetividad y con el uso discrecional que se quiera hacer de ellos.

Hecho lo anterior, se llega al apartado descriptivo, empírico, informativo pero también crítico de la investigación, en donde se muestran en sendos apartados los resultados y hallazgos que se observan en estudios como el *Rule of Law Index* del *World Justice Project*, el *Democracy Index* de *Economist Intelligence Unit* y el *Corruption Perceptions Index* de Transparencia Internacional, con la finalidad de mostrar a nivel global la situación imperante en Estado de Derecho, posicionamiento democrático y transparencia como combate a la corrupción -o presencia de la misma-, en tanto viñeta que también tiene mucho impacto tanto en el Estado constitucional como en la democracia constitucional. Al final, se hace una serie de apuntes conclusivos.

2. ESTADO DE DERECHO Y DEMOCRACIA CONSTITUCIONAL: UN NEXO NECESARIO

Tal y como se adelantaba en el apartado introductorio, no se puede hablar de un Estado de Derecho sin una democracia constitucional que lo articule efectivamente y, de la misma manera, la democracia constitucional sólo es posible si en ella converge un imperio de la ley, un cumplimiento normativo y una cultura jurídica plena. El anclaje de las dos nociones es sumamente relevante para una vida pública provista de instituciones y, desde luego, de garantías para que los derechos fundamentales lleguen a buen puerto.

Sin el Estado de Derecho, la democracia no puede tener el adjetivo de "constitucional", pues el referido Estado de Derecho tiene como su sustento a la Constitución, génesis de todo el ordenamiento jurídico. Por igual, sin una democracia plena, funcional y operativa, el Estado de Derecho sólo puede serlo de manera parcial, en detrimento de la ciudadanía y la satisfacción de sus demandas más básicas.

La democracia constitucional distingue entre su visión formal y su vertiente sustancial.[2] Mientras que la primera se refiere a quién

---

2 Al respecto, véase Ferrajoli, Luigi, *Garantismo. Debate sobre el Derecho y la democracia*, trad. de Andrea Greppi, Madrid, Trotta, 2006. Del mismo

y cómo decide, la segunda apela a lo que se decide en concreto, de tal suerte que tiene que ver con los contenidos específicos de los que parte y a los que se debe. Ya sea en la visión procedimental o sustantiva, es evidente el rol del Estado de Derecho para que llegue a buen puerto.

Una democracia constitucional es también una democracia de calidad.[3] Una democracia de calidad tiene tres características generales y cinco "dimensiones de variación". Sus características generales son: a) se trata de regímenes con una amplia legitimación, estables por esa virtud (se da una *calidad con respecto al resultado*); b) los ciudadanos, las asociaciones y las comunidades que integran estos sistemas gozan de libertad e igualdad por encima de los mínimos (se da una *calidad con respecto al contenido*); y c) los ciudadanos de una buena democracia tienen el poder de controlar y evaluar si el gobierno trabaja por la igualdad y la libertad como valores, con pleno respeto a las normas vigentes (se da una *calidad con respecto al procedimiento*). Las dimensiones de variación son: a) *rule of law* o respeto a la ley; b) *accountability* o rendición de cuentas; c) *responsiveness* o reciprocidad es decir, la capacidad de respuesta que genera satisfacción de los ciudadanos y la sociedad civil en general; d) respeto pleno de los derechos que pueden ampliarse en la realización de las libertades; y e) progresiva ampliación de la igualdad política, social y económica.

Que sean regímenes con amplia legitimación implica que a pesar de sus yerros y las insuficiencias de la clase política, la democracia es la mejor forma de gobierno hasta ahora diseñada, tanto por el tipo de valores y virtudes que promueve como por las reglas del juego que impone. Por eso esa legitimación se plasma en el día a día, con el quehacer cotidiano de los actores públicos y, desde luego, de la sociedad civil.

---

autor, véase *Paradigmas de la democracia constitucional*, trad. de Nicolás Guzmán, Buenos Aires, Ediar, Universidad Nacional de Rosario, 2009.

3 Sobre el tema, véase Morlino, Leonardo, *Democracia y democratizaciones*, trad. de César Cansino e Israel Covarrubias, Madrid, Centro de Investigaciones Sociológicas, 2009.

Que haya libertad e igualdad por encima de los mínimos reivindica estos dos principios como centrales en la vida pública y en los proyectos individuales, claro está. Libertad e igualdad deben potenciarse en todas sus dimensiones, vertientes y manifestaciones, pues sólo una sociedad libre e igualitaria es compatible con el proyecto democrático.

Que exista un poder de control y evaluación del gobierno le da armas importantes a la ciudadanía para ejercer la dirección de los asuntos públicos, así como para hacer realidad la aspiración de que el pueblo mande e imponga su voluntad a los representantes populares. Confeccionar mecanismos constitucionales y legales que coadyuven en esta empresa es entonces un imperativo.

Ahora bien, si existe un imperio de la ley en toda la extensión de la expresión se logra una adecuada sinergia entre las normas jurídicas y los mecanismos políticos en cuanto tales. Por igual, el respeto irrestricto de la legislación, empezando por la Constitución y los tratados internacionales, crea condiciones sólidas y armónicas para unas mejores relaciones sociales, además de que posibilita la interacción entre gobernantes y gobernados de una manera mucho más eficaz.

Asimismo, la rendición de cuentas activa circuitos elementales para la acción de gobierno, con la finalidad de verificar un correcto desempeño de los funcionarios públicos y un desenvolvimiento adecuado de la sociedad civil en cuanto a sus obligaciones y deberes en clave de exigencia y escrutinio siempre directo, permanente y eficaz.

En efecto, la rendición de cuentas equivale a vigilancia y evaluación, involucrando tópicos de la misma envergadura como la transparencia, la fiscalización y el ejercicio efectivo del acceso a la información, los cuales al vincularse crean un círculo virtuoso que le da aún más poder a la democracia como forma de gobierno.

La reciprocidad, mientras tanto, se asocia con la idea de un involucramiento directo de los ciudadanos en los procesos de toma de decisiones, en aras de generar un estado de cosas con el cual éstos se sientan lo suficientemente satisfechos con la labor de los funcionarios públicos. El referido involucramiento es más que necesario para lograr una democracia en movimiento, permanentemente activa, la cual se salga siempre de su zona de confort y esté al servicio de la ciudadanía.

El respeto pleno de los derechos permite recordar en todo momento que hay, o debe haber, una relación directamente proporcional entre Constitución y democracia, bajo la fórmula amplia del Estado constitucional y democrático de Derecho, mismo que entraña la simbiosis de estas dos grandes escuelas de pensamiento.

La progresiva ampliación de la igualdad, por su cuenta, resulta fundamental para que cada quien tenga lo que le corresponde y se de una idéntica valoración de unos y otros en cuanto a su status como ciudadanos y el goce pleno, efectivo e integral del conjunto de los derechos fundamentales y de las libertades públicas *in extenso.*

Por supuesto, la igualdad también evoca la noción de la no discriminación como una de las claves tanto para la teoría como para la praxis democrática contemporánea en sus diversas manifestaciones, para que los derechos puedan ejercerse a cabalidad sin que se pueda discriminar a nadie por razones étnicas, políticas, ideológicas, sexuales, religiosas o de otra índole, contrarias a la lógica constitucional prevaleciente. Si lo anterior no tiene verificativo, se erosionan los cimientos mismos de la democracia constitucional.

Estas características cualitativas deben cumplirse de forma palmaria para así lograr una democracia funcional, misma que simultáneamente se encargue de impulsar la gobernabilidad, el imperio de la ley, el Estado de Derecho y la gobernanza, con un impulso robusto desde la sociedad civil organizada.[4] La goberna-

---

4 Arroyo Cisneros, Edgar Alán, *Democracia y Constitución. Una mirada desde la sociedad civil,* México, Tirant Lo Blanch, 2019, p. 54.

bilidad, en todo caso, debe ser esa capacidad de gobernar con eficiencia y eficacia.

El tema de la gobernanza es particularmente importante, pues a partir de ella se logra una horizontalidad dialógica en la toma de decisiones con una participación política vigorosa. Además de gobernar con sentido humano, de lo que se trata es de impulsar mecanismos mucho más objetivos para la defensa y salvaguarda de los derechos fundamentales.

3. LA IMPORTANCIA DEL ESTADO DE DERECHO HOY

El Estado de Derecho nunca deja de tener actualidad, y menos aún en épocas tan convulsas como las que nos ha tocado vivir.[5] Una concepción muy lúcida sobre el Estado de Derecho es la que ofrece el extraordinario teórico de la argumentación jurídica Neil MacCormick, quien lo hace en los siguientes términos:

---

5 Sobre el Estado de Derecho, conviene acercarse a los siguientes textos: Bingham, Tom, *Rule of Law*, Londres, Penguin Books, 2010; Sellers, Mortimer y Tomaszewski, Tadeusz (eds.), *The Rule of Law in comparative perspective*, Londres/Nueva York, Springer, 2010; Donati, Alberto, *Rule of Law, Common Law*, Milán, Giuffrè Editore, 2010; Bellamy, Richard, *The Rule of Law and the separation of powers*, Londres/Nueva York, Routledge, 2005; Trebilcock, M. J. y Daniels, Ronald Joel, *Rule of Law reform and development. Charting the fragile path of progress*, Cheltenham, Edward Elgar, 2008; VV. AA., *Democracy, Rule of Law and foreign policy*, Estrasburgo, Consejo de Europa, 2003; Postema, Gerald J., *Law's Rule. The nature, value, and viability of the Rule of Law*, Nueva York, Oxford University Press, 2022; Narváez Medécigo, Alfredo, *Rule of Law and fundamental rights. Critical comparative analysisww of constitutional review in the United States, Germany and Mexico*, Londres/Nueva York, Springer, 2016; MacCormick, Neil, *Retórica y Estado de Derecho. Una teoría del razonamiento jurídico*, trad. de José A. Gascón Salvador, Lima, Palestra, 2016; Barnett, Randy E., *The structure of liberty. Justice and the rule of law*, Nueva York, Oxford University Press, 2000; Salazar Ugarte, Pedro, *Democracia y (cultura de la) legalidad*, México, Instituto Nacional Electoral, 2020.

> El Estado de Derecho es una virtud destacable de las sociedades civilizadas. Cuando rige el Estado de Derecho, el gobierno de un Estado o de una institución política no estatal como la Unión Europea, o de entidades políticas dentro de Estados, tales como Inglaterra, Escocia, Gales e Irlanda del Norte en el Reino Unido, se realiza dentro de un marco establecido por el Derecho. Esto proporciona una importante seguridad para la independencia y la dignidad de cada ciudadano. Cuando prevalece la ley, uno sabe dónde está y qué puede hacer sin verse enredado en litigios civiles o en el sistema de justicia penal.
>
> No puede haber un Estado de Derecho sin reglas para el Derecho. Estas pueden tomar la forma de disposiciones en tratados o en textos constitucionales o en actos legislativos o en precedentes judiciales. Valores como la seguridad jurídica y la certeza jurídica solo pueden ponerse en práctica en la medida en que un Estado esté gobernado de acuerdo con reglas previamente anunciadas que sean claras e inteligibles en sí mismas. También debe formar parte de un sistema jurídico caracterizado por la consistencia entre sus numerosas reglas, y por una cierta coherencia global de principio en el sistema en conjunto. Así que las reglas solas no son suficientes por sí mismas. Desde un punto de vista moral, la seguridad jurídica y la certeza jurídica tienen un valor considerable debido a la calidad de vida que ofrecen a los ciudadanos, del modo mencionado hace un momento. Al contrario que la moral, o el orden moral, los sistemas jurídicos comprenden, entre otras cosas, un gran conjunto de reglas enunciadas con autoridad. A menudo están respaldas por un gran conjunto de precedentes cuidadosamente registrados en los informes de decisiones judiciales, y por discusiones jurídicas y doctrinales sobre los principios y los valores que se exploran en los precedentes y que están implícitos en la legislación. Todo ello establece un marco de previsibilidad razonable en la propia vida y una protección razonable de intervenciones arbitrarias, ya sea de funcionarios públicos o de ciudadanos particulares.[6]

En un Estado de Derecho, como afirma Pedro Salazar,[7] debe haber una legitimidad en el poder del mismo, en sus normas jurídicas e instituciones, las cuales se fundamentan en la igualdad de todas las personas frente a la ley, además de que, para que sea real y efectivo, las instituciones en las que se asienta deben ser capaces

---

6 MacCormick, Neil, *óp. cit.*

7 *Cfr.* Salazar Ugarte, Pedro, *óp. cit.*, pp. 7 y ss.

tanto de promover como de proteger los derechos fundamentales, pues éstos otorgan identidad y sentido.

Desde una perspectiva normativa, el Estado de Derecho, en palabras de Cárdenas Gracia, no concibe al sistema jurídico de manera exclusiva como un conjunto de reglas sino también de principios expresos e implícitos, en los cuales es imprescindible la argumentación de todo el ordenamiento.[8]

4. LA IMPORTANCIA DE LA DEMOCRACIA CONSTITUCIONAL HOY

La democracia constitucional es fundamental en los tiempos de la globalización y en la era de la información.[9] Implica la amalgama de una forma de Estado, el Estado constitucional, con una forma de gobierno, la democracia, que sólo pueden coexistir si, por un lado, hay una cultura jurídica amplia -a partir de la cual surja una cultura constitucional, una cultura de la legalidad y una cultura de derechos fundamentales- y, por el otro, hay un máximo de consenso y un mínimo de imposición en un esquema de gobernanza cooperativa cuya punta de lanza sea la sociedad civil.

La democracia constitucional, dicho en otros términos, importa porque es el esquema político y normativo que mejor incide en la esfera de la ciudadanía y que mejores oportunidades le brinda a ésta, además de que hay por lo general una posibilidad de diálogo y de interacción entre los distintos elementos humanos que forman al Estado.

---

8 *Cfr.* Cárdenas Gracia, Jaime, "Hacia un cambio en la cultura jurídica nacional", *Boletín Mexicano de Derecho Comparado,* México, núm. 119, mayo-agosto de 2007, p. 298.

9 Sobre la democracia constitucional puede verse Salazar Ugarte, Pedro, *La democracia constitucional. Una radiografía teórica,* México, Fondo de Cultura Económica, UNAM, Instituto de Investigaciones Jurídicas, 2006.

A partir de la democracia constitucional también adquiere una relevancia plena el tema de la legitimidad, misma que sólo puede alcanzarse cuando se respetan los derechos y libertades de las personas y cuando, además, las decisiones inherentes a todas y todos se procesan con base en un marco de respeto, alejados del autoritarismo que florece cuando lo hasta aquí mencionado desaparece de la escena colectiva. La imposición de la voluntad propia sin tener en cuenta la opinión de los demás resulta contraria a lo que en este momento se está planteando.

Con una democracia constitucional óptima, la idea de la dignidad -central en la noción genérica de los derechos fundamentales- y la idea de la deliberación -nuclear cuando hablamos de democracia- se tornan primarias en el cauce de las instituciones y en el desarrollo de las posibilidades vitales de cada miembro de la sociedad.

5. INSUMOS EMPÍRICOS Y ELEMENTOS ASPIRACIONALES PARA EL ESTADO DE DERECHO Y PARA LA DEMOCRACIA CONSTITUCIONAL

Los insumos empíricos permiten calibrar el grado de juridicidad de un Estado determinado y el grado de constitucionalidad de una democracia en específico, contrario a lo que sucede con sus elementos aspiracionales, ya que estos se rigen por la arbitrariedad y sin acudir a parámetros objetivos. En palabras de Diego Valadés, "las características del Estado de Derecho han permitido definir al sistema constitucional".[10]

Cuando hay un cuerpo de leyes establecidas y reconocidas en cualquier organización política, mismas que gobiernan el comportamiento de las personas dentro de las facultades de esa orga-

---

[10] Valadés, Diego, "La no aplicación de las normas y el Estado de Derecho", *Boletín Mexicano de Derecho Comparado,* México, núm. 103, enero-abril de 2002, p. 237.

nización, es de valor incalculable el estricto cumplimiento de las normas, especialmente por parte de quienes ostentan el poder gubernamental.[11] Rige el Estado de Derecho cuando las leyes se cumplen fielmente, al tiempo que las sociedades que viven bajo él disfrutan de grandes beneficios a diferencia de aquellas en donde ocurre lo contrario.[12] Otras de sus bondades son las siguientes:[13]

- Garantiza la seguridad jurídica.
- Asegura las expectativas jurídicas.
- Protege a los ciudadanos de la intervención arbitraria de los gobiernos y sus agentes.
- Cuando se logran la seguridad jurídica y la certeza jurídica en una sociedad, los ciudadanos pueden llevar vidas autónomas en condiciones de confianza mutua.
- La gente puede tener una certeza razonable por adelantado acerca de las reglas y los estándares por medio de los cuales su conducta será juzgada, así como los requisitos que deben satisfacer para que sus transacciones tengan validez jurídica.
- Por virtud de lo anterior, los ciudadanos tienen una seguridad razonable en sus expectativas sobre las conductas de otros, en especial de quienes ostentan puestos oficiales bajo el Derecho.
- Se puede poner en cuestión alguna acción gubernamental que afecte a los intereses propios exigiendo una justificación jurídica clara de la acción oficial o la anulación de actos injustificables por medio de su revisión por parte de un cuerpo judicial independiente.
- Funciona con base en reglas que deben establecer requisitos de conducta realizables de manera realista, y conjuntamente deben formar un patrón común, no un caos de exigencias arbitrarias y contradictorias.

---

11 MacCormick, Neil, *op. cit.*

12 *Idem.*

13 *Idem.*

En función de lo anterior, los insumos empíricos de una democracia constitucional son la piedra de toque que posibilita dilucidar entre su viabilidad o no, entre su funcionalidad o no, y entre su operatividad o no. En lo que sigue veremos algunos de los estudios más representantivos que permiten sopesar en la balanza dichos insumos empíricos.

6. HALLAZGOS DEL *RULE OF LAW INDEX* DEL *WORLD JUSTICE PROJECT*

El *World Justice Project* elabora el *Rule of Law Index* (Índice de Estado de Derecho), en el cual evalúa el Estado de Derecho a nivel global.[14] El Índice presenta indicadores originales y datos en ocho factores: i) límites al poder gubernamental, ii) ausencia de corrupción, iii) gobierno abierto, iv) derechos fundamentales, v) orden y seguridad, vi) cumplimiento regulatorio, vii) justicia civil y viii) justicia penal. La medición es de 0 a 1, donde 0 indica una adherencia más débil al Estado de Derecho y 1 una adherencia más fuerte.

Algunas perspectivas y datos relevantes que se aprecian en el estudio son los siguientes, las cuales constituyen llamadas de atención al respecto:[15]

- 4.4 billones de personas viven en un país donde el Estado de Derecho está en declive.
- El Estado de Derecho ha declinado globalmente por quinto año consecutivo.
- Un 39% de los países evaluados mejoraron su desempeño pero un 61% lo empeoró.

---

14 World Justice Project, *Rule of Law Index 2022*, disponible en https://worldjusticeproject.org/rule-of-law-index/global

15 *Ídem.*

- El Estado de Derecho cayó en 7 de los 8 factores considerados.
- El autoritarismo prepandémico en algunos países continúa presentándose, pues los límites al pdoer gubernamental, tanto de la judicatura como de los Congresos y los medios de comunicación, cayó en un 58% de los países. Más naciones han declinado que mejorado en este factor desde el año 2017.
- Una erosión amplia de los derechos fundamentales y libertades continúa, pues desde el año 2015 más países han empeorado su desempeño en este factor en lugar de mejorarlo,
- Entre 2015 y 2022, el Estado de Derecho se ha deteriorado en un 64% de los países.

En su edición correspondiente al año 2022, los países mejor evaluados en el ranking fueron Dinamarca (0.90), Noruega (0.89), Finlandia (0.87), Suecia (0.86), Países Bajos (0.83), Alemania (0.83), Nueva Zelanda (0.83), Luxemburgo (0.83), Estonia (0.82) e Irlanda (0.81). Mientras tanto, los países peor evaluados fueron Mauritania (0.37), Birmania (0.36), Nicaragua (0.36), Camerún (0.36), Egipto (0.35), Haití (0.35), República Democrática del Congo (0.34), Afganistán (0.33), Camboya (0.31) y Venezuela (0.26).

La siguiente tabla presenta los resultados obtenidos por los referidos diez países mejor posicionados en el ranking que nos ocupa en los primeros factores i, ii, iii y iv:[16]

	Límites al poder gubernamental	**Ausencia de corrupción**	**Gobierno abierto**	**Derechos fundamentales**
Dinamarca	0.95	0.96	0.87	0.92
Noruega	0.93	0.93	0.87	0.91
Finlandia	0.91	0.89	0.86	0.89
Suecia	0.86	0.90	0.85	0.86

16 *Idem.*

Países Bajos	0.85	0.88	0.83	0.84
Alemania	0.86	0.83	0.79	0.85
Nueva Zelanda	0.85	0.88	0.81	0.81
Luxemburgo	0.83	0.85	0.79	0.85
Estonia	0.83	0.81	0.80	0.83
Irlanda	0.83	0.81	0.80	0.82

La siguiente tabla presenta, a su vez, los resultados obtenidos por los diez países mejor posicionados en el ranking que nos ocupa, en los factores v, vi, vii y viii:[17]

	Orden y seguridad	**Cumplimiento regulatorio**	**Justicia civil**	**Justicia penal**
Dinamarca	0.93	0.90	0.87	0.83
Noruega	0.93	0.87	0.84	0.84
Finlandia	0.91	0.86	0.81	0.83
Suecia	0.92	0.83	0.83	0.80
Países Bajos	0.85	0.85	0.84	0.75
Alemania	0.89	0.86	0.83	0.78
Nueva Zelanda	0.89	0.85	0.78	0.74
Luxemburgo	0.93	0.85	0.77	0.73
Estonia	0.89	0.81	0.81	0.74
Irlanda	0.94	0.83	0.73	0.72

La siguiente tabla, a su vez, presenta los resultados obtenidos por los diez países con el peor desempeño en el ranking, en los factores i, ii, iii y iv::

	Límites al poder gubernamental	**Ausencia de corrupción**	**Gobierno abierto**	**Derechos fundamentales**
Mauritania	0.33	0.30	0.29	0.40
Birmania	0.31	0.43	0.31	0.22
Nicaragua	0.23	0.31	0.35	0.31
Camerún	0.37	0.24	0.32	0.36

---

17 *Idem.*

Egipto	0.26	0.38	0.23	0.25
Haití	0.36	0.25	0.37	0.42
República Democrática del Congo	0.39	0.16	0.33	0.40
Afganistán	0.39	0.31	0.37	0.32
Camboya	0.27	0.23	0.24	0.33
Venezuela	0.17	0.28	0.28	0.29

La siguiente tabla, a su vez, presenta los resultados obtenidos por los diez países con el peor desempeño en el ranking, en los factores v, vi, vii y viii:

	Límites al poder gubernamental	**Ausencia de corrupción**	**Gobierno abierto**	**Derechos fundamentales**
Mauritania	0.64	0.28	0.40	0.29
Birmania	0.61	0.42	0.34	0.25
Nicaragua	0.71	0.38	0.35	0.25
Camerún	0.49	0.40	0.40	0.26
Egipto	0.63	0.36	0.38	0.34
Haití	0.49	0.31	0.38	0.25
República Democrática del Congo	0.46	0.36	0.36	0.27
Afganistán	0.30	0.36	0.34	0.26
Camboya	0.67	0.25	0.25	0.25
Venezuela	0.50	0.19	0.27	0.12

Los anteriores datos reflejan que el Estado de Derecho se encuentra en crisis globalmente hablando, pues incluso entre los países con mejores prácticas a lo largo y ancho del orbe, no hay calificaciones de excelencia, mientras que por el otro lado, en las naciones con los resultados menos favorables se observa una severa crisis de legitimidad de sus sistemas político-jurídicos, misma que debe revertirse en breve.

7. HALLAZGOS DEL *DEMOCRACY INDEX* DE *ECONOMIST INTELLIGENCE UNIT*

La organización *Economist Intelligence Unit*, perteneciente al grupo del influyente periódico inglés *The Economist*, lleva a cabo el *Democracy Index* (Índice de Democracia), midiendo el estado de la democracia principalmente en aspectos relacionados con las instituciones políticas y las libertades concretas de las y los ciudadanos.[18]

Este instrumento se basa en cinco categorías: procesos electorales y pluralismo, funcionamiento del gobierno, participación política, cultura política y libertades civiles. Considerando los puntajes alcanzados en estas categorías, cada nación se clasifica en cuatro tipos de régimen: "democracia plena", "democracia imperfecta", "régimen híbrido" o "régimen autoritario".

Lograron entrar en la categoría de democracias plenas los siguientes países:[19] Noruega, Nueva Zelanda, Islandia, Suecia, Finlandia, Dinamarca, Suiza, Irlanda, Países Bajos, Taiwán, Uruguay, Canadá, Luxemburgo, Alemania, Australia, Japón, Costa Rica, Reino Unido, Chile, Austria, Mauricio, Francia, España y Corea del Sur.

A su vez, estas naciones se consideran democracias imperfectas:[20] República Checa, Grecia, Estonia, Portugal, Israel, Estados Unidos, Eslovenia, Botsuana, Malta, Italia, Cabo Verde, Bélgica, Chipre, Letonia, Lituania, Malasia, Trinidad y Tobago, Jamaica, Eslovaquia, Timor Oriental, Sudáfrica, India, Polonia, Surinam, Panamá, Argentina, Brasil, Filipinas, Colombia, Indonesia, Tailandia, Hungría, Bulgaria, Namibia, Croacia, Sri Lanka, Montenegro, Rumania, Ghana, Albania, República Dominicana, Mongolia, Guyana, Serbia, Moldavia, Singapur, Lesoto y Macedonia del Norte.

---

18 Economist Intelligence Unit, *Democracy Index 2022*, disponible en https://www.eiu.com/n/campaigns/democracy-index-2022/

19 *Ídem.*

20 *Ídem.*

Por otro lado, regímenes híbridos son estos países:[21] Bangladés, Papua Nueva Guinea, Perú, Malaui, Paraguay, Zambia, Senegal, Madagascar, Ecuador, Armenia, Fiji, Bután, Túnez, Liberia, Ucrania, Hong Kong, México, Georgia, Honduras, Tanzania, El Salvador, Kenia, Marruecos, Sierra Leona, Bosnia y Herzegovina, Guatemala, Uganda, Bolivia, Nepal, Gambia, Turquía, Benín, Nigeria, Costa de Marfil, Pakistán y Mauritania.

Finalmente, regímenes autoritarios son:[22] Angola, Palestina, Kuwait, Níger, Algeria, Catar, Líbano, Kirguistán, Mozambique, Gabón, Mali, Comoras, Camboya, Etiopía, Jordania, Irak, Omán, Ruanda, Burkina Faso, Kazajistán, Esuatini, Togo, Egipto, Zimbabue, Emiratos Árabes Unidos, Azerbaiyán, Haití, Congo, Yibuti, Vietnam, Cuba, Camerún, Guinea-Bisáu, Baréin, Nicaragua, Sudán, Guinea, Rusia, Venezuela, Burundi, Uzbekistán, Arabia Saudita, Libia, Eritrea, Belarús, Irán, Yemen, China, Tayikistán, Guinea Ecuatorial, Laos, Chad, Turkmenistán, República Democrática del Congo, Siria, República Centroafricana, Corea del Norte, Birmania y Afganistán.

En la siguiente tabla se puede apreciar un concentrado de información con respecto a estos cuatro tipos de régimen:[23]

	Número de países	Porcentaje de países	Porcentaje de la población mundial
Democracias plenas	24	14.4%	8.0%
Democracias imperfectas	48	28.7%	37.3%
Regímenes híbridos	36	21.6%	17.9%
Regímenes autoritarios	59	35.3%	36.9%

La siguiente tabla muestra el desempeño de los diez países mejor evaluados en cada una de las cinco categorías señaladas al inicio de este apartado, en escala de 0 a 10, que son Noruega (9.81), Nueva Zelanda (9.61), Islandia (9.52), Suecia (9.39), Finlandia

21 *Ídem.*

22 *Ídem.*

23 *Ídem.*

(9.29), Dinamarca (9.28), Suiza (9.14), Irlanda (9.13), Países Bajos (9.00) y Taiwán (8.99):[24]

	Procesos electorales y pluralismo	**Funcionamiento del gobierno**	**Participación política**	**Cultura política**	**Libertades civiles**
Noruega	10.00	9.64	10.00	10.00	9.41
Nueva Zelanda	10.00	9.29	10.00	8.75	10.00
Islandia	10.00	9.64	8.89	9.38	9.71
Suecia	9.58	9.64	8.33	10.00	9.41
Finlandia	10.00	9.64	8.33	8.75	9.71
Dinamarca	10.00	9.29	8.33	9.38	9.41
Suiza	9.58	9.29	8.33	9.38	9.12
Irlanda	10.00	8.21	8.33	10.00	9.12
Países Bajos	9.58	8.93	8.33	8.75	9.41
Taiwán	10.00	9.64	7.78	8.13	9.41

La siguiente tabla, mientras tantom muestra el desempeño de los diez países peor evaluados en cada una de las cinco categorías estudiadas por el índice, igualmente en escala de 0 a 10, que son Guinea Ecuatorial (1.92), Laos (1.77), Chad (1.67), Turkmenistán (1.66), República Democrática del Congo (1.48), Siria (1.43), República Centroafricana (1.35), Corea del Norte (1.08), Birmania (0.74) y Afganistán (0.32):[25]

	Procesos electorales y pluralismo	**Funcionamiento del gobierno**	**Participación política**	**Cultura política**	**Libertades civiles**
Guinea Ecuatorial	0.00	0.43	3.33	4.38	1.47
Laos	0.00	2.86	1.67	3.75	0.59
Chad	0.00	0.00	2.22	3.75	2.35
Turkmenistán	0.00	0.79	2.22	5.00	0.29
República Democrática del Congo	1.17	0.00	2.22	3.13	0.88

24 *Ídem.*
25 *Ídem.*

Siria	0.00	0.00	2.78	4.38	0.00
República Centroafricana	0.83	0.00	1.67	1.88	2.35
Corea del Norte	0.00	2.50	1.67	1.25	0.00
Birmania	0.00	0.00	0.56	3.13	0.00
Afganistán	0.00	0.07	0.00	1.25	0.29

Analizando los datos de este apartado, se obtiene una marcada preocupación porque la mayoría de la población en el mundo vive en regímenes híbridos o regímenes autoritarios. Por el contrario, sólo una minúscula parte de la población, equivalente al 8% de la misma, vive en un sistema plenamente democrático, en el entendido de que esto es relativo, ya que no hay nación que haya obtenido un puntaje perfecto.

8. HALLAZGOS DEL *CORRUPTION PERCEPTIONS INDEX* DE TRANSPARENCIA INTERNACIONAL

Para medir la transparencia a nivel global con indicadores empíricos, no hay mejor instrumento que el *Corruption Perceptions Index* (Índice de Percepción de la Corrupción) que año con año efectúa Transparencia Internacional.[26] Este documento evalúa a 180 países, buscando cumplir con la visión de dicha organización: conseguir un mundo donde el gobierno, los negocios, la sociedad civil y las vidas cotidianas de la gente estén libres de corrupción.

La siguiente tabla muestra el desempeño de los diez países que encabezan el ranking, en una escala de 0 a 100, donde 0 implica una nación altamente corrupta y 100 una nación altamente transparente:[27]

---

26 Transparencia Internacional, *Corruption Perceptions Index 2022*, disponible en https://images.transparencycdn.org/images/Report_CPI2022_English.pdf

27 *Ídem.*

PAÍS	PUNTAJE OBTENIDO
Dinamarca	90
Finlandia	87
Nueva Zelanda	87
Noruega	84
Singapur	83
Suecia	83
Suiza	82
Países Bajos	80
Alemania	79
Irlanda	77

La siguiente tabla muestra el desempeño de los diez países que se ubican hasta el fondo del ranking, donde 0 implica una nación altamente corrupta y 100 una nación altamente transparente:[28]

PAÍS	PUNTAJE OBTENIDO
Burundi	17
Guinea Ecuatorial	17
Haití	17
Corea del Norte	17
Libia	17
Yemen	16
Venezuela	14
Sudán del Sur	13
Siria	13
Somalia	12

Según Transparencia Internacional, estas son algunas de las principales novedades que arroja el Índice en su edición más reciente:[29]

---

28 *Ídem.*

29 *Ídem.*

- La pandemia COVID-19, así como la crisis climática y las amenazas a la seguridad alrededor del globo traen consigo una nueva ola de incertidumbre.
- En un mundo de por sí inestable, los países están fallando en resolver sus problemas de corrupción, empeorando sus efectos, lo cual contribuye a un declive democrático y al empoderamiento de gobiernos autoritarios.
- 124 de los 180 países evaludos tienen un estancamiento en cuanto a sus niveles de corrupción.
- El número de países a la deriva está incrementándose, lo cual tiene serias consecuencias, pues la paz global se deteriora y la corrupción es tanto como una causa como un resultado de ello.
- Dos tercios de los países evaluados obtuvieron un puntaje por debajo de 50/100.
- El puntaje promedio es de 43/100.

Por tanto, Transparencia Internacional emite las siguientes recomendaciones generales:[30]

1. Reforzar los *check and balances*, así como promover la separación de poderes.
2. Compartir información y garantizar el derecho de acceso a la misma.
3. Limitar la influencia privada, regulando el lobbying y promoviendo el acceso abierto a la toma de decisiones.
4. Combatir las formas trasnacionales de corrupción.

A partir de lo anterior, es dable observar que la corrupción no sólo es una negación de la transparencia y de la ética pública a nivel global sino que es uno de los obstáculos más serios que tienen el Estado de Derecho, el Estado constitucional y la democracia

---

30 *Ídem.*

constitucional a nivel global. Mientras no haya un mejor desempeño de los países en estos indicadores, difícilmente podrá haber un estado de cosas ideal.

Asimismo, es de llamar la atención que, similarmente a lo que ocurre con el Índice de Estado de Derecho, en el Índice de Percepción de la Corrupción no hay experiencias perfectas, pues sólo un país, Dinamarca, obtuvo una calificación de 9, mientras que el resto se ubican por debajo de este puntaje. Lo ideal, desde luego, será siempre aspirar y llegar a tener las mejores prácticas en el combate a la corrupción y ser modelos a seguir por los demás.

9. APUNTES CONCLUSIVOS

Los insumos empíricos del Estado de Derecho, el Estado constitucional y la democracia constitucional, en contraposición con sus elementos netamente aspiracionales, permiten ubicar en su contexto las distintas realidades de los países a escala global, las cuales muestran que tanto el Estado de Derecho como la democracia de calidad y el combate a la corrupción se encuentran en un estancamiento y en una crisis desde hace algunos años, sin que haya una especie de luz al final del túnel.

De manera generalizada, hay una debacle en términos de estos indicadores e ítems prácticos. Si bien es cierto que algunos países como los escandinavos destacan en todas las mediciones, tampoco hay calificaciones de excelencia que permitan hablar de plenitud o cumplimiento de todas las características de una democracia de calidad y un Estado constitucional en toda la extensión de la expresión.

En el caso mexicano, la situación no es muy halagüeña en lo general, pues en el *Rule of Law Index* el país obtuvo un puntaje de 0.42/1 (lugar 115 de 140 países evaluados); por lo que respecta al *Democracy Index* fue evaluado con un puntaje de 5.25/10 (lugar 89 de 167 países evaluados), para entrar en la categoría de régimen híbrido; mientras tanto, en el *Corruption Perceptions Index* consiguió un puntaje de 31/100 (lugar 126 de 180 países evaluados).

Como ha quedado claro en la mayoría de los casos latinoamericanos, la corrupción es uno de los principales factores que ralentiza el tránsito hacia la consolidación democrática y hacia la configuración de auténticos y genuinos Estados constitucionales. En tal tenor, reforzar el Estado de Derecho se torna como algo imperiosamente necesario para una verdadera transformación de la esfera pública planetaria, regional y nacional. Tal cuestión, indefectiblemente, es tarea de la sociedad civil y no sólo de las autoridades o de quienes toman las decisiones colectivas.

10. FUENTES DE INFORMACIÓN.

Bibliográficas:

Arroyo Cisneros, Edgar Alán, *Democracia y Constitución. Una mirada desde la sociedad civil*, México, Tirant Lo Blanch, 2019.

Barnett, Randy E., *The structure of liberty. Justice and the rule of law*, Nueva York, Oxford University Press, 2000.

Bellamy, Richard, *The Rule of Law and the separation of powers*, Londres/Nueva York, Routledge, 2005.

Bingham, Tom, *Rule of Law*, Londres, Penguin Books, 2010.

Donati, Alberto, *Rule of Law, Common Law*, Milán, Giuffrè Editore, 2010.

Ferrajoli, Luigi, *Garantismo. Debate sobre el Derecho y la democracia*, trad. de Andrea Greppi, Madrid, Trotta, 2006.

_____, *Paradigmas de la democracia constitucional*, trad. de Nicolás Guzmán, Buenos Aires, Ediar, Universidad Nacional de Rosario, 2009.

MacCormick, Neil, *Retórica y Estado de Derecho. Una teoría del razonamiento jurídico*, trad. de José A. Gascón Salvador, Lima, Palestra, 2016.

Morlino, Leonardo, *Democracia y democratizaciones*, trad. de César Cansino e Israel Covarrubias, Madrid, Centro de Investigaciones Sociológicas, 2009.

Narváez Medécigo, Alfredo, *Rule of Law and fundamental rights. Critical comparative analysisww of constitutional review in the United States, Germany and Mexico*, Londres/Nueva York, Springer, 2016.

Postema, Gerald J., *Law's Rule. The nature, value, and viability of the Rule of Law*, Nueva York, Oxford University Press, 2022.

Salazar Ugarte, Pedro, *Democracia y (cultura de la) legalidad*, México, Instituto Nacional Electoral, 2020.

______, *La democracia constitucional. Una radiografía teórica*, México, Fondo de Cultura Económica, UNAM, Instituto de Investigaciones Jurídicas, 2006.

Sellers, Mortimer y Tomaszewski, Tadeusz (eds.), *The Rule of Law in comparative perspective*, Londres/Nueva York, Springer, 2010.

Trebilcock, M. J. y Daniels, Ronald Joel, *Rule of Law reform and development. Charting the fragile path of progress*, Cheltenham, Edward Elgar, 2008.

VV. AA., *Democracy, Rule of Law and foreign policy*, Estrasburgo, Consejo de Europa, 2003.

Electrónicas:

Economist Intelligence Unit, *Democracy Index 2022*, disponible en https://www.eiu.com/n/campaigns/democracy-index-2022/

Transparencia Internacional, *Corruption Perceptions Index 2022*, disponible en https://images.transparencycdn.org/images/Report_CPI2022_English.pdf

World Justice Project, *Rule of Law Index 2022*, disponible en https://worldjusticeproject.org/rule-of-law-index/global

Hemerográficas:

Cárdenas Gracia, Jaime, "Hacia un cambio en la cultura jurídica nacional", *Boletín Mexicano de Derecho Comparado*, México, núm. 119, mayo-agosto de 2007.

Valadés, Diego, "La no aplicación de las normas y el Estado de Derecho", *Boletín Mexicano de Derecho Comparado*, México, núm. 103, enero-abril de 2002.

Límites a la competencia material de los tribunales electorales con relación al derecho parlamentario

MARÍA MAGDALENA ALANÍS HERRERA[1]

La dialéctica entre principio democrático y control judicial,entre autonomía parlamentaria y sometimiento al Derecho de todo poder público ha sido una constantea lo largo de la historia constitucional, con diferentes manifestaciones en cada tiempo y lugar.[2]

SUMARIO. 1. INTRODUCCIÓN. 2. LA COMPETENCIA MATERIAL DE LOS TRIBUNALES ELECTORALES LOCALES Y EL DERECHO PARLAMENTARIO. 3. ¿CUÁL ES LA GÉNESIS POR LA QUE LOS ACTOS PARLAMENTARIOS SE ESCAPARAN DEL CONTROL JURISDICCIONAL? 4. CASOS RELEVANTES EN LA IMPOSICIÓN DE LÍMITES A LA COMPETENCIA MATERIAL DE LOS TRIBUNALES ELECTORALES EN RELACIÓN CON EL DERECHO PARLAMENTARIO Y JURISPRUDENCIA EN APERTURA A ESOS LÍMITES. 5. LA EVOLUCIÓN DE LA LÍNEA JURISPRUDENCIAL DE LA SALA SUPERIOR DEL TEPJF. 6. REFLEXIONES Y CONCLUSIONES. 7. FUENTES DE INFORMACIÓN.

---

1 Investigadora del Instituto de Investigaciones Jurídicas de la UJED; Catedrática de la Facultad de Derecho y Ciencias Políticas de la UJED; Licenciada en Derecho; Doctora en Derecho; miembro del Sistema Estatal de Investigadores del COCYTED.

2 Fernández Gutiérrez Marco. El acto parlamentario y su control jurisdiccional. Disponible en: https://www.asambleamadrid.es/documents/20126/64823/R.35. Marco Fernandez Gutierrez.pdf/2cebbb28-8e9e-1f8c-7f7f-5eb22043e3cd Consultado abril 14 de 2023.

1. INTRODUCCIÓN

De acuerdo con lo dispuesto en los artículos 99 y 116, fracción IV, de la Constitución Política de los Estados Unidos Mexicanos[3] (en adelante CPEUM), la resolución de conflictos en materia electoral compete exclusivamente al Tribunal Electoral del Poder Judicial de la Federación (en adelante TEPJF) y a las autoridades jurisdiccionales de las entidades federativas en la materia –o, como se las ha denominado ordinariamente, los tribunales electorales locales–. Sin embargo, delimitar si un conflicto se ubica o no en la materia electoral y, por ende, en la jurisdicción de dichos tribunales, no ha sido una tarea fácil, inclusive hasta con discrepancia de criterios de los propios versados en la materia y pertenecientes al órgano resolutor, ya que son los propios tribunales, particularmente la Sala Superior y las Salas Regionales del TEPJF, a quienes se ha encomendado delimitar la materia electoral. Tal es el caso, y de manera muy particular, el derecho parlamentario que, aunque se encuentra estrechamente relacionado con el derecho electoral por la naturaleza electiva de los órganos legislativos, constituye una materia que en su momento no podía ser susceptible de ser conocida y resuelta por los tribunales electorales.

El presente ensayo tiene como objeto analizar: ¿cómo es que se ha ido limitando la competencia material de los Tribunales electorales en relación con el derecho parlamentario? Con base en esta interrogante, en primer lugar, se abordará de manera concreta los conceptos de competencia, competencia material, derecho electoral y derecho parlamentario y de ahí desprender algunos cuestionamientos; en segundo lugar, se analizarán algunos precedentes que han trazado la línea jurisprudencial emitidos por la Sala Superior del TEPJF y que han delimitado la competencia material de los Tribunales electorales en relación con el derecho parlamentario, entre ellos la jurisprudencia 2/2022 que ha cam-

---

3 Constitución Política de los Estados Unidos Mexicanos. Disponible en: https://www.diputados.gob.mx/LeyesBiblio/pdf/CPEUM.pdf Consultado abril 18 de 2023.

biado el paradigma referente a qué actos parlamentarios pueden ser susceptibles de reversión en sede jurisdiccional; el principio de máxima representatividad, de proporcionalidad y pluralidad y, finalmente, se hará una reflexión acerca de ellos y de la delimitación a la competencia electoral de los tribunales electorales en el control jurisdiccional del derecho parlamentario.

2. LA COMPETENCIA MATERIAL DE LOS TRIBUNALES ELECTORALES LOCALES Y EL DERECHO PARLAMENTARIO

Entre las distintas definiciones que la Real Academia Española establece del concepto de "competencia", la siguiente encuentra una relevancia particular para este trabajo: "ámbito legal de atribuciones que corresponden a una entidad pública o a una autoridad judicial o administrativa".[4] Con base en dicha definición, se puede entender a la competencia de los tribunales electorales, como el ámbito o límite conforme a la ley en el que las autoridades de dichos órganos pueden llevar a cabo sus atribuciones.

La jurisdicción es una de las principales atribuciones de tales órganos, que consiste en la función de los juzgadores de conocer y resolver determinados asuntos mediante la aplicación de la ley. El qué o cuáles asuntos puede conocer cierto tribunal, se encuentra determinado o limitado por la competencia.[5]

La competencia puede ser establecida por: territorio, materia, cuantía, turno y conexidad.[6] A su vez, la competencia por materia –o competencia material– consiste en la limitación impuesta a los

---

4 Diccionario de la Real Academia Española. Disponible en: https://dle.rae.es/competencia Consultado abril 18 de 2023.

5 Diccionario jurídico. http://diccionariojuridico.mx/definicion/competencia/ Consultado abril 19 de 2023.

6 Los elementos de la competencia jurisdiccional*
Disponible en: https://www.scielo.cl/scielo.php?script=sci_arttext&pid=S0718-97532015000100014 Consultado abril 20 de 2023.

juzgadores, de conocer y resolver ciertos asuntos dependiendo de la materia, es decir, la naturaleza jurídica de los derechos y obligaciones que se encuentran en conflicto.

Derivado de lo anterior y de conformidad con los artículos 99 y 116, fracción IV, de la Constitución Política de los Estados Unidos Mexicanos,[7] en adelante CPEUM, la materia electoral se ubica exclusivamente dentro de la competencia material del TEPJF y los tribunales electorales locales, esto es, tales organismos pueden conocer y resolver los conflictos respecto a los comicios electorales, integración de los órganos democráticos, partidos políticos, derechos político-electorales, derecho y ejercicio del sufragio, entre otras cuestiones.

Ahora bien, existen ramas del derecho que se encuentran íntimamente relacionadas con el derecho electoral y que, no obstante, se consideraban fuera de la esfera competencial de los jueces y magistrados electorales. Tal es el caso del derecho parlamentario, el cual se puede definir como el conjunto de principios y reglas que regulan la organización y funcionamiento de los órganos legislativos o parlamentarios,[8] que aunque se encuentra estrechamente relacionado con el derecho electoral por la naturaleza electiva de todos los miembros que integran los órganos legislativos en nuestro país, el TEPJF ha delimitado la competencia material de los tribunales electorales para conocer y resolver asuntos, que versen sobre derecho parlamentario y de trazar una línea jurisprudencial que muestra la evolución de los derechos humanos de la mano con derechos político electorales; lo anterior, ha confrontado paradigmas que es su momento se mantuvieron ahí, y que ahora no solo generaron reflexiones, ajustes, adecuaciones

---

7 Constitución Política de los Estados Unidos Mexicanos, *Óp. Cit.*

8 Diferencias entre técnica legislativa y derecho parlamentario. Disponible en: https://www.diputados.gob.mx/bibliot/publica/otras/libro1/cap1.htm#:~:text=El%20derecho%20parlamentario%2C%20por%20su,fundamental%3A%20la%20elaboraci%C3%B3n%20de%20leyes. Consultado abril 21 2023.

o cambios, sino que aún son materia de controversia y debate que dejarán nuevos retos y desafíos.

3. ¿CUÁL ES LA GÉNESIS QUE LOS ACTOS PARLAMENTARIOS SE ESCAPARAN DEL CONTROL JURISDICCIONAL?

Se puede responder, que esto atiende a ese principio plasmado en el Artículo 49 Constitucional,[9] atinente a que el Supremo Poder de la Federación se divide en Legislativo, Ejecutivo y Judicial, este es uno de los artículos base del sistema constitucional, bajo el referente de evitar el abuso del poder y el control entre ellos mismos, mediante los pesos y contrapesos; al impedir que la jurisdiccionalidad de los actos parlamentarios, pudiera interpretarse para salvaguardar el principio de la división de poderes plasmado constitucionalmente, asimismo, el resguardo de la autonomía de dicho poder y el no permitir invasión alguna, o entorpecer el equilibrio del trabajo independiente del poder legislativo, en el entendido que es como un freno, un sano contrapeso, como control recíproco de los demás poderes y el buen funcionamiento orgánico y administrativo del cuerpo legislativo, pues se presume la constitucionalidad y legalidad de sus actos, permitiendo así, la agilidad en su funcionamiento; no obstante lo anterior, enseguida traeremos a cuenta, algunos criterios en donde podremos emitir algunas consideraciones y líneas argumentativas para advertir, si dicho poder legislativo es rígido y da por sentado la inmutabilidad o intocabilidad de todos sus acuerdos, actos y resoluciones, o si puede evolucionar de acuerdo a los contextos, al avance y observancia de los derechos humanos.

---

9 Gaceta del Senado. Disponible en: https://www.senado.gob.mx/65/gaceta_del_senado/documento/122194#:~:text=CONSTITUCI%C3%93N%20LES%20ASIGNA.-. Consultado Mayo 19 de 2023.

4. CASOS RELEVANTES EN LA IMPOSICIÓN DE LÍMITES A LA COMPETENCIA MATERIAL DE LOS TRIBUNALES ELECTORALES EN RELACIÓN CON EL DERECHO PARLAMENTARIO Y JURISPRUDENCIA EN APERTURA A ESOS LÍMITES

El 7 de diciembre de 2006, la Sala Superior del TEPJF emitió sentencia en el asunto SUP-JDC-1711/2006,[10] por el que resolvió una demanda de juicio para la protección de los derechos político-electorales del ciudadano, presentada por cinco senadores del grupo parlamentario de Convergencia por la Democracia, quienes habían impugnado el acuerdo parlamentario de fecha 3 de octubre de 2006, aprobado por el Pleno de la Cámara de Senadores para la integración de las comisiones ordinarias. La referida Sala sostuvo que el acuerdo impugnado corresponde al derecho parlamentario administrativo, toda vez que, la integración de las comisiones parlamentarias es una actuación del Senado respecto a su organización y división interna, por lo que tal acto reclamado no se encuentra ubicada en la esfera de los derechos político-electorales de los actores.

El 21 de marzo de 2007, la Sala Superior del TEPJF emitió sentencia en el asunto SUP-JDC-144/2007,[11] por el que resolvió una demanda de juicio para la protección de los derechos político-electorales del ciudadano, presentada por un diputado local del Congreso del Estado de Campeche, contra su remoción del cargo de coordinador del grupo parlamentario del Partido Acción Nacional en dicho Congreso. La Sala Superior sostuvo que el acto reclamado pertenecía al ámbito del derecho parlamentario, y, por ende, se encuentra fuera del ámbito del derecho electoral, ya que

---

10 Expediente: SUP-JDC-1711/2006. Disponible en: https://www.te.gob.mx/sentenciasHTML/convertir/expediente/SUP-JDC-01711-2006 Consultado 20 de mayo de 2023.

11 Expediente: SUP-JDC-144/2007. Disponible en: https://www.te.gob.mx/sentenciasHTML/convertir/expediente/SUP-JDC-00144-2007 Consultado Mayo 28 de 2023.

el acto impugnado se relacionaba con la organización interna de los grupos parlamentarios y la designación del coordinador respectivo, sin estar esencial y materialmente vinculado con algún derecho político-electoral.

El 20 de febrero de 2008, la Sala Superior del TEPJF emitió sentencia en el asunto SUP-JDC-67/2008[12] y sus acumulados, SUP-JDC-68/2008, SUP-JDC-69/2008, SUPJDC-70/2008, SUP-JDC-71/2008, SUP-JDC-72/2008, SUP-JDC-73/2008 y SUP-JDC-74/2008, por los cuales se impugnó la integración de las comisiones y comités del Congreso del Estado de Puebla. En estos casos en particular, la Sala Superior sostuvo que los actos impugnados pertenecían al ámbito parlamentario administrativo, por lo que declaró su sobreseimiento.

EL 18 de marzo de 2020, la Sala Superior del TEPJF emitió sentencia del asunto SUP-JDC-186/2020[13] en el cual diputadas del grupo parlamentario del PRD impugnaron el acuerdo de del 19 de marzo de 2020 y su aprobación por el Pleno de la Cámara de Diputados, por el cual se designaron las diputaciones integrantes de la Comisión Permanente del Congreso General de los Estados Unidos Mexicanos, en tanto que se les dejaba fuera de la integración a dicho grupo parlamentario; la Sala Superior desechó el medio impugnativo, determinando que el acuerdo estaba inmerso en el derecho parlamentario al tratarse de un acto relacionado con la organización del Congreso y de la actividad parlamentaria, como es la integración de la Comisión Permanente.

Dichas resoluciones de los casos hasta aquí expuestos no sorprendían a nadie, ya que atendían a la motivación y fundamenta-

---

12 Expedientes: SUP-JDC-67/2008 y acumulados. Disponible en: https://www.te.gob.mx/sentenciasHTML/convertir/expediente/SUP-JDC-67-2008 Consultado mayo 29 de 2023

13 Expediente: SUP-JDC-186/2020 Disponible en: https://www.te.gob.mx/Informacion_juridiccional/sesion_publica/ejecutoria/sentencias/SUP-JDC-0186-2020.pdf Consultado junio 12 de 2023

ción de las jurisprudencias 34/2013[14] y 44/2014[15] que se habían sostenido y permanecido **por muchos años, bajo la** consideración de que el derecho de acceso al cargo se agota, precisamente, en el establecimiento de las garantías y condiciones de igualdad para ocupar el cargo y para el ejercicio de la función pública correspondiente precisando que, este derecho no comprendía otros aspectos que no fuesen connaturales al cargo para el cual fue elegido, ni se refieren a situaciones jurídicas derivadas o indirectas de las funciones desempeñadas por el servidor público, por tanto, se excluían de la tutela del derecho político-electoral de ser votado los actos políticos correspondientes al derecho parlamentario, como los concernientes a la actuación y organización interna de los órganos legislativos, ya sea por la actividad individual de sus miembros, o bien, por la que desarrollan en conjunto a través de fracciones parlamentarias o en la integración y funcionamiento de las comisiones, porque tales actos están esencial y materialmente desvinculados de los elementos o componentes del objeto del derecho político-electoral de ser votado.

Lo que en cumplimiento a lo anterior, dio lugar a la improcedencia y desechamiento de muchos medios impugnativos atinentes a la materia de mérito, o a que, esto fuese el muro de contención para que ni siquiera considerarán interponerlos ya que de antemano la resolución al respecto era de público conocimiento en el seguimiento a la línea jurisprudencial que se cita y a los principios a los que suele apelarse con regularidad en todo tribunal constitucional; todo en el entendido que al momento de

---

14 Jurisprudencia 34/2013 Dante Delgado Rannauro y otros vs. Junta de Coordinación Política de la H. Cámara de Senadores del Congreso de la Unión y otra. Disponible en: https://mexico.justia.com/federales/jurisprudencias-tesis/tribunal-electoral/jurisprudencia-34-2013/ Consultada junio 13 de 2023

15 Jurisprudencia 34/2014 Francisco Albarrán García vs. Comisión Nacional de Garantías y Vigilancia del Partido de la Revolución Democrática y otro. Disponible en: https://mexico.justia.com/federales/jurisprudencias-tesis/tribunal-electoral/jurisprudencia-34-2014/ Consultada junio 13 de 2023

considerarse derecho parlamentario se consideraba que estaba ya en otra ámbito que escapaba del control jurisdiccional y, por lo tanto, se exceptuaba de conocer el fondo de la cuestión para reflexión del mismo.

5. LA EVOLUCIÓN DE LA LÍNEA JURISPRUDENCIAL DE LA SALA SUPERIOR DEL TEPJF

La historia cambio con motivo de la presentación de nuevos juicios a finales de 2021, sobre la misma temática, específicamente los juicios SUP-JE-281/2021 y acumulado y SUP-JDC-1453/2021,[16] en los cuales se cuestionaba la integración de la Comisión Permanente, tanto por el Pleno de la Cámara de Diputados como de la Cámara de Senadores, la Sala Superior reflexionó dicho criterio y se hizo cargo de la necesidad de matizarlo, en el sentido de que se debían considerar procedentes los medios de impugnación contra actos parlamentarios, cuando se alegara una vulneración a un derecho humano de índole político-electoral como es el de ser votado, bajo los principios de representación efectiva y criterios de proporcionalidad y pluralidad. Dando lugar a la jurisprudencia 2/ 2022 de la cual enseguida se hace cita.

> ACTOS PARLAMENTARIOS. SON REVISABLES EN SEDE JURISDICCIONAL ELECTORAL, CUANDO VULNERAN EL DERECHO HUMANO DE ÍNDOLE POLÍTICO-ELECTORAL DE SER VOTADO, EN SU VERTIENTE DE EJERCICIO EFECTIVO DEL CARGO Y DE REPRESENTACIÓN DE LA CIUDADANÍA.
>
> Justificación: Este criterio surge como una evolución de las jurisprudencias 34/2013, de rubro DERECHO POLÍTICO-ELECTORAL DE SER VOTADO. SU TUTELA EXCLUYE LOS ACTOS POLÍTICOS CORRESPONDIENTES AL DERECHO PARLAMENTARIO y 44/2014, de rubro COMISIONES LEGISLATIVAS. SU INTEGRACIÓN SE REGULA POR EL DERECHO PARLAMENTA-

---

16 Expediente SUP-JDC-1453/2021. Disponible en: https://www.te.gob.mx/sentenciasHTML/convertir/expediente/SUP-JDC-1453-2021 Consultado junio 13 de 2023.

> RIO; ya que, a partir de una interpretación sistemática y progresiva de los artículos 1º, 17, 41, Base VI, y 116, fracción IV, inciso l), de la Constitución Política de los Estados Unidos Mexicanos; así como 8, 23 y 25 de la Convención Americana sobre Derechos Humanos, considerando la jurisprudencia 19/2010, de rubro COMPETENCIA. CORRESPONDE A LA SALA SUPERIOR CONOCER DEL JUICIO POR VIOLACIONES AL DERECHO DE SER VOTADO, EN SU VERTIENTE DE ACCESO Y DESEMPEÑO DEL CARGO DE ELECCIÓN POPULAR; se reconoce que existen actos meramente políticos y de organización interna de un órgano legislativo que forman parte del derecho parlamentario. Sin embargo, también existen actos jurídicos de naturaleza electoral que inciden en los derechos político-electorales, como en la vertiente del ejercicio efectivo del cargo, los cuales pueden ser de conocimiento del Tribunal Electoral. Específicamente, el derecho político-electoral a ser electo, en su vertiente del ejercicio efectivo del cargo, implica que cada legisladora o legislador pueda asociarse y formar parte en la deliberación de las decisiones fundamentales y en los trabajos propios de la función legislativa. Por tanto, el derecho a ser votado no se agota con el proceso electivo, pues también comprende permanecer en él y ejercer las funciones que le son inherentes, por lo que la naturaleza y tutela de esta dimensión está comprendida en la materia electoral. De esta manera, atendiendo al deber de garantizar el derecho a una tutela judicial efectiva, las autoridades jurisdiccionales electorales deben conocer de los planteamientos relacionados con la vulneración de esta dimensión del derecho a ser votado y la naturaleza propia de la representación, por determinaciones eminentemente jurídicas adoptadas en el ámbito parlamentario.[17]

Posteriormente a esta jurisprudencia, que amplía el ejercicio de los derechos político-electorales, y en acogimiento de la misma , el 2 de mayo de 2022, dos senadores integrantes del grupo parlamentario del PRD, presentaron demanda de juicio para la ciudadanía SUP-JDC-456/2022 contra el acuerdo del 27 de abril de 2022 de la Junta de Coordinación Política del Congreso de la Unión,(JUCOPO en adelante) por el que se designa a las senadoras y senadores que integrarán la Comisión Permanente del

---

[17] Dirección General de Jurisprudencia, seguimiento y consulta. Disponible en: https://www.te.gob.mx/IUSEapp/tesisjur.aspx?idtesis=2/2022&tpoBusqueda=S&sWord= Consultado junio14 de 2023.

Congreso de la Unión, acuerdo que los excluía de formar parte de dicha comisión al grupo parlamentario promovente.

El 3 de agosto de dos mil veintidós, la Sala Superior del Tribunal Electoral del Poder Judicial de la Federación resuelve y ordena a la Cámara de Senadores y a la JUCOPO, que para el próximo periodo de receso del Congreso de la Unión, proponga las senadurías que integrarán la Comisión Permanente del Congreso de la Unión, con base en el principio de máxima representación efectiva sustentado en los criterios de proporcionalidad y pluralidad.[18]

¿Pero qué se entiende por criterios de proporcionalidad y pluralidad?

Son los que se derivan del principio de máxima representación, entendiéndose a esta, como una función medular que expresa el mandato otorgado por los ciudadanos a sus representantes (congresistas), para que reciban sus inquietudes, preocupaciones o necesidades y sean procesadas según corresponda, activando la función de control político o la función legislativa.[19]

De estos principios deriva la importancia del peso que cada una de las voces ciudadanas tienen, al margen de si se trata de mayorías o minorías, todas estas voces deben encontrarse representadas en esa Cámara bicameral, como lo es la Comisión Permanente del Congreso de la Unión, que opera en los recesos de las Cámaras, resolviendo asuntos de suma relevancia que se pudiesen presentar de acuerdo a las facultades que le otorga el artículo 78

---

[18] Expediente:SUP-JDC-456/2022 Disponible en: https://www.te.gob.mx/Informacion_juridiccional/sesion_publica/ejecutoria/sentencias/SUP-JDC-0456-2022.pdf Consultado junio 14 de 2023.

[19] Sentencia JDC-1453-2021 Disponible en: https://www.te.gob.mx/sentenciasHTML/convertir/expediente/SUP-JDC-1453-2021#:~:text=El%20principio%20de%20m%C3%A1xima%20representaci%C3%B3n%20efectiva%20significa%20que%2C%20en%20la,pol%C3%ADticas%20presentes%20en%20el%20Senado.

de la CPEUM,[20] y que por tanto, también su composición debe ser plural, a fin de que todos los grupos parlamentarios se vean representados, en los recesos para contribuir al mejor desarrollo de los procedimientos legislativo y especiales del ser el caso, y las demás actividades específicas del Senado.

Citando los argumentos de la sentencia emitidos por el TEPJF en el JDC 456/2022, le dan mayor fundamento a lo anteriormente planteado en el sentido de que, las integraciones de la Comisión Permanente deben estar representadas conforme a los criterios de proporcionalidad y pluralidad, las mismas fuerzas políticas presentes en el Senado. Así, las fuerzas minoritarias o las senadurías independientes o sin grupo parlamentario, no deberían quedar excluidas en automático de las propuestas para integrar la Comisión Permanente, porque con independencia de tener algún porcentaje de representación en el Senado, representan la fuerza política.[21]

Bajo esa misma tesitura y en agregado, hay que destacar que esas minorías son las voces de muchas ciudadanas y ciudadanos, que los llevaron a formar parte de esos congresos, ya que representan esa porción ciudadana o porcentaje ciudadano que los hizo ser legisladores, de ahí deriva, su parte proporcional y la pluralidad en cuanto a la representación minoritaria a que se refiere; y que como minorías enriquecen la diversidad del pensamiento y que por tanto, tienen los mismos derechos político-electorales que los grupos mayoritarios y el mismo derecho de ser representados, y más aun tratándose en las máximas tribunas de representación democrática, como los son el congreso federal y los congresos de las entidades federativas.

En efecto, los tres integrantes del grupo parlamentario en comento, que acudieron al juicio para la protección de los derechos

---

20 Artículo 78 CPEUM órgano del congreso que actúa dentro de los intermedios (recesos) entre los períodos ordinarios de sesiones del Congreso General.

21 Expediente:SUP-JDC-456/2022 *Óp. Cit.* Consultado junio 15 de 2023.

político-electorales de la ciudadanía e identificado con número de expediente 0456/2022, representan un porcentaje de la fuerza política del total de la Cámara de Senadores, a pesar de ello, carecían de representación en la Comisión Permanente, de ahí lo conducente de la reconsideración y en ampliación a atender sus derechos humanos, bajo la tutela de la justicia efectiva y bajo la aplicación de los criterios de proporcionalidad y pluralidad, a fin de representar y equilibrar las fuerzas.

Luego entonces, como todo nuevo criterio genera reacciones, la controversia citada no fue la excepción, por lo que se le hizo referencia al órgano jurisdiccional que el nuevo criterio, es decir, la jurisprudencia 2/2022 de rubro ya señalado, era un cambio discrecional, a lo que la Sala Superior respondió con contundencia, mediante argumentos que se pueden dilucidar de la siguiente manera, que el cambio fue debidamente razonado a la luz de que los criterios no pueden permanecer inamovibles, sin responder a los contextos o casos singularmente especiales que dan razón de análisis y reflexión, de acuerdo a la evolución de los contextos y a la observancia del principio de progresividad, que opera en los derechos humanos y que permea hacia las fronteras, basándose precisamente en precedentes internacionales y convencionales, que dan lugar a que se someta a análisis y reflexión de nuevos parámetros, los criterios que en su momento fueron pilar de resoluciones jurisdiccionales de trascendencia en la democracia mexicana; y que aunado a ello, también había sido materia de reconsideración en base al amparo 27/2021, que abrió la puerta para el conocimiento de los actos intralegislativos; consideración que enfatiza que, la autonomía del Poder Legislativo (así como de cualquier otro órgano del Estado) y la división de poderes no pueden implicar de ningún modo, que la generalidad de los actos internos de este Poder no estén sujetos a la Constitución Federal, o que sean total y absolutamente ajenos al control constitucional mediante el juicio de amparo.[22]

---

22 Como se señaló por esta Primera Sala en el Amparo Directo en Revisión 2044/2008, y entre otros tantos precedentes, nuestro país ha transitado

Por ello, el propio tribunal argumento que, la sola consideración de un cambio de criterio, implica un deber de argumentación para quien juzga, y enfatizó, que el respeto al precedente no puede implicar un aprisionamiento de la razón, o significar que las y los jueces quedan atrapados por criterios pasados, en tanto que, ningún argumento tendrá la autoridad suficiente para clausurar de manera definitiva el diálogo, determinando así de forma definitiva, la solución correcta para el caso, pues asumir los argumentos de hoy como falibles, permitirá que mañana encontremos otros mejores, que nos hagan ver los puntos ciegos de una decisión incompleta. En un sano equilibrio, dice el órgano jurisdiccional, tampoco es posible el abandono discrecional de los precedentes, porque ello lesiona la seguridad jurídica y una necesaria previsibilidad de las decisiones judiciales; y hace referencia a los juicios que les sirvieron de base para argumentar el cambio de criterio el SUP-JE-281/2021 y acumulado, así como en el SUP-JDC-1453/2021, bajo algunas consideraciones generales:

- Se destacó que la jurisprudencia internacional 115/2019[23] ha considerado que el derecho a ser votado comprende la posibilidad de desempeñar el cargo y se configura por los derechos y facultades reconocidos legal y reglamentariamente, a quienes desempeñan un cargo legislativo y dichos derechos integran el ius in officium o estatus de la función de representación política, en el cual se destacó "la necesidad de asegurar el adecuado ejercicio de la función de representación política de las minorías parlamentarias en la oposición".

---

de un entendimiento meramente político a uno jurídico y vinculante de la Constitución, lo que hace que tenga un efecto de irradiación sobre todos los ámbitos. Disponible en: https://www.scjn.gob.mx/sites/default/files/listas/documento_dos/2021-08/AR-27-2021-06082021.pdf

23 Tribunal Constitucional Español. Sentencia 115/2019, de 16 de octubre (BOE núm. 279, de 20 de noviembre. Consultado junio 15 de 2023.

Asimismo, que la Comisión de Venecia ha establecido la posibilidad de control, sobre los actos o procedimientos de órganos del parlamento.[24]

- En términos del artículo 17 constitucional, así como, los artículos 8 y 25 de la Convención Americana de Derechos Humanos, debía observarse el derecho de acceso a la justicia en relación con todas las dimensiones de los derechos político-electorales.

El amparo en revisión 27/2021,[25] donde la Suprema Corte de la Justicia de la Nación (en adelante SCJN), estableció una serie de parámetros a partir de los cuales reconoció la posibilidad de controlar, en sede jurisdiccional, los actos intra-legislativos o sin valor de ley cuando estos son susceptibles de vulnerar derechos fundamentales, incluso consideró que la regla general era, que cualquier acto u omisión de autoridad del Poder Legislativo son justiciables cuando se afecte algún derecho humano, salvo los supuestos excluidos de manera concreta por el Poder Constituyente o por el Congreso de la Unión, a través de normas constitucionales.

Por lo tanto concluyó que, de la nueva reflexión, cuando se presenten medios de impugnación para controvertir actos del órgano legislativo, es necesario analizar si existe una afectación a un derecho político-electoral, lo cual debe determinarse caso por caso.

De lo anterior queda claro uno de los principios torales de los derechos humanos, la distinción del principio de progresividad constitucional previsto en el artículo 1o. constitucional y en diversos tratados internacionales ratificados por México, que en tér-

---

24 Comisión de Venecia. Parameters on the relationship between the parliamentary majority and the opposition in a democracy: a checklist. 21-22 de junio de 2019. Opinión núm. 845 / 2016, párrs. 155 y 156. Consultado junio 16 de 2023.

25 Amparo en revisión 27/2021Disponible en: https://www.scjn.gob.mx/sites/default/files/listas/documento_dos/2021-08/AR-27-2021-06082021.pdf Consultado junio 14 de 2023.

minos generales ordena ampliar el alcance y la protección de los Derechos Humanos, en la mayor medida posible hasta lograr su plena efectividad, esto se hace patente con el cambio de criterio que esboza el TEPJF para la resoluciones en las que se encuentre inmerso un derecho humano de índole político-electoral; criterio que tal vez, algunos o muchos, esperábamos ya hace algún tiempo, toda vez que, el cambio sustantivo reflejado en el campo jurisdiccional mexicano en los derechos humanos en todas las materias y en todos los ámbitos, era ya anhelada su aplicación en el ámbito parlamentario, en tratándose de derechos fundamentales de índole político-electoral, ya que, en consideración a lo planteado en el Amparo en revisión 27/2021, del que se hace cita y señala: que la Constitución Política de los Estados Unidos Mexicanos no excluye del control constitucional los actos u omisiones del Poder Legislativo, al ser un órgano constituido por la propia Constitución y que, por ende, debe cumplir con las normas que lo rigen.

De ello se deduce que, si bien, el poder legislativo debe contar con garantías que salvaguarden la función encomendada de forma autónoma e independiente, encuentra (como los demás poderes constituidos) una limitante: ajustar su actuación al orden constitucional y la restante normativa que le es aplicable, de manera que, si su actuar vulnera algún derecho humano, éste se puede someter a escrutinio constitucional. Destacándose también en el propio amparo en revisión, una serie de parámetros a partir de los cuales reconoció la posibilidad de controlar, en sede jurisdiccional, los actos intralegislativos o sin valor de ley, cuando estos son susceptibles de vulnerar derechos fundamentales, incluso consideró que la regla general era que cualquier acto u omisión de autoridad del Poder Legislativo son justiciables cuando se afecte algún derecho humano, salvo los supuestos excluidos de manera concreta por el Poder Constituyente o por el Congreso de la Unión, a través de normas constitucionales.[26]

---

26 Amparo en revisión 27/2021 *Óp. Cit.* Consultado junio 17 de 2023.

Es así, con esta línea argumentativa que se distingue, que ni el citado poder se escapa a un control constitucional, ya que esto impediría que se pueda analizar o tutelar un acto de autoridad, que no se apegue a la constitucionalidad o legalidad, así sea el propio órgano legislativo.

6. REFLEXIONES Y CONCLUSIONES

Primera. A partir de las citadas resoluciones, es posible identificar que existe una estrecha relación entre el derecho electoral y el derecho parlamentario, cuando se tratan asuntos relacionados con la integración y organización interna de los órganos legislativos. Ambas materias coinciden en la naturaleza electiva y representativa de los integrantes de las cámaras parlamentarias, sin embargo, hay que puntualizar que la jurisprudencia que prevaleció inicialmente en el TEPJF, consideró como argumento central, que el derecho de acceso al cargo se agotaba, precisamente, en el establecimiento de las garantías y condiciones de igualdad para ocupar el cargo y para el ejercicio de la función pública correspondiente, precisando que, este derecho no comprendía otros aspectos que no fuesen connaturales al cargo para el cual fue elegido, ni se refieren a situaciones jurídicas derivadas o indirectas de las funciones desempeñadas por el servidor público; por lo tanto, se excluía del ámbito competencial electoral.

Segunda. Es de especial interés, la revalorización del estudio que la Sala Superior del TEPJF hizo bajo este mismo tenor y bajo la base del amparo en revisión 27/2021, en atención a la potencialización de los derechos humanos de índole político electoral que rompe paradigma, y emite nuevo criterio; en el que se destacó que el derecho a ser votado no se agota con el proceso electivo, pues también comprende permanecer en él y ejercer las funciones que le son inherentes, por lo que la naturaleza y tutela de esta dimensión está comprendida en la materia electoral. De esta manera, atendiendo al deber de garantizar el derecho a una tutela judicial efectiva, las autoridades jurisdiccionales electorales deben conocer de los planteamientos relacionados con la vulneración de esta dimensión del derecho a ser votado y la naturaleza propia de la representación, por determinaciones eminentemente jurídicas adoptadas en el ámbito parlamentario;[27] esto es lo que implica el avance de los derechos humanos y a los principios que le asisten a estos, de progresividad, interdependencia, indivisibilidad y universalidad.

Tercera. Se enfatiza que, cualquier órgano jurisdiccional debe tener la tarea de revisar sus criterios a la luz de la evolución de los contextos y del avance que en derechos humanos se presenten, y en atención a los tratados internacionales que México haya suscrito en observancia a la búsqueda constante de la justicia, y especialmente en el caso que nos ocupa a la calidad democrática a la que aspiramos, asimismo, nuestro máximo tribunal constitucional, es decir, la SCJN que estableció una serie de parámetros a partir de los cuales reconoció la posibilidad de controlar, en sede jurisdiccional, los actos intralegislativos o sin valor de ley cuando estos son susceptibles de vulnerar derechos fundamentales; es así, como se identifica claramente el avance en cuanto a la materia de control jurisdiccional del derecho parlamentario referente a los derechos político-electorales, especialmente en la vertiente del ejercicio del cargo y lo que este implica. Por ello el Poder Legislativo, al ser un órgano constituido por la propia Constitución, debe cumplir con las normas que lo rigen y a la positivización de acrecentar los derechos humanos y no así de limitarlos o ir en regresión de los mismos.

Cuarta. Podemos afirmar que, los derechos político-electorales son derechos humanos, tal vez, esta afirmación hubiese carecido de sentido hace una década en México y más aun hablándose de derechos político-electorales, el mencionar sus principios de manera discursiva resulta ser un ejercicio de fácil ejecución, pero el

---

27 Jurisprudencia 2/2022 Disponible en: https://www.te.gob.mx/IUSE-app/tesisjur.aspx?idtesis=2/2022&tpoBusqueda=S&sWord= Consultada Junio 20 2023.

llevarlos a cabo en el ejercicio cotidiano y de la jurisdicción para hacerlos válidos en ampliación y alcance de los mismos, es lo que les da sostén y materia a esta disposición, que desde su inclusión en la Constitución mexicana en junio 2011, es decir, a 13 años de la elaboración de dicha reforma, no sólo significó una modificación a la norma, a ese párrafo tercero del mismo artículo 1o. constitucional que establece: "Todas las autoridades, en el ámbito de sus competencias, tienen la obligación de promover, respetar, proteger y garantizar los derechos humanos de conformidad con los principios de universalidad, interdependencia, indivisibilidad y progresividad.[28]

Quinta. La reforma de 2011 trajo consigo un cambio de paradigma, que permeo en el sistema jurídico mexicano, de la mano con un derecho internacional, convencional, orientado a brindar la protección más amplia a la persona, al llamado principio *pro-homine*, al desarrollo de los derechos humanos mostrándolos como entes en acción e interacción, y por tanto, en constante construcción y perfeccionamiento, así es como se describiría el cambio de criterio del Tribunal Electoral del Poder Judicial de la Federación, como una reflexión y análisis , no solo de obligación de atender a toda esa interpretación conforme, sino también en adecuar, corregir y advertir que el derecho no es estático y que por ende, requiere de adecuación de la realidad, de observancia al contexto, y que aun, tratándose de un poder como lo es el legislativo, el derecho parlamentario implica acciones que encuadran en lo meramente administrativo, pero que hay otras que requieren de mayor estudio y análisis, de naturaleza jurídica y electiva, por lo que se debe profundizar en caso por caso, para saber si estas vulneran derechos de índole político-electoral, los cuales son considerados ahora también derechos humanos.

Sexta. Revitalizar la actuación de cada poder bajo el amparo constitucional y legal de sus actos, la transparencia y el alcance

---

28 Constitución política de los Estados Unidos Mexicanos. Disponible en: https://www.diputados.gob.mx/LeyesBiblio/pdf/CPEUM.pdf

de los mismos, es atender a frenos y límites recíprocos entre los poderes; a criterios de derechos fundamentales que traspasan fronteras y a muestras evidentes de autoridades jurisdiccionales federales como un amparo o a nuestro Máximo Tribunal Constitucional, la SCJN, que con sus resoluciones dan muestra, ejemplo y pauta a seguir a través de la interpretación jurídica, que siempre tiene una referencia a la totalidad de un orden jurídico determinado por el contexto y su realidad.

Séptima. Lo anterior nos lleva a revalorizar que es un derecho-político electoral y los alcances que este puede tener ahora, alcances que pueden llamarse de amplio espectro, toda vez, que no sólo son el depositar el voto en urna, o el ser elegible, es decir, voto activo o pasivo, sino el también poder desempeñar el cargo para cual se fue electa o electo, el desarrollar las funciones que le son inherentes al mismo; así como desarrollar esas funciones libre de violencia política, también, que haya equidad en la contienda, o el poder participar como ciudadano en consultas populares, en referéndum, en iniciativas populares, en revocación de mandato, en el derecho de asociación, de afiliación, de acceso a la información, de formación de agrupaciones o partidos, es decir, a todo ese conjunto que conforma el juego de la democracia, de ahí la importancia de su protección y en este caso de su protección más amplia, pues se trata de la base y el pilar de la soberanía, la participación ciudadana en su más amplia expresión y a la pluralidad.

Octava. En concordancia con lo expuesto, el párrafo tercero del mismo artículo 1o. constitucional establece que: "Todas las autoridades, en el ámbito de sus competencias, tienen la obligación de promover, respetar, proteger y garantizar los derechos humanos de conformidad con los principios de universalidad, interdependencia, indivisibilidad y progresividad." Y es en esta multicitada resolución de la que se ha hecho cita, la jurisprudencia 2/2022 del TEPJF, en la que podemos advertir de manera clara, no solo el significado, sino la amplificación y aplicación de dichos principios, se ha cambiado de paradigma la justicia electoral, haciéndola más afín a la realidad, más viva y vibrante, está acorde con el modelo democrático constitucional, al que aspiramos tener día a día.

Novena. Ahora bien, mediante las resoluciones que en un principio se citaron, fueron formando los precedentes que dieron lugar a la jurisprudencia, que duró operando muchos años, la cual, no permitía llegar al estudio de fondo de casos o situaciones, que se considerarán dentro del ámbito del derecho parlamentario.

Décima. También la función jurisdiccional es susceptible de redirigir, corregir o ser revisada en cuanto a su actuación y alcance de la materialización de las disposiciones internacionales y convencionales y el hasta donde el cumplimiento de la obligación que les asiste de conformidad por los dispuesto por el artículo primero constitucional.

Décima primera. En otras palabras, la obligación de los jueces, magistrados, ministros y autoridades nacionales, va más allá de la sola protección de los derechos fundamentales previstos en el derecho interno, sino que además de velar, proteger y promover los derechos humanos también deben ser proactivos en la salvaguarda de estos y en el cumplimiento de sus principios consagrados en los instrumentos internacionales celebrados por el Estado.

Décima segunda. El control de convencionalidad implica que los Estados no pueden invocar el derecho interno y quedarse solo ahí en cumplimiento a la normativa nacional e ignorar el derecho internacional del que México forme parte y haya contraído obligaciones. El control de convencionalidad plantea un reaprendizaje, un salir del estado de confort, de asumir nuevos retos, e inclusive hasta embates políticos reactivos apegados a la regresión y al no entendimiento de la progresividad de los derechos humanos, es decir, que cada autoridad del Estado, particularmente el poder judicial, es responsable de controlar la aplicación efectiva de los tratados internacionales en materia de derechos humanos en el plano interno; es por ello, que cualquier resolución jurisdiccional que sea emitida bajo estos parámetros en México y de muestra de tales avances en la materia es de reconocerse como parte esencial de la función judicial.

Décima tercera. Es de destacarse que cada controversia sea estudiada caso por caso, y que sus resoluciones sean determinadas por la interpretación acorde a la evolución de los contextos, que vaya dictando el orden jurídico impregnado de la realidad imperante. Pues ese es el sentido y la función esencial de un órgano jurisdiccional, que se encuentre firme en sus criterios sí, brindando seguridad jurídica, pero a la vez, que no se mantiene estático y hermético, sino por el contrario muy alerta de ser lo suficientemente abierto al cambio de las circunstancias y de avance en sus realidades, vinculándose globalmente con quienes tienen los mejores avances en cuestiones de justicia, que den luz y reflexión al cumplimiento y vigencia a los derechos humanos, especialmente y en el caso de mérito, a los derechos-político electorales en el ámbito del derecho parlamentario.

Décima cuarta. Las reticencias y las voces encontradas en cuanto a la judiciabilidad de algunos actos del derecho parlamentario seguirán siendo motivo de debate, recordando que en entre ellos se encuentran inmersos también actos políticos; pero que desprovistos de estos y atendiendo a los actos parlamentarios de naturaleza jurídica deberán ser resueltos con el apego irrestricto de la ley y en atención a la progresividad, universalidad, e interdependencia y vinculación de los derechos humanos; bajo todos los elementos que esto conlleva, interpretación conforme, control difuso y de convencionalidad.

Décima quinta. En ese sentido, es pertinente hacer cita de que los actos del derecho parlamentario sí serán revisables en sede jurisdiccional electoral, en ampliación al alcance de los derechos humanos reconociéndose que existen actos meramente políticos y de organización interna de un órgano legislativo que forman parte del derecho parlamentario. Sin embargo, también existen actos jurídicos de naturaleza electoral que inciden en los derechos político-electorales, que pueden vulnerar derechos humanos susceptibles de ser conocidos en sede judicial, especialmente en la vertiente del ejercicio efectivo del cargo.

Décima sexta. Haciéndose pertinente lo planteado en el JDC 456/2021 "la estabilidad permite predecir o anticipar las decisiones de un órgano, pero la flexibilidad, permite adaptación y ajustes del derecho a diferentes realidades, o bien, permite un simple deber de corrección".[29]

7. FUENTES DE INFORMACIÓN

Amparo Directo en Revisión 2044/2008, Disponible en: https://www.scjn.gob.mx/sites/default/files/listas/documento dos/2021-08/AR-27-2021-06082021.pdf

Amparo en revisión 27/2021Disponible en:

https://www.scjn.gob.mx/sites/default/files/listas/documento_dos/2021-08/AR-27-2021-06082021.pdf

Comisión de Venecia. Parameters on the relationship between the parliamentary majority and the opposition in a democracy: a checklist.

Constitución Política de los Estados Unidos Mexicanos. Disponible en: https://www.diputados.gob.mx/LeyesBiblio/pdf/CPEUM.pdf

Diccionario de la Real Academia Española. Disponible en: https://dle.rae.es/competencia

Diccionario jurídico. http://diccionariojuridico.mx/definicion/competencia/

Los elementos de la competencia jurisdiccional*

Disponible en: https://www.scielo.cl/scielo.php?script=sci arttext&pid=S0718-97532015000100014

Diferencias entre técnica legislativa y derecho parlamentario. Disponible en:

https://www.diputados.gob.mx/bibliot/publica/otras/libro1/capi1.htm#:~:text=El%20derecho%20parlamentario%2C%20por%20su,fundamental%3A%20la%20elaboraci%C3%B3n%20de%20leyes.

Dirección General de Jurisprudencia, seguimiento y consulta. Disponible en: https://www.te.gob.mx/IUSEapp/tesisjur.aspx?idtesis=2/2022&tpoBusqueda=S&sWord=

---

[29] Expediente: SUP-JDC-456/2022. Disponible en:
https://www.te.gob.mx/Informacion juridiccional/sesion publica/ejecutoria/sentencias/SUP-JDC-0456-2022.pdf Consultado junio 20 2013.

Expediente: SUP-JDC-456/2022 Disponible en:

https://www.te.gob.mx/Informacion_juridiccional/sesion_publica/ejecutoria/sentencias/SUP-JDC-0456-2022.pdf

Expediente SUP-JDC-1453/2021. Disponible en:

https://www.te.gob.mx/sentenciasHTML/convertir/expediente/SUP-JDC-1453-2021.

Expediente: SUP-JDC-1711/2006. Disponible en: https://www.te.gob.mx/sentenciasHTML/convertir/expediente/SUP-JDC-01711-2006.

Expediente: SUP-JDC-144/2007. Disponible en:

https://www.te.gob.mx/sentenciasHTML/convertir/expediente/SUP-JDC-00144-2007.

Expedientes: SUP-JDC-67/2008 y acumulados. Disponible en:

https://www.te.gob.mx/sentenciasHTML/convertir/expediente/SUP-JDC-67-2008.

Expediente: SUP-JDC-186/2020 Disponible en:

https://www.te.gob.mx/Informacion_juridiccional/sesion_publica/ejecutoria/sentencias/SUP-JDC-0186-2020.pdf

Expediente: SUP-JDC-456/2022. Disponible en:

https://www.te.gob.mx/Informacion_juridiccional/sesion_publica/ejecutoria/sentencias/SUP-JDC-0456-2022.pdf

Fernández Gutiérrez Marco. El acto parlamentario y su control jurisdiccional. Disponible en: https://www.asambleamadrid.es/documents/20126/64823/R.35._Marco_Fernandez_Gutierrez.pdf/2cebbb28-8e9e-1f8c-7f7f-5eb22043e3cd

Gaceta del Senado. Disponible en: https://www.senado.gob.mx/65/gaceta_del_senado/documento/122194#:~:text=CONSTITUCI%C3%93N%20LES%20ASIGNA.

Jurisprudencia 2/2022 Disponible en:

https://www.te.gob.mx/IUSEapp/tesisjur.aspx?idtesis=2/2022&tpoBusqueda=S&sWord

Jurisprudencia 34/2014 Francisco Albarrán García vs. Comisión Nacional de Garantías y Vigilancia del Partido de la Revolución Democrática y otro. Disponible en:

https://mexico.justia.com/federales/jurisprudencias-tesis/tribunal-electoral/jurisprudencia-34-2014/

Jurisprudencia 34/2013 Dante Delgado Rannauro y otros vs. Junta de Coordinación Política de la H. Cámara de Senadores del Congreso de la Unión y otra. Disponible en:

https://mexico.justia.com/federales/jurisprudencias-tesis/tribunal-electoral/jurisprudencia-34-2013/

Sentencia JDC-1453-2021 Disponible en:

https://www.te.gob.mx/sentenciasHTML/convertir/expediente/SUP-JDC-1453-2021#:~:text=El%20principio%20de%20m%C3%A1xima%20representaci%C3%B3n%20efectiva%20significa%20que%2C%20en%20la,pol%C3%ADticas%20presentes%20en%20el%20Senado.

Tribunal Constitucional Español. Sentencia 115/2019, de 16 de octubre (BOE núm. 279, de 20 de noviembre.

La implementación de sanciones como medio para persuadir a los ciudadanos de acudir a emitir su voto en los procesos electorales

MARTÍN GALLARDO GARCÍA[1]

SUMARIO: 1. QUÉ ES LA DEMOCRACIA Y CÓMO SE EJERCE, 1.1. Definición de Ciudadano, 1.2. Definición de Obligación. 2. AUTORIDADES ELECTORALES EN MÉXICO, 2.1. Instituto Nacional Electoral, 2.2. Organismos Públicos Locales Electorales, 2.3. Tribunal Electoral del Poder Judicial de la Federación, 2.4. Tribunales Estatales Electorales, 2.5. Fiscalía Especializada en Materia de Delitos Electorales de la Federación, 2.6. Fiscalías Especializadas en Materia de Delitos Electorales. 3. MARCO NORMATIVO DE LAS MEDIDAS DE APREMIO, 3.1. Constitución Política de los Estados Unidos Mexicanos, 3.2. Código Federal de Procedimientos Civiles, 3.3. Código Fiscal de la Federación, 3.4. Ley de Concursos Mercantiles, 3.5. Código Nacional de Procedimientos Penales, 3.6. Ley General de Instituciones y Procedimientos Electorales, 3.7. Ley General del Sistema de Medios de Impugnación en Materia Electoral, 3.8. Ley General de Instituciones y Procedimientos Electorales. 4. EL COSTO DE LA DEMOCRACIA EN MÉXICO, 4.1. Costo por voto de acuerdo con el Padrón Electoral, 4.2. Costo por voto de acuerdo con la Lista Nominal, 4.3. Costo por voto de acuerdo con el SICEEF del INE. 4.4. Costo por voto de acuerdo al porcentaje obtenido en el Proceso Electoral 2018. 5. PROPUESTAS. 5. FUENTES DE INFORMACIÓN.

---

1 Profesor-Investigador del Instituto de Investigaciones Jurídicas de la Universidad Juárez del Estado de Durango, México. Catedrático de la División de Estudios de Posgrado e Investigación de la Facultad de Derecho y Ciencias Políticas y de la División de Estudios de Posgrado e Investigación de la Facultad de Economía, Contaduría y Administración de la UJED.

1. QUÉ ES LA DEMOCRACIA Y CÓMO SE EJERCE

Para la realización del presente trabajo haremos un análisis de las aportaciones que al respecto han establecido los diccionarios y enciclopedias, así como los estudiosos de la democracia nacional e internacional, con la intención de aproximarnos a aquella que se acerque más a la realidad que estamos viviendo. Sabido es que la democracia es cambiante, se adecua a las circunstancias económicas, políticas y sociales del Estado, por lo que es difícil encontrar dos o más naciones que compartan las mismas características democráticas; cada una tendrá las propias de acuerdo con su forma de gobierno.

La Real Academia Española[2] dicta que la voz *democracia* proviene del latín tardío *democratĭa* y este del griego *δημοκρατία dēmokratía*, que hace referencia al sistema político de una entidad jurídica en la cual la soberanía reside en el pueblo, quien la ejerce directamente o a través de sus representantes, forma que la sociedad reconoce y respeta por medio de los valores esenciales de la libertad y de la igualdad de todos los ciudadanos ante la ley y de la participación de los miembros de un grupo o de una asociación en la toma de decisiones.

Como ha quedado asentado en el párrafo anterior, el concepto *democracia* proviene del griego *δημοκρατία* (*democratía*), que se compone de los términos *δῆμος* (*demos*), cuyo significado hace referencia al 'pueblo', y *κράτος* (*krátos*), que significa 'poder'. Así pues, la democracia es el gobierno del pueblo. El término es extensivo a las comunidades o grupos organizados donde los individuos participan en la toma de decisiones de manera participativa y horizontal.

---

2 Real Academia Española, *Democracia*, disponible en: https://dle.rae.es/democracia, consultada el 17/03/2022.

La Enciclopedia Jurídica Omeba[3] señala que en una democracia el pueblo participa activamente en las decisiones que toman los gobernantes procurando el mejoramiento de la población en general, y que desde el punto de vista institucional sólo la integran los ciudadanos, es decir, los habitantes que conservan sus derechos políticos y sociales, los cuales pueden intervenir en la formación del Gobierno.

El Diccionario del Español Usual en México[4] refiere que la democracia es una doctrina política y la forma de gobierno de una sociedad, en la que el pueblo es soberano y tiene el poder completo sobre sus actos y sus decisiones, clasificándola en dos grandes rubros, a decir:

a) Democracia directa. Es aquella en la que el pueblo ejerce su soberanía directamente, tomando sus decisiones en forma conjunta e inmediata; y

b) Democracia representativa. Es aquella en la que el pueblo elige por mayoría de entre sus individuos, libremente y por un periodo determinado, a los que prefiere para que gobiernen y elaboren las leyes durante ese tiempo.

Para Eduardo Campos Rodríguez[5], la democracia representativa se genera ante la imposibilidad física de que el pueblo exprese directamente, o cotidianamente, su voluntad en la consecución de los asuntos públicos; se impone la necesidad de que el mismo pueblo elija a un grupo pequeño de personas que lo representen y que en su nombre tomen las decisiones que requiere el cumpli-

---

3 Enciclopedia Jurídica Omeba Tomo VI, Ed. Driskill, S.A. Buenos Aires, Argentina, 1991. p. 506.

4 Diccionario del Español Usual en México, *Democracia,* 2da. edición, Ed. Colegio de México, México, 1996, p.448.

5 Pichardo Pagaza, Ignacio, citado por Campos Rodríguez Eduardo, *Elementos Básicos de Administración Pública Federal, Estatal y Municipal,* Ed. Instituto de Administración Publica, A.C. de Durango, Durango, Dgo., 1998, p. 20.

miento de las atribuciones que le corresponden a los órganos del poder público.

En nuestro país estos derechos están reconocidos en la Constitución Política de los Estados Unidos Mexicanos[6]. El Título Segundo, Capítulo I, referente a la soberanía nacional y a la forma de gobierno, dicta que la soberanía nacional reside esencial y originariamente en el pueblo; que todo poder público dimana del pueblo y se instituye para beneficio de este, y que el pueblo tiene en todo tiempo el inalienable derecho de alterar o modificar la forma de su gobierno[7].

Establece que "Es voluntad del pueblo mexicano constituirse en una República representativa, democrática, laica y federal, compuesta por Estados libres y soberanos en todo lo concerniente a su régimen interior y por la Ciudad de México, unidos en una federación [...]"[8] y ratifica que "El pueblo ejerce su soberanía por medio de los Poderes de la Unión, en los casos de la competencia de estos, y por los de los Estados y la Ciudad de México, en lo que toca a sus regímenes interiores, en los términos respectivamente establecidos por la presente Constitución Federal y las particulares de cada Estado y de la Ciudad de México [...]"[9].

El párrafo "a", de la Fracción II, del Artículo 3ero, señala que la democracia no es solamente una estructura jurídica y un régimen político, sino un sistema de vida fundado en el constante mejoramiento económico, social y cultural del pueblo.

---

6 H. Congreso de la Unión, Cámara de Diputados, *Constitución Política de los Estados Unidos Mexicanos,* disponible en: https://www.diputados.gob.mx/LeyesBiblio/index.htm, consultada el 18/03/2022.

7 Artículo 39 de la Constitución Política de los Estados Unidos Mexicanos, *Ob. Cit.*

8 *Vid.* Artículo 40 de la Constitución Política de los Estados Unidos Mexicanos.

9 *Vid.* Artículo 41 de la Constitución Política de los Estados Unidos Mexicanos.

La normativa nacional reconoce la existencia de una democracia representativa y hace referencia a que el pueblo toma las decisiones que mejor le convengan para un bienestar general, actividad que se realiza a través de otros individuos identificados como representantes populares, que participan activamente en la formulación de propuestas públicas que redunden en el beneficio colectivo.

Los artículos mencionados hacen referencia al pueblo como si este pudiera participar de manera directa en las decisiones del país, para lo cual quienes lo integran, además de poseer la nacionalidad mexicana, deberán cumplir con las disposiciones que establece la normatividad constitucional, es decir, ser ciudadanos, precepto contenido en el Artículo 34, que a la letra dice: "Son ciudadanos de la República los varones y mujeres que, teniendo la calidad de mexicanos, reúnan, además, los siguientes requisitos:

1. Haber cumplido 18 años.
2. Tener un modo honesto de vivir.

Además, deberán gozar de los derechos políticos y sociales que establece la ley, es decir, no estar impedidos por la autoridad judicial, quien está facultada para limitárselos en caso de que hayan cometido algún delito o falta que les impida continuar disfrutándolos.

El ejercicio del voto es un acto personal, no se podrá realizar a través de otra persona excepto el titular, razón por la cual es importante agregar que, al margen de los requisitos constitucionales, la discapacidad intelectual constituye un impedimento para llevarlo a cabo, según lo establece la Ley General de Instituciones y Procedimientos Electorales, en el apartado 5, que a la letra dice: "En ningún caso se permitirá el acceso a las casillas a personas que se encuentren privadas de sus facultades mentales [...]". La razón es que estos ciudadanos podrían ser objeto de manipulación por parte de sus padres, tutores o familiares, es decir, no estarían actuando de manera consciente.

1.1. Definición de Ciudadano

La voz *ciudadano* (*a*) es un concepto jurídico, filosófico y político que se ha usado a través de la historia de la humanidad con diferentes significados, atendiendo a las circunstancias económicas, políticas y sociales, pero siempre refiriéndose al individuo reconocido por el Estado como parte del conjunto de personas que participan en la vida activa del país del que forman parte.

El Diccionario de la Real Academia Española[10] señala que un ciudadano es toda persona considerada como miembro activo de un Estado, titular de derechos políticos y sometida a sus leyes. El Diccionario Ilustrado Océano de la Lengua Española[11] agrega que un ciudadano es aquel individuo que está en posesión de los derechos que le permiten tomar parte en el gobierno de un país.

EL Diccionario del Español Usual en México[12] define al ciudadano como la persona que, por tener la nacionalidad de un país, tiene los derechos y las obligaciones que sus leyes determinan. Para Lizcano Fernández es aquel "habitante de un Estado, con una serie de derechos políticos y sociales que le permiten intervenir en la vida pública de un país determinado"[13].

Faro Democrático[14] enfatiza que "En la actualidad, ser ciudadana o ciudadano significa ser miembro pleno de una comunidad, tener los mismos derechos que los demás y las mismas oportunidades de influir en el destino de la comunidad; asimismo supone

---

10 Diccionario de la Real Academia Española, *Ciudadano*, disponible en: https://dle.rae.es/ciudadano, consultada el 22/03/2022.

11 Diccionario Ilustrado Océano de la Lengua Española, *Ciudadano*, Ed. Océano, Barcelona España 1198, p. 215.

12 Diccionario del Español Usual en México, *Ciudadano*, *Ob. Cit.*, p. 332.

13 Lizcano Fernández, Francisco, *Conceptos de Ciudadano, ciudadanía y civismo*, disponible en: https://www.scielo.cl/scielo.php?script=sci_arttext&pid=S0718-65682012000200014, consultada el 22/03/2022.

14 Faro Democrático, *¿Qué es ser ciudadano/a?*, disponible en: https://farodemocratico.juridicas.unam.mx/que-es-ser-ciudadano-y-que-es-ser-ciudadana/#tri-tema-1, consultada el 22/03/2022.

obligaciones, que es lo que hace posible el ejercicio de los derechos".

Por su parte, *Concepto*[15] lo describe como aquel individuo que ejerce su ciudadanía, condición que caracteriza a la antedicha categoría cívica y que puede definirse como una serie de reconocimientos expresados en derechos y obligaciones, tanto individuales como sociales.

Por lo tanto, podemos señalar que los ciudadanos son aquellos individuos reconocidos como tales, que gozan de todos los derechos políticos y sociales que establece la normativa de las naciones y que participan activamente en la vida del país del que forman parte. A lo que agregamos que, además de poseer los atributos anteriores, deberán estar sanos mentalmente, es decir, no presentar ninguna discapacidad mental.

1.2. Definición de Obligación

La voz en comento puede asumir diferentes significados dependiendo del punto de vista analizado. Partiremos del criterio general que establecen los diccionarios y las enciclopedias, para posteriormente examinar las opiniones que al respecto han dictado los profesionales del derecho y lo que establece la legislación nacional, con la finalidad de lograr una concepción apropiada para los individuos que estamos analizando, es decir, para los conciudadanos.

El Diccionario de la Real Academia Española[16] dicta que la voz *obligación* se deriva del latín *obligatio,-ōnis* y que hace referencia a "Aquello que alguien está obligado a hacer"; a la "Imposición o exigencia moral que debe regir la voluntad libre"; al "Vínculo que

---

15 Concepto, *¿Qué es Ciudadano?,* disponible en: https://concepto.de/ciudadano/, consultada el 23/03/2022.

16 Real Academia España, *Obligación,* disponible en: https://dle.rae.es/obligaci%C3%B3n, consultada el 19/03/2022.

sujeta a hacer o abstenerse de hacer algo establecido por precepto de ley, por voluntario otorgamiento o por derivación recta de ciertos actos" y a la "Correspondencia que alguien debe tener y manifestar al beneficio que ha recibido de otra persona".

El Diccionario Ilustrado Océano de la Lengua Española[17] establece una clasificación de la cual rescatamos las siguientes definiciones, por considerarlas apropiadas para el análisis que estamos realizando:

1. Aquella acción cuyo cumplimiento es exigible legalmente, aunque no sea valedera en conciencia.
2. Aquella acción lícita en coincidencia, pero no exigible legalmente por el acreedor, aunque pueda producir algunos efectos jurídicos.

El diccionario en comento hace una descripción sobre el individuo obligado a hacer algo, en los siguientes términos: "Dícese de lo que es forzoso realizar por imposición moral, legal o social". Es decir, que si el individuo está consciente de su obligación deberá realizarla por voluntad propia, sin necesidad de que alguien lo obligue a hacerla.

EL Diccionario del Español Usual en México[18] la define como el "Hecho de tener alguien que actuar o comportarse de cierta manera porque algo o alguien se lo impone, lo exige con autoridad o por la fuerza: cumplir una obligación, la obligación de respetar la ley"; también hace referencia a "Cada una de las acciones o de los comportamientos que alguien debe llevar a cabo".

Tipos[19] la describe como el resultado de una relación entre dos o más sujetos, donde uno le exige determinada cosa a otro, en la cual el sujeto activo determina los términos y las condiciones

---

17 Diccionario Ilustrado Océano de la Lengua Española, *Obligación, Ob. Cit.*, p. 689.

18 Diccionario del Español Usual en México, *Obligación, Ob. Cit.*, p. 858.

19 Tipos, *Tipos de obligaciones,* disponible en: https://www.tipos.co/tipos-de-obligaciones/, consultada el 19/03/2022.

y el sujeto pasivo está atado a las mismas, convirtiéndose de esta manera en obligaciones que deberá tener en cuenta y cumplirlas.

Tipos[20] diseñó una clasificación que, por su importancia, enunciamos a continuación:

I. Obligaciones jurídicas: En el ámbito del Derecho, se refiere a un vínculo entre dos partes, en este caso deudor y acreedor, que quedan completamente ligados, en el cual el primero debe cumplir con algún tipo de prestación determinada por el segundo. Este puede exigírsela siempre que le parezca necesario. Además, se sobreentiende que el deudor se encuentra en la necesidad de cumplir lo que le han impuesto.

II. Obligación Social: Se considera como el compromiso, la carga de los individuos frente a la sociedad. Puede definirse como el modelo impuesto por el gobierno que los habitantes de dicho régimen deben cumplir tanto con su persona como con los restantes integrantes del mismo.

III. Obligación moral: Este tipo de obligación se refiere a una nacida de la razón y la voluntad hacia cierta situación que existe en la sociedad que nos rodea. No está impuesta por una autoridad o alguien que nos presione a cumplirla y no trae como consecuencia del incumplimiento miedo o castigo.

La obligación es un acto condicionado a su cumplimiento, aunque no haya alguien o algo que lo exija, sobre todo cuando se trata de cuestiones morales o sociales, y que el Estado o la colectividad deja al libre albedrío de las personas. Es aquí donde queda de manifiesto la educación que recibió el individuo en el ámbito del hogar; aquellos que fueron educados con base en buenos principios y buenas costumbres no requerirán que les recuerden sus obligaciones, solos acudirán a realizarlas o cumplirlas; por el contrario, aquellos que fueron instruidos con base en el engaño,

---

20 *Ídem.*

las mentiras y la deshonestidad, aunque les recuerden que deben hacerlo, con toda seguridad no lo harán.

La normatividad nacional contempla una serie de obligaciones o imposiciones que van desde enlistarse para prestar el servicio militar, contribuir para los gastos públicos o notificar a las autoridades la profesión o actividad a la que se dedican, información que los habitantes del país deberán proporcionar aun contra su voluntad. De acuerdo a lo anterior, deben cumplir sus obligaciones constitucionales, sobre todo aquellas que están relacionadas con la democracia, que se realizan a través de la elección de representantes populares en quienes recae la responsabilidad de procurar el bienestar de toda la población.

El Código Civil Federal hace alusión, ciento treinta y tres veces, al vocablo *obligación* para referirse al cumplimiento de los compromisos pactados entre un individuo(s) respecto de otro(s) relacionado con las operaciones que realizan entre ellos. La normativa también considera las sanciones para aquellos deudores que incumplan con su responsabilidad.

El Capítulo I, denominado "Consecuencias del Incumplimiento de las Obligaciones", apunta que: "El que estuviere obligado a prestar un hecho y dejare de prestarlo o no lo prestare conforme a lo convenido, será responsable de los daños y perjuicios en los términos siguientes"[21]:

I. Si la obligación fuere a plazo, comenzará la responsabilidad desde el vencimiento de este.

II. Si la obligación no dependiere de plazo cierto, se observará lo dispuesto en la parte final del artículo 2080.

El que contraviene una obligación pagará daños y perjuicios por el solo hecho de la contravención. El incumplimiento en tiempo y forma de los deberes que estamos obligados a realizar

---

[21] Artículo 2104 del Código Civil Federal, disponible en: https://www.diputados.gob.mx/LeyesBiblio/index.htm, consultada el 20/03/2022.

traerá consecuencias que pueden ser de diversas maneras, entre las que se encuentran la pecuniarias, que son las que más nos afectan; sabido es que mientras no se nos afecte al bolsillo hacemos caso omiso de ellas, pero una vez que se trata de cuestiones monetarias hacemos hasta lo imposible por cumplir.

La Constitución Política de los Estados Unidos Mexicanos[22] establece los derechos inherentes a los ciudadanos, entre los que se encuentra la obligación de acudir a las casillas electorales a emitir su voto. La fracción I, del Artículo 35, a la letra dicta: "Votar en las elecciones populares"; la fracción VIII señala que deberán comparecer a votar en las consultas populares sobre temas de trascendencia nacional o regional.

La fracción III, del Artículo 36, hace referencia a las obligaciones de los ciudadanos de la república: "Votar en las elecciones, las consultas populares y los procesos de revocación de mandato, en los términos que señale la ley"[23].

Si bien es cierto que la Carta Magna señala algunas sanciones para los ciudadanos incumplidos, también lo es que no son pecuniarias, además de que no se aplican, sobre todo tratándose de las elecciones.

El Artículo 38 menciona que los derechos o prerrogativas de los ciudadanos se suspenden:

I. Por falta de cumplimiento, sin causa justificada, de cualquiera de las obligaciones que impone el artículo 36. Esta suspensión durará un año y se impondrá además de las otras penas que por el mismo hecho señalare la ley;

II. Por estar sujeto a un proceso criminal por delito que merezca pena corporal, a contar desde la fecha del auto de formal prisión;

---

[22] H. Congreso de la Unión, Cámara de Diputados, *Constitución Política de los Estados Unidos Mexicanos, Ob. Cit.*, consultada el 08/03/2022.

[23] *Ídem.*

III. Durante la extinción de una pena corporal;

IV. Por vagancia o ebriedad consuetudinaria, declarada en los términos que prevengan las leyes;

V. Por estar prófugo de la justicia, desde que se dicte la orden de aprehensión hasta que prescriba la acción penal; y

VI. Por sentencia ejecutoria que imponga como pena esa suspensión.

El mismo artículo determina que la ley fijará los casos en que se pierden o se suspenden los derechos del ciudadano, y la manera de hacer la rehabilitación.

Como se puede apreciar, la normativa no contempla la posibilidad de aplicar sanciones monetarias a los ciudadanos que incumplan con sus obligaciones constitucionales, principalmente las que están relacionadas con el ejercicio del voto, que se deja al libre albedrío de los ciudadanos.

2. AUTORIDADES ELECTORALES EN MÉXICO

2.1. Instituto Nacional Electoral

El Instituto Nacional Electoral (INE) es la máxima autoridad electoral del Estado Mexicano, un organismo público e independiente en sus decisiones y funcionamiento, encargado principalmente de organizar las elecciones federales y locales, estas últimas en coordinación con las autoridades electorales de las entidades federativas. El INE está ubicado en la Ciudad de México, y para cumplir con sus fines en todo el país cuenta con representaciones en las capitales de las 32 entidades federativas y en los 300 distritos electorales en que se divide el territorio nacional, llamadas juntas locales y distritales ejecutivas, respectivamente. Además de organizar las elecciones federales y emitir la credencial para votar, realiza una serie de actividades tanto al interior del instituto, como dirigidas a la ciudadanía.

El Consejo General es el máximo órgano de dirección del INE y está integrado por:

1. Once miembros con derecho a voz y voto, llamados Consejeros Electorales (uno de ellos funge como presidente del Consejo);
2. Los consejeros del Poder Legislativo. Uno por cada grupo parlamentario presente en el Congreso (con voz, pero sin voto);
3. Los representantes de los partidos políticos nacionales con registro (con voz, pero sin voto); y
4. El Secretario Ejecutivo del INE (con voz, pero sin derecho a voto).

Además de organizar las elecciones, el INE también se encarga de:

1. Administrar el tiempo que le corresponde al Estado en radio y televisión para fines electorales;
2. Revisar y ajustar el número de distritos electorales a nivel federal;
3. Organizar y mantener actualizado el Registro Federal de Electores;
4. Entregar los recursos que por ley les corresponden a los partidos y agrupaciones políticas nacionales y vigilar que los usen adecuadamente.

El Instituto Nacional Electoral, además de organizar las elecciones federales dirige, en coordinación con los organismos electorales de las entidades federativas, las elecciones locales en los estados de la república y de la Ciudad de México. Los organismos públicos locales electorales (OPLE) están obligados a informar todas y cada una de las acciones que realicen, referentes a los procesos electorales, y darán su punto de vista final, ratificando o recomendando se hagan las correcciones necesarias para el efectivo desarrollo de dichos procesos.

2.2. Organismos Públicos Locales Electorales

Se les conoce con el nombre de organismos públicos locales electorales a los institutos electorales de las entidades federativas, quienes de manera personal asignarán la denominación que deseen. En el estado de Durango se le conoce como Instituto Electoral y de Participación Ciudadana del Estado de Durango; el de Chiapas: Instituto de Elecciones y Participación Ciudadana de Chiapas; el de Morelos: Instituto Morelense de Procesos Electorales y Participación Ciudadana; y así cada uno de los estados tendrá su propia designación.

Por cuestiones prácticas, analizaremos el IEPC como ejemplo ilustrativo. El Instituto Electoral fue creado a través del Decreto No. 372, publicado en el Periódico Oficial del estado el 20 de octubre de 1994. El IEPC es la autoridad electoral del estado de Durango y tiene a su cargo la organización de las elecciones para la renovación del poder ejecutivo, del poder legislativo y de los 39 ayuntamientos que integran la jurisdicción territorial estatal, de conformidad con las atribuciones conferidas en la Constitución Política de los Estados Unidos Mexicanos y las leyes, así como de los procedimientos de revocación de mandato, plebiscito, referéndum y, en su caso, de consulta popular.

El IEPC es un organismo público local, dotado de personalidad jurídica y patrimonio propios; posee autonomía en su funcionamiento e independencia en sus decisiones, de carácter permanente, y es quien tiene a su cargo la función estatal de organizar las elecciones. Funciona a través del Consejo General, que es el órgano máximo de dirección y se integra con un consejero presidente, que lo será también del Instituto, y seis consejeros electorales; los consejeros representantes del poder legislativo, un representante de cada uno de los partidos políticos y el secretario ejecutivo, en los términos de la ley, podrán asistir a las sesiones del Consejo General con derecho a voz, pero sin voto.

El Consejo General es responsable de vigilar el cumplimiento de las disposiciones constitucionales y legales en materia electoral, así como de velar porque los principios rectores de legalidad, imparcialidad, objetividad, certeza, independencia, máxima publicidad y paridad guíen las actividades del citado instituto y se realicen con perspectiva de género. Además, tendrá a su cargo la declaración de validez de la elección de gobernador del estado y declarará electo(a) como tal al ciudadano(a) que hubiese obtenido el mayor número de votos. De igual manera, declarará la validez de la elección de diputados y de los miembros de los ayuntamientos, de conformidad con las normas establecidas en esta Constitución y en la ley.

2.3. Tribunal Electoral del Poder Judicial de la Federación

El Tribunal Electoral del Poder Judicial de la Federación[24] es la institución gubernamental encargada de resolver las controversias en materia electoral, proteger los derechos político-electorales de las y los ciudadanos e impartir justicia en el ámbito electoral.

El TEPJF es un tribunal constitucional[25] que tutela los derechos fundamentales de carácter político-electoral de las y los ciudadanos por medio de un sistema integral de medios de impugnación, de modo que quien desee cuestionar un acto o resolución que considere que vulnera alguno de sus derechos político-electorales, dispone de un recurso jurídico para acudir a la justicia electoral. Como máxima autoridad jurisdiccional, tiene la última palabra en la resolución de los conflictos de cualquier elección en México.

---

24 Tribunal Electoral del Poder Judicial de la Federación, ¿Quiénes somos?, disponible en: https://www.te.gob.mx/front3/contenidos/index/1, consultada el 24/03/2022.

25 Tribunal Electoral del Poder Judicial de la Federación, ¿Qué hacemos?, *Ob. Cit.*

La misión del TEPJF consiste en "Garantizar la regularidad constitucional de los procesos electorales, así como la protección efectiva y equitativa de los derechos político-electorales de las personas, observando los principios de constitucionalidad y legalidad en la resolución de las controversias electorales, para fortalecer el desarrollo democrático de México"[26].

El TEPJF es un "(...) órgano jurisdiccional de vanguardia en materia electoral, que resuelve los conflictos y disputas que se suscitan en el ámbito del poder político a partir de criterios estrictamente jurídicos, privilegiando el uso de nuevas tecnologías para impulsar una administración de justicia más abierta, proactiva y accesible"[27].

El Tribunal está organizado en una sala superior, integrada por 7 magistraturas, y 5 salas regionales con 3 magistraturas cada una. Cada sala regional dispone de una secretaría general de acuerdos, en apoyo a la función jurisdiccional. Cuenta también con una sala especializada para atender asuntos relacionados con la fiscalización de los recursos de los partidos, la propaganda y los actos anticipados de campaña.

La sede de las salas regionales es la ciudad designada como cabecera de las circunscripciones plurinominales en que se divide el país: Guadalajara, Monterrey, Xalapa, Ciudad de México y Toluca. Asimismo, existe una sala regional especializada con sede en la Ciudad de México, que atiende asuntos relacionados con la fiscalización de los recursos de los partidos, la propaganda y los actos anticipados de campaña.

2.4. Tribunales Estatales Electorales

En el año 2014, la Constitución General de la República es modificada por el decreto por el que se reforman, adicionan y de-

---

26 *Ídem.*

27 *Íd.*

rogan diversas disposiciones de la Constitución Política de los Estados Unidos Mexicanos en materia política-electoral, publicado en el Diario Oficial de la Federación el día 10 de febrero de 2014. Ahí se asientan las bases para que en lo sucesivo se desarrollen los procesos electorales y sus impugnaciones. Respecto a la justicia electoral, se establece que las autoridades electorales jurisdiccionales se desincorporarán de los poderes judiciales de los estados y se integrarán por un número impar de magistrados.

Derivado de la reforma a la Constitución General de la República en materia electoral, en el estado de Durango fue reformada la constitución local mediante el decreto N° 171 de la LXVI Legislatura, publicado en el periódico oficial N° 14 extraordinario, del 24 de junio de 2014, determinándose que el Tribunal Electoral del Estado de Durango (TEED) es el órgano jurisdiccional especializado, encargado de resolver los conflictos en materia electoral, quien tendrá la competencia que determine la ley, funcionará de manera permanente y podrá usar los medios de apremio necesarios para el cumplimiento de sus resoluciones.

El reglamento del TEED fue reformado el día 17 de febrero de 2019 con la finalidad de adecuar la estructura organizacional y funcional, las atribuciones y disposiciones que le confieren la constitución local, la Ley de Instituciones y Procedimientos Electorales para el Estado, la Ley de Medios de impugnación en Materia Electoral y de Participación Ciudadana y las demás disposiciones aplicables, con la finalidad de ejercer sus funciones de manera pronta y expedita.

Entre las funciones que le corresponde atender encontramos la de resolver los medios de impugnación referidos en el Artículo 132 de la Ley de Instituciones y Procedimientos Electorales para el Estado de Durango; conocer sobre los juicios de "constitucionalidad y legalidad de los actos, omisiones, acuerdos o resoluciones del Poder Ejecutivo, del Poder Legislativo o de los ayuntamientos del Estado, para salvaguardar los resultados vinculatorios del plebiscito, o del referéndum, o el trámite de la iniciativa popular, así como la validez y eficacia de las normas aplicables en la materia"[28]; resolver sobre la determinación e imposición de sanciones contenidas en la fracción III del apartado B, párrafo 1, del Artículo 132 de la Ley de Instituciones y Procedimientos Electorales para el Estado de Durango; aplicar los medios de impugnación y correcciones disciplinarias que considere pertinentes para el eficaz y oportuno cumplimiento de sus determinaciones; y elaborar propuestas de reforma a la legislación electoral local.

2.5. Fiscalía Especializada en Materia de Delitos Electorales de la Federación

La Fiscalía Especializada en Materia de Delitos Electorales (FISEL)[29] es una institución del Gobierno Federal encargada de procurar justicia en materia penal-electoral. Fue creada el 19 de julio de 1994, adscrita a la Procuraduría General de la República, con autonomía técnica y de gestión. Sus funciones consisten en prevenir, investigar y perseguir las conductas tipificadas como delitos electorales.

La FISEL busca garantizar la equidad, legalidad y transparencia de las elecciones federales y locales en los casos que resultan de su competencia. Plantea legalidad en los procesos electorales en conjunto con el Instituto Nacional Electoral (INE) y el Tribunal Electoral del Poder Judicial de la Federación (TEPJF).

Entre las diversas acciones que realiza está la prevención de delitos electorales. Para tal efecto dispone de un equipo de pro-

---

28 Artículo 4, párrafo 2 de la Ley de Medios de Impugnación en Materia Electoral y de Participación Ciudadana para el Estado de Durango, disponible en: https://congresodurango.gob.mx/Archivos/legislacion/LEY%20DE%20MEDIOS%20DE%20IMPUGNACION%20EN%20MATERIA%20ELECTORAL.pdf, consultada el 24/03/2022.

29 Fiscalía Especializada en Materia de Delitos Electorales, disponible en: http://www.fepade.gob.mx/swb/fepade/Conocenos, consultada el 24/03/2022.

fesionales que dan a conocer mediante cursos, pláticas informativas y conferencias, las consecuencias jurídicas en las que pueden incurrir una servidora o servidor público, las personas militantes de un partido político, las candidatas y candidatos, cuadros y dirigentes de partidos políticos, así como cualquier persona que realice hechos constitutivos de delitos en materia electoral. Adicionalmente elabora y difunde material impreso como carteles, postales y guías, entre otros, mediante las plataformas tecnológicas y páginas Web de que dispone, y elabora contenidos para que la ciudadanía tenga acceso a la información relativa a la materia.

De igual manera, realiza acciones preventivas en materia de blindaje electoral, mediante las cuales se concientiza a las y los servidores públicos sobre sus derechos y obligaciones político-electorales, así como la importancia de no hacer uso de los recursos y programas públicos de los que se dispone, con fines políticos-electorales.

La Fiscalía Especializada cuenta con dos sistemas de atención ciudadana: FEDETEL, servicio telefónico gratuito, que informa de manera inmediata a la ciudadanía respecto a consultas jurídicas, quejas, orientación, y en su caso, presentación de denuncias. El otro sistema es FEDENET, que por medio de internet proporciona orientación en materia penal-electoral a la ciudadanía, otorga información y asesoría para efectuar consultas jurídicas, quejas y denuncias de delitos electorales.

2.6. Fiscalías Especializadas en Materia de Delitos Electorales

Lo ideal es que cada entidad federativa cuente con una fiscalía especializada en materia de delitos electorales, como lo es la federal, de manera permanente e independiente. Por cuestiones económicas o políticas, en la mayoría de ellas no se han concretado. En los periodos electorales se suele asignar a un agente del ministerio público para que atienda los asuntos que se presenten al respecto, pero sólo es de manera temporal, es decir, una vez concluido el proceso electoral, que se han expedido las constancias que acreditan que un candidato ha resultado ganador y de no haber recursos de revisión o inconformidad pendientes de resolver, se desintegra dicha asignación a fin de que continúe con las tareas que venía desempeñando antes de su encomienda.

En el estado de Durango no se cuenta con una fiscalía especializada en materia de delitos electorales como tal; en su lugar existe la Unidad de Investigación Especializada en Delitos Electorales, que si bien es cierto funciona de forma permanente, la realidad de las cosas es que sólo opera cuando hay procesos electorales y el resto del tiempo permanece inactiva. Haciendo una revisión exhaustiva de las entidades federativas, encontramos que en la actualidad sólo cinco estados la han habilitado, a decir: el Estado de México, la Ciudad de México, Sonora, San Luis Potosí, Morelos y Jalisco.

La Fiscalía Especializada en Materia de Delitos Electorales del Estado de Jalisco[30] es una institución pública dotada de autonomía técnica, administrativa, presupuestal y de gestión. Es la responsable de atender en forma institucional, especializada y profesional, lo relativo a la observancia de la Ley General en Materia de Delitos Electorales, conforme a lo establecido en el Artículo 53 de la Constitución Política del Estado de Jalisco.

A la FISEL del estado de Jalisco le corresponde investigar, y en su caso sancionar, los delitos electorales locales, es decir, aquellos cometidos durante los procesos para la renovación del Poder Ejecutivo y Legislativo de la entidad (que han sido financiados con recursos del erario público local). Asimismo atiende los delitos electorales que tienen que ver con acciones u omisiones que lesionan o ponen en peligro el adecuado desarrollo de la función electoral y atentan contra las características del voto que debe ser universal, libre, directo, personal, secreto e intransferible.

Estos delitos pueden ser cometidos por funcionarios electorales, funcionarios partidistas, precandidatos y candidatos, servido-

---

30 Fiscalía Especializada en Materia de Delitos Electorales del Estado de Jalisco, disponible en: https://fiscaliaelectoral.jalisco.gob.mx/, consultada el 25/03/2022.

res públicos, ministros de cultos religiosos, candidatos electos y fedatarios públicos, entre otros.

3. MARCO NORMATIVO DE LAS MEDIDAS DE APREMIO

3.1. Constitución Política de los Estados Unidos Mexicanos

La Constitución Política de los Estados Unidos Mexicanos, en el Artículo 99, hace referencia a los medios de apremio como medidas para obligar a los partidos políticos a sujetarse a las disposiciones emitidas por el Tribunal Electoral Federal, estableciendo que: "Las salas del Tribunal Electoral harán uso de los medios de apremio necesarios para hacer cumplir de manera expedita sus sentencias y resoluciones, en los términos que fije la ley".

3.2. Código Federal de Procedimientos Civiles

El artículo 59, del Código Federal de Procedimientos Civiles, establece que los tribunales, para hacer cumplir sus determinaciones, pueden emplear, a discreción, los siguientes medios de apremio:

I. Multa hasta por la cantidad de ciento veinte días de salario mínimo general vigente en el Distrito Federal *(Sic)*. Si el infractor fuese jornalero, obrero o trabajador, no podrá ser sancionado con multa mayor del importe de su jornal o salario de un día; tratándose de trabajadores no asalariados, la multa no excederá del equivalente a un día de su ingreso, y

II. El auxilio de la fuerza pública.

Además de las medidas de apremio la normativa señala que, si estas fueren insuficientes, se procederá contra el rebelde por el delito de desobediencia.

El párrafo segundo, del Artículo 90, dicta que los tribunales tienen la facultad y el deber de compeler a los terceros, por los medios de apremio más eficaces, para que cumplan con sus obligaciones, y que, en caso de oposición, oirán las razones en que la funden y resolverán sin ulterior recurso.

De acuerdo con el Artículo 381, en caso de incumplimiento de la persona obligada a la exhibición, sea que se haya opuesto y no haya prosperado su oposición o que no haya habido esta, el tribunal hará uso de los medios de apremio para hacer cumplir su determinación. En este sentido, la fracción IV, del Artículo 421, establece que si el hecho consistiere en la entrega de alguna finca o cosas, documentos, libros o papeles, se hará uso de los medios de apremio para obtener la entrega.

Cabe señalar que Artículo 607 establece que la sentencia fijará al condenado un plazo prudente para su cumplimiento, atendiendo a las circunstancias del caso, así como los medios de apremio que deban emplearse cuando se incumpla con la misma.

El Capítulo VI de la normativa en comento está dedicado a los medios de apremio. El Artículo 612 refiere que los tribunales, para hacer cumplir sus determinaciones, pueden emplear, a discreción, los siguientes medios de apremio:

I. Multa hasta por la cantidad equivalente a treinta mil días de salario mínimo general vigente en el Distrito Federal (Sic), cantidad que podrá aplicarse por cada día que transcurra sin cumplimentarse lo ordenado por el juez;

II. El auxilio de la fuerza pública y la fractura de cerraduras si fuere necesario;

III. El cateo por orden escrita; y

IV. El arresto hasta por treinta y seis horas.

Agrega que, si fuere insuficiente el apremio, se procederá contra el rebelde por el delito de desobediencia.

3.3. Código Fiscal de la Federación

El Artículo 40, del Código Fiscal de la Federación, plantea que las autoridades fiscales podrán emplear medidas de apremio cuando los contribuyentes, los responsables solidarios o terceros relacionados con ellos, impidan de cualquier forma o por cualquier medio el inicio o desarrollo de sus facultades, observando estrictamente el siguiente orden:

I. Solicitar el auxilio de la fuerza pública [...];

II. Imponer la multa que corresponda en los términos de este Código;

III. Practicar el aseguramiento precautorio de los bienes o de la negociación de los contribuyentes, responsables solidarios o terceros con ellos relacionados, respecto de los actos, solicitudes de información o requerimientos de documentación dirigidos a éstos, conforme a lo establecido en el artículo 40-A de este Código, conforme a las reglas de carácter general que al efecto establezca el Servicio de Administración Tributaria; y

IV. Solicitar a la autoridad competente se proceda por desobediencia o resistencia, por parte del contribuyente, responsable solidario o tercero relacionado con ellos, a un mandato legítimo de autoridad competente.

3.4. Ley de Concursos Mercantiles

El Capítulo II, de la Ley de Concursos Mercantiles, está dedicado a las medidas de apremio; el Artículo 269 establece que el juez, para hacer cumplir sus determinaciones podrá emplear, a su discreción, cualquiera de las medidas de apremio siguientes:

I. Multa por un importe de ciento veinte a quinientos días de salario mínimo general vigente en el Distrito Federal (Sic) al cometer la infracción, la cual podrá duplicarse en caso de reincidencia;

II. El auxilio de la fuerza pública y la fractura de cerraduras si fuere necesario, y

III. El arresto hasta por treinta y seis horas.

Además agrega que, si el caso exige mayor sanción, se dará parte a la autoridad competente.

3.5. Código Nacional de Procedimientos Penales

El Capítulo IX, del Código Nacional de Procedimientos Penales, está dedicado a los medios de apremio; el Artículo 104 plantea los medios de apremio en los siguientes términos: El Órgano jurisdiccional y el Ministerio Público podrán disponer de los siguientes medios de apremio para el cumplimiento de los actos que ordenen en el ejercicio de sus funciones:

I. El Ministerio Público contará con las siguientes medidas de apremio:

  a. Amonestación;

  b. Multa de veinte a mil días de salario mínimo vigente en el momento y lugar en que se cometa la falta que amerite una medida de apremio. Tratándose de jornaleros, obreros y trabajadores que perciban salario mínimo, la multa no deberá exceder de un día de salario y tratándose de trabajadores no asalariados, de un día de su ingreso;

  c. Auxilio de la fuerza pública, o

  d. Arresto hasta por treinta y seis horas;

I. El Órgano jurisdiccional contará con las siguientes medidas de apremio:

  a. Amonestación;

  b. Multa de veinte a cinco mil días de salario mínimo vigente en el momento y lugar en que se cometa la falta que amerite una medida de apremio. Tratándose de jornaleros, obreros y trabajadores que perciban salario mínimo, la multa no deberá exceder de un día de salario y tratándose de trabajadores no asalariados, de un día de su ingreso;

c. Auxilio de la fuerza pública, o

d. Arresto hasta por treinta y seis horas.

3.6. Ley General de Instituciones y Procedimientos Electorales

La Fracción X, del Artículo 461, de la Ley General de Instituciones y Procedimientos Electorales, sólo hace referencia a que los órganos que sustancien el procedimiento podrán hacer uso de los medios de apremio para hacer cumplir sus resoluciones.

3.7. Ley General del Sistema de Medios de Impugnación en Materia Electoral

El Capítulo XIII de la Ley General del Sistema de Medios de Impugnación en Materia Electoral, denominado "Del cumplimiento y ejecución de las resoluciones de las Salas del Tribunal, de las medidas de apremio y de las correcciones disciplinarias", contiene las medidas de apremio de que podrá disponer para el cumplimiento de sus disposiciones.

El Artículo 32 refiere que, para hacer cumplir las disposiciones y las sentencias, así como para mantener el orden, el respeto y la consideración debida, el Tribunal Electoral podrá aplicar discrecionalmente los medios de apremio y las correcciones disciplinarias siguientes:

I. Apercibimiento;

II. Amonestación;

III. Multa de cincuenta hasta cinco mil veces el salario mínimo diario general vigente en el Distrito Federal *(Sic)*. En caso de reincidencia se podrá aplicar hasta el doble de la cantidad señalada;

IV. Auxilio de la fuerza pública; y

V. Arresto hasta por treinta y seis horas.

3.8. Ley General de Instituciones y Procedimientos Electorales

El apartado 10, del Artículo 461, de la Ley General de Instituciones y Procedimientos Electorales, al igual que los demás ordenamientos jurídicos hace referencia a los medios y/o a las medidas de apremio como mecanismos para que se cumplan las resoluciones, a decir: "Los órganos que sustancien el procedimiento podrán hacer uso de los medios de apremio para hacer cumplir sus resoluciones; la fracción c del párrafo II dicta que el Magistrado Ponente podrá imponer las medidas de apremio necesarias para garantizar los principios de inmediatez y de exhaustividad en la tramitación del procedimiento".

Como puede apreciarse, son varias las instituciones gubernamentales en nuestro país que hacen uso de las medidas o medios de apremio para hacer cumplir sus disposiciones, los cuales van desde el apercibimiento hasta la imposición de sanciones económicas, con la finalidad de que se cumplan los mandatos que han establecido y que en muchas ocasiones los acreedores se niegan a cumplir.

4. EL COSTO DE LA DEMOCRACIA EN MÉXICO

Como ha quedado asentado en el apartado anterior, en México existen seis instituciones gubernamentales encargadas de organizar las elecciones federales y locales, vigilar que estas se lleven a cabo con equidad, legalidad y transparencia, que se cumpla la voluntad de los ciudadanos, resolver las controversias en materia electoral, proteger los derechos político-electorales de las y los ciudadanos e impartir justicia en el ámbito electoral. Estos organismos se encuentran ubicados a lo largo y ancho del territorio nacional.

Para estar en condiciones de realizar sus actividades requieren de una importante infraestructura organizacional (trabajadores, bienes inmuebles, muebles y aparatos tecnológicos), insumos que tienen un costo que para el Estado mexicano representa una suma importante en recursos –provenientes del erario público– y que en la actualidad conforman una cantidad similar a la que invierten la Secretaría de Marina o el Consejo de Ciencia y Tecnología.

A continuación presentamos una tabla que muestra los recursos económicos que eroga cada una de las instituciones participantes en la democracia en México, cuantías de acuerdo con el Proyecto de Egresos 2022 de cada una de las entidades federativas y del Gobierno Federal. En lo que respecta al presupuesto de las fiscalías especializadas en delitos electorales, sólo las de Hidalgo y Jalisco están contempladas como órganos autónomos en la normativa correspondiente, las demás dependen de la Fiscalía General del estado correspondiente, razón por la cual no se les asigna un presupuesto de forma directa.

Tabla número 1

Egresos por estado del ejercicio fiscal 2022

ENTIDAD FEDERATIVA	OPLE	TRIBUNALES	FEDE	TOTAL
INE	19,736,593,972	2,797,138,000	-----------------	22,533,731,972
Aguascalientes	182,221,700	21,065,000	-----------------	203,286,700
Baja California	213,909,151	34,887,482	-----------------	248,796,633
Baja California Sur	100,209,774	17,000,000	-----------------	117,209,774
Campeche	182,142,003	18,878,923	-----------------	201,020,926
Coahuila de Zaragoza	224,251,561	33,376,940	-----------------	257,628,501
Colima	50,773,000	11,894,000	-----------------	62,667,000
Chiapas,	293,253,262	34,634,746	-----------------	327,888,008
Chihuahua	373,016,926	75,234,898	-----------------	448,251,824
Ciudad de México	1,201,084,647	230,873,277	-----------------	1,431,957,924
Durango	380,204,493	42,565,706	-----------------	422,770,199
Guanajuato	399,088,102	67,355,899	-----------------	466,444,001
Guerrero	280,000,000	98,880,000	-----------------	378,880,000
Hidalgo	675,584,612	33,641,733	5,719,283	714,945,628
Jalisco	237,891,987	63,016,300	5,784,369	306,692,656
México	1,380,443,753	202,331,198	-----------------	1,582,774,951
Michoacán	381,039,308	88,000,000	-----------------	469,039,308
Morelos	182,272,611	33,025,000	-----------------	215,297,611
Nayarit	75,993,809	26,471,450	-----------------	102,465,259

Nuevo León	507,096,864	58,934,296	-----------------	566,031,160
Oaxaca	640,009,266	58,116,166	-----------------	698,125,432
Puebla	347,970,600	18,924,537	-----------------	366,895,137
Querétaro	164,643,774	44,202,688	-----------------	208,846,462
Quintana Roo	408,522,319	43,542,367	-----------------	452,064,686
San Luis Potosí	180,560,008	30,000,000	-----------------	210,560,008
Sinaloa	228,644,278	43,895,415	-----------------	272,539,693
Sonora	276,390,059	50,605,888	-----------------	326,995,947
Tabasco	196,914,705	31,007,926	-----------------	227,922,631
Tamaulipas	539,693,689	42,869,541	-----------------	582,563,230
Tlaxcala	106,128,666	34,121,343	-----------------	140,250,009
Veracruz	660,008,047	80,597,026	-----------------	740,605,073
Yucatán	1,305,830,402	157,587,910	-----------------	1,463,418,312
Zacatecas	130,322,933	28,070,732.00	-----------------	158,393,665
TOTAL	**$ 32,242,710,281**	**$ 4,652,746,387**	**$ 11,503,652**	**$ 36,906,960,320**

Fuente: Elaboración propia con información de los Proyectos de Egresos 2022 de la Federación y de las entidades federativas.

Como se puede apreciar, la democracia en México es costosa. Se invierten muchos recursos económicos con la finalidad de que los ciudadanos participen y salgan a ejercer su voto y elijan al candidato(a) que consideren reúne los mejores requisitos para que los represente, ya sea en el Congreso de la Unión o los congresos de las entidades federativas, así como a los personajes que desempeñarán el cargo de presidente de la república, gobernador o presidente municipal.

Con la finalidad de que el lector tenga una idea clara del costo de cada uno de los votos en México, a continuación presentamos cuatro escenarios de acuerdo con la variable tomada en consideración, es decir, al padrón electoral, a la lista nominal, al porcentaje general nacional y al porcentaje de votación especial obtenido en el Proceso Electoral 2018, donde se renovó la presidencia de la república y que de acuerdo con la autoridad electoral, fue una de las elecciones con un mayor porcentaje de votación de los últimos años.

4.1. Costo por voto de acuerdo con el Padrón Electoral

Para determinar el valor dividiremos la suma total que ejercieron las instituciones electorales entre el total de ciudadanos inscritos en el Padrón Electoral.

Dónde: T = Costo total = $ 36 906 960 320

PE = Padrón Electoral = 95 100 372

C = Costo por voto

Fórmula: ; = $ 388.08

El costo por voto, de acuerdo con el Padrón Electoral, es de trescientos ochenta y ocho pesos 08/100 M.N.

4.2. Costo por voto de acuerdo con la Lista Nominal

Dónde: *T* = Costo total = $ 36 906 960 320

LN = Lista Nominal = 93 831 853

C = Costo por voto

Fórmula: ; ; = $ 393.33

El costo por voto, de acuerdo con la Lista Nominal, es de trescientos noventa y tres pesos 33/100 M.N.

4.3. Costo por voto de acuerdo con el SICEEF del INE

Dónde: *T* = Costo total = $ 36 906 960 320

PVR = Porcentaje del SICEEF (48.15%)

C = Costo por voto

Para determinar el promedio de participación ciudadana, empleamos la información del Sistema de Consulta de la Estadística de las Elecciones Federales 2014-2015 del Instituto Nacional Electoral.

Tabla número 2

Porcentaje de participación ciudadana por entidad federativa del año 2015

ENTIDAD FEDERATIVA	PORCENTAJE	ENTIDAD FEDERATIVA	PORCENTAJE
Aguascalientes	37.2	Morelos	55.26
Baja California	30.92	Nayarit	41.84
Baja California Sur	52.63	Nuevo León	58.72
Campeche	61.23	Oaxaca	36.36
Coahuila de Zaragoza	45.01	Puebla	41.73
Colima	60.18	Querétaro	57.52
Chiapas,	46.25	Quintana Roo	39.92
Chihuahua	32.63	San Luis Potosí	57.4
Ciudad de México	44.21	Sinaloa	38.47
Durango	41.63	Sonora	51.97
Guanajuato	45.9	Tabasco	57.04
Guerrero	56.36	Tamaulipas	45.1
Hidalgo	45.38	Tlaxcala	39.38
Jalisco	52.88	Veracruz	46.03
México	50.52	Yucatán	70.86
Michoacán	54.88	Zacatecas	45.51
PROMEDIO TOTAL			**48.15 %**

Fuente: Elaboración propia con información obtenida del SICEEF 2015[31]

Para determinar el *PVR* en ciudadanos lo hicimos a través de una regla de tres, donde el Padrón Electoral (95 100 372) representa el 100% de los ciudadanos. Realizando las operaciones matemáticas, obtenemos que al 48.15% le corresponde una población de 45 790 829; una vez obtenida la cantidad, procedemos a realizar el cálculo del costo del voto.

Fórmula: ; ; = $ 805.99

El costo por voto, de acuerdo con el promedio de votación nacional, es de ochocientos cinco pesos 99/100 M.N

---

31 Instituto Nacional Electoral, *Sistema de Consulta de la Estadística de las Elecciones Federales 2014-2015,* disponible en: http://siceef.ine.mx/campc.html?p%C3%A1gina=1, consultada el 29/03/2022.

4.4. Costo por voto de acuerdo al porcentaje obtenido en el Proceso Electoral

2018

Durante el proceso electoral 2018 para la renovación de la presidencia de la república, encabezado por el Lic. Andrés Manuel López Obrador, se registró una participación ciudadana inusual; según el magistrado presidente del Instituto Nacional Electoral, fueron las elecciones más grandes de la historia de México.

En palabras del representante del INE, "México celebró las elecciones más grandes de su historia, en las que entre el 62.9% y el 63.8% de la población salió a votar. Lo anterior significa que poco más de 6 de cada 10 ejercieron su derecho al voto en las elecciones presidenciales, en las que el candidato de la alianza 'Juntos haremos historia', Andrés Manuel López Obrador, lidera con el 53% de las preferencias, según el conteo rápido dado a conocer por Córdova"[32].

La intención de agregar la información anterior es con la finalidad de determinar el costo por voto que se generó durante ese proceso electoral, que como ha quedado asentado, fue un proceso inusual; durante los procesos siguientes los porcentajes volvieron a la normalidad. Sin embargo, es necesario demostrar que entre más participación ciudadana haya, menor será el costo por voto.

Dónde: *T* = Costo total = $ 36 906 960 320

PVE = Porcentaje (53%)

---

[32] UNOTV.COM, *El 63% de la población salió a votar: INE*, disponible en: https://www.unotv.com/noticias/portal/nacional/detalle/mas-del-60-por-ciento-de-la-poblacion-salio-a-votar-ine-269813/#:~:text=El%20 63%25%20de%20la%20poblaci%C3%B3n%20 sali%C3%B3%20a%20votar%3A,a%20votar%3A%20INE%20 01%2F07%2F201821%3A36Por%3A%20%20Redacci%C3%B3n%20 M%C3%A9xicoNacionalUno%20TV, consultada el 29/03/2022.

C = Costo por voto

Para determinar la cuantía de ciudadanos del *PVE33,* utilizamos el mismo procedimiento que para obtener el *PVR*, dando la suma de 50 403 198 participantes.

Fórmula: ; = $ 732.23

El costo por voto, de acuerdo con la popularidad que en el año 2018 tenía el Lic. Andrés Manuel López Obrador, es de setecientos treinta y dos pesos 23/100 M.N

Como se puede apreciar, entre mayor sea el número de ciudadanos que acuda a votar, menor será el costo por voto. Esperemos que con esta propuesta el interés ciudadano surta efectos y en los próximos procesos electorales se vea reflejado.

5. PROPUESTAS

Primera. Facultar al Instituto Nacional Electoral para la imposición de sanciones a los ciudadanos que no cumplan con la obligación constitucional de votar en los procesos electorales, agregando el inciso “d” al Apartado B del Artículo 41 constitucional, para que quede como se muestra a continuación:

Apartado B. Corresponde al Instituto Nacional Electoral en los términos que establecen esta Constitución y las leyes:

a) (...);
b) (...);
c) (...); y
d) Aplicar sanciones a los ciudadanos que no acudan a votar en los procesos electorales que les corresponde participar, ya sea en su lugar de residencia o donde se encuentren transitoriamente.

Segunda. Facultar al Tribunal Electoral Federal para conocer las quejas interpuestas por los ciudadanos afectados por la apli-

[33] Utilizamos el porcentaje de preferencias electorales que reportó el INE sobre el Lic. Andrés Manuel López Obrador.

cación de sanciones por parte del Instituto Nacional Electoral, agregando la fracción VIII BIS al Artículo 99 de la Constitución Política de los Estados Unidos Mexicanos, para que quede como se muestra a continuación:

Al Tribunal Electoral le corresponde resolver en forma definitiva e inatacable, en los términos de esta Constitución y según lo disponga la ley, sobre:

> VIII BIS. La determinación de la procedencia o improcedencia de sanciones aplicadas por el Instituto Nacional Electoral a los ciudadanos que no acudan a votar en los procesos electorales que les corresponda participar, ya sea en su jurisdicción territorial o donde se encuentren transitoriamente.

Tercera. Facultar al Instituto Electoral de Participación Ciudadana del Estado de Durango (IEPC) para la aplicación de sanciones a los ciudadanos que no cumplan con la obligación constitucional de participar en los procesos electorales, agregando una extensión a los Artículos 138 y 140 de la Constitución Política del Estadio Libre y Soberano de Durango, para que queden como se muestra a continuación:

Artículo 138. El Instituto Electoral y de Participación Ciudadana es la autoridad que tiene a su cargo la organización de las elecciones, de conformidad con las atribuciones conferidas en la Constitución Política de los Estados Unidos Mexicanos y las leyes, así como de los procedimientos de revocación de mandato, plebiscito, referéndum y, en su caso, de consulta popular, *y de la aplicación de las sanciones que considere convenientes con la finalidad de promover la participación ciudadana en los procesos electorales federales y locales;* goza de autonomía en su funcionamiento e independencia en sus decisiones.

Artículo 140. El Consejo General del instituto realizará la declaración de validez de la elección de gobernador del estado y declarará electo como tal al ciudadano que hubiese obtenido el mayor número de votos. De igual manera declarará la validez de la elección de diputados y de los miembros de los ayuntamientos, de conformidad con las normas establecidas en esta Constitución y en la ley *y de la aplicación de sanciones a los ciudadanos que no acudan a votar en los procesos electorales de su localidad o en donde se encuentren transitoriamente,* mismas que podrán ser impugnadas ante el Tribunal Electoral en los términos que señale la ley.

Cuarta. Facultar al Tribunal Electoral del Estado de Durango para que conozca y resuelva sobre las inconformidades presentadas por los ciudadanos afectados por las sanciones aplicadas por el Instituto Electoral de Participación Ciudadana del Estado de Durango por el incumplimiento de participar en los comicios electorales de su comunidad, agregando una fracción al Artículo 141 para que quede como se muestra a continuación.

Artículo 141. El Tribunal Electoral del Estado de Durango es el órgano jurisdiccional especializado, dotado de autonomía en su funcionamiento e independencia en sus decisiones, encargado de conocer y resolver los conflictos en materia electoral [...]. (La fracción II agrega que) El Tribunal Electoral tendrá la competencia que determine la ley ... [...]; *determinará la procedencia o improcedencia de sanciones aplicadas por el Instituto Nacional Electoral a los ciudadanos que no acudan a votar en los procesos electorales que les corresponda participar, ya sea en su jurisdicción territorial o donde se encuentren transitoriamente,* y podrá usar los medios de apremio necesarios para el cumplimiento de sus resoluciones.

Las sanciones propuestas son:

I. Que el ciudadano retribuya al erario público el costo del voto, tomando en consideración el Padrón Electoral vigente.

II. Que en caso de que el ciudadano sea de escasos recursos económicos, realice trabajo comunitario equivalente a la cantidad que le corresponde retribuir.

6. FUENTES DE INFORMACIÓN

Concepto, *¿Qué es Ciudadano?*, disponible en: https://concepto.de/ciudadano/, consultada el 23/03/2022.

Diccionario de la Real Academia Española, *Ciudadano*, disponible en: https://dle.rae.es/ciudadano, consultada el 22/03/2022.

Diccionario del Español Usual en México, *Democracia*, 2da. edición, Ed. Colegio de México, México, 1996.

Diccionario Ilustrado Océano de la Lengua Española, *Ciudadano*, Ed. Océano, Barcelona España 1198

Enciclopedia Jurídica Omeba Tomo VI, Ed. Driskill, S.A. Buenos Aires, Argentina, 1991.

Faro Democrático, *¿Qué es ser ciudadano/a?*, disponible en: https://farodemocratico.juridicas.unam.mx/que-es-ser-ciudadano-y-que-es-serciudadana/#tri-tema-1, consultada el 22/03/2022.

Fiscalía Especializada en Materia de Delitos Electorales del Estado de Jalisco, disponible en: https://fiscaliaelectoral.jalisco.gob.mx/, consultada el 25/03/2022.

H. Congreso de la Unión, Cámara de Diputados, *Constitución Política de los Estados Unidos Mexicanos*, disponible en: https://www.diputados.gob.mx/LeyesBiblio/index.htm, consultada el 18/03/2022.

Instituto Nacional Electoral, Sistema de Consulta de la Estadística de las Elecciones Federales 2014-2015, disponible en: http://siceef.ine.mx/campc.html?p%C3%A1gina=1, consultada el 29/03/2022.

Lizcano Fernández, Francisco, *Conceptos de Ciudadano, ciudadanía y civismo*, disponible en: https://www.scielo.cl/scielo.php?script=sci_arttext&pid=S0718-65682012000200014, consultada el 22/03/2022.

Pichardo Pagaza, Ignacio, citado por Campos Rodríguez Eduardo, *Elementos Básicos de Administración Pública Federal, Estatal y Municipal*, Ed. Instituto de Administración Publica, A.C. de Durango, Durango, Dgo., 1998.

Real Academia España, *Obligación*, disponible en: https://dle.rae.es/obligaci%C3%B3n, consultada el 19/03/2022.

Tipos, Tipos de obligaciones, disponible en: https://www.tipos.co/tipos-de-obligaciones/, consultada el 19/03/2022.

Tribunal Electoral del Poder Judicial de la Federación, ¿Quiénes somos?, disponible en: https://www.te.gob.mx/front3/contenidos/index/1, consultada el 24/03/2022

UNOTV.COM, *El 63 % de la población salió a votar: INE*, disponible en: https://www.unotv.com/noticias/portal/nacional/detalle/mas-del-60-por-ciento-de-la-poblacion-salio-a-votar-ine-269813/#:~:text=El%2063%25%20de%20la%20poblaci%C3%B3n%20sali%C3%B3%20a%20votar%3A,a%20votar%3A%20INE%2001%2F07%2F201821%3A36Por%3A%20%20Redacci%C3%B3n%20M%C3%A9xicoNacionalUno%20TV, consultada el 29/03/2022.

La justiciabilidad de los derechos económicos, sociales y culturales en la jurisprudencia interamericana: avances y retos

RAÚL MONTOYA ZAMORA[1]
LUIS FERNANDO CONTRERAS CORTÉS[2]

SUMARIO 1. La justiciabilidad de los derechos sociales; 2. La justiciabilidad de los DESCA en la jurisprudencia interamericana; 3. Conclusiones, y 4. Fuentes de la investigación.

Resumen

El objeto del presente trabajo, consiste en analizar algunos casos contenciosos resueltos por la Corte Interamericana de Derechos Humanos (Corte IDH), en materia de justiciabilidad de los derechos económicos, sociales y culturales (DESC), destacando los aspectos inherentes a los avances en la materia, en aras de enmar-

---

1 Doctor en Derecho por la Universidad Juárez del Estado de Durango (UJED); especialista en justicia constitucional y procesos constitucionales por la Universidad de Castilla-La Mancha; Perfil deseable PRODEP; miembro del Sistema Nacional de Investigadores del CONACYT, nivel II; miembro del Sistema Estatal de Investigadores del COCYTED; Profesor-Investigador adscrito a la Facultad de Derecho y Ciencias Políticas de la UJED.

2 Doctorando en Derecho por la Universidad Juárez del Estado de Durango (UJED); especialista en justicia constitucional y procesos constitucionales por la Universidad de Castilla-La Mancha; Perfil deseable PRODEP; miembro del Sistema Estatal de Investigadores del COCYTED; Profesor-Investigador adscrito a la Facultad de Derecho y Ciencias Políticas de la UJED.

car los criterios que resultan vinculantes para los Estados parte de la Convención, y los retos que ofrecen en su aplicación.

Para lograr nuestro propósito, en primer lugar, se abordarán brevemente las nociones teóricas con la justiciabilidad de los derechos sociales. Acto seguido, se analizarán algunos casos contenciosos resueltos por la Corte IDH en materia de justiciabilidad de los DESC, con la finalidad de evidenciar los avances de los criterios en la materia y su vinculatoriedad para los Estados parte, así como para destacar los retos sobre la justiciabilidad de los DESC en miras a lograr su máxima eficacia.

1. LA JUSTICIABILIDAD DE LOS DERECHOS SOCIALES

La justiciabilidad de los derechos fundamentales, se encuentra íntimamente relacionada con lo denotado por *garantía secundaria* en la teoría de Ferrajoli, las cuales comprenden las obligaciones de reparar las violaciones a los derechos o de sancionar judicialmente dichas violaciones[3] (Ferrajoli, 1999, p. 64).

Para el autor en cita, las *garantías primarias* comprenden obligaciones de prestación y las prohibiciones de lesión de los derechos fundamentales que deben respetar los demás, a saber, el Estado o terceros, ya sea públicos o privados (Ferrajoli, 1999, p. 64).

En ese sentido, el término de *garantías secundarias* se entiende como la obligación de reparar y sancionar judicialmente las lesiones a los derechos fundamentales, es decir, las violaciones a las garantías primarias.

Para Ferrajoli, cuando los derechos no disponen de garantías primarias y secundarias, no se puede negar la existencia de los derechos, sino que debe de denunciarse y criticarse la ausencia de garantías en el ordenamiento jurídico. La ausencia de garantías

---

3 Ferrajoli, Luigi, *Derechos y garantías: la ley del más débil*, Trotta, Madrid, 1999, p. 63.

debe considerarse como una laguna que los poderes públicos internos e internacionales tienen la obligación de colmar[4].

Así, en palabras de nuestro autor, no hay impedimento, desde un enfoque técnico-jurídico, que impida la introducción de garantías de derecho nacional e internacional, que hagan posible el cumplimiento de los derechos fundamentales[5].

Los problemas que se evidencian para asegurar el cumplimiento de los derechos son más bien de naturaleza política, que se traducen en la falta de voluntad política para garantizar los derechos fundamentales. Lo que, en todo caso, no puede permitirse, es la falacia realista de reducir el derecho al hecho y la determinista, que identifica lo que acontece con lo que no puede dejar de acontecer[6].

De lo anterior, se desprende la responsabilidad de los operadores jurídicos y políticos, de dotar de efectividad a los derechos fundamentales, superando las lagunas y antinomias, con la concreción de garantías primarias y secundarias de los derechos, amén de fomentar una cultura de respeto a los mismos.

En consecuencia, se puede subrayar la importancia que tienen las garantías primarias y secundarias de los derechos fundamentales, pues de nada vale que en la Constitución y tratados internacionales en materia de derechos humanos, se reconozca un catálogo amplio de derechos fundamentales, si no se disponen de garantías primarias (de prestación o de prohibición de lesión) y de las garantías secundarias, que posibiliten la reparación y sanción judicial de los derechos fundamentales.

De la mayor relevancia resultan las llamadas garantías secundarias, puesto que permiten la reparación y sanción judicial de los derechos fundamentales en caso de lesión de los mismos, lo que se conecta con la justiciabilidad de los derechos fundamentales.

---

4 *Ibidem,* p. 66.
5 *Ibidem,* p. 64.
6 *Ibidem,* p. 65.

La justiciabilidad de los derechos, puede ser entendida como una calidad de los derechos que los hace susceptibles de ser exigidos ante los jueces y la administración pública, incluso a falta de norma jurídica expresa, con la finalidad de evitar que su vulneración o desconocimiento sean utilizados como justificación para su no aplicación[7] (Diccionario Panhispánico de Español Jurídico, 2020).

Como se ve, la justiciabilidad de los derechos fundamentales, se encuentra conectada con la garantía jurisdiccional de los mismos, la cual puede considerarse como la piedra angular de la defensa de los derechos, pues solo cuando existe tal garantía, puede sustentarse la existencia de una protección de los derechos.

Los derechos sociales por mucho tiempo permanecieron sin la posibilidad de ser garantizados, es decir, no se consideraban justiciables.

A continuación, presentamos los principales argumentos esbozados desde un enfoque iuspositivista que permitieron que no se diera la justiciabilidad de este grupo de derechos, y a la par se establecerá desde el enfoque del Estado Constitucional de Derecho, la superación a dichas objeciones, con la finalidad de consolidar la garantía y justiciabilidad de los DESCA.

Cruz Parcero sostiene que la mayoría de las críticas y posturas en contra de los derechos sociales, se apoyan en una concepción iuspositivista, según la cual establece, que los derechos sociales no son derechos subjetivos. La noción de derecho subjetivo se apoya en la construcción Kelseniana, que entiende a los derechos subjetivos, en estricto sentido, como como una potestad que tiene el sujeto para exigirle al Estado el cumplimiento de un deber jurídico a otro sujeto. Esto último a decir de Cruz, se encuentra conectado a la noción de acción procesal, según la cual, no es suficiente que un derecho esté reconocido en una ley, pues si no existe una

7 Diccionario Panhispánico de Español Jurídico. 2020. Recuperado de: https://dpej.rae.es/lema/justiciabilidad

vía judicial para reclamar su incumplimiento ante un juez, no se considera un auténtico derecho. Además, resalta que el enfoque iuspositivista de *derecho subjetivo* se encuentra conectado con el origen liberal del concepto, ya que dicho concepto surge en la modernidad, en la forma de derechos privados, haciendo con ello referencia a los derechos de propiedad, de crédito, entre otros[8].

Desde este enfoque iuspostitivista, Atria ha señalado que los derechos sociales constituyen una contradicción con la esencia misma del concepto de derecho subjetivo. Desde dicho enfoque, los derechos sociales no pueden ser considerados como derechos subjetivos, dado que en su configuración no se encuentran los elementos para garantizarlos judicialmente como ocurre con los derechos civiles y políticos. Para este autor, los derechos sociales son de ejercicio colectivo ya que persiguen fines de la comunidad. Por ende, no pueden ser derechos subjetivos, en tanto que la naturaleza de este grupo de derechos se encuentra en el sujeto considerado de manera individual, no en colectivo[9].

Sobre el particular, resulta ilustrativo citar a Guastini, quien define al derecho subjetivo como: "una pretensión conferida a un sujeto (o a una clase de sujetos) frente a otro sujeto (o a otra clase de sujetos) a los que se impone un deber correlativo." Precisando que los derechos pueden dividirse en derechos verdaderos y *derechos sobre papel.* Los primeros se caracterizan porque son susceptibles de tutela jurisdiccional, ya que el contenido del derecho y el sujeto frente al que se ejerce el derecho son definidos con precisión. En cambio, los llamados *derechos sobre papel* son los que no cumplen con dicha condición, de forma que no son susceptibles de tutela jurisdiccional. Desde este constructo de *derecho subjetivo,*

---

8 Cruz Parcero, Juan Antonio, *El lenguaje de los derechos. Ensayo para una teoría estructural de los derechos,* Trotta Madrid, 2007, pp. 71-76.

9 Atria, Fernando, "¿Existen derechos sociales? Discusiones". La Pampa, Universidad Nacional del Sur. Año 4, núm. 4, 2005, pp. 15-59.

Guastini sostiene que los derechos sociales son *derechos sobre papel* que no pueden exigirse judicialmente[10].

Sin embargo, desde el enfoque del Estado Constitucional, los derechos sociales pueden ser considerados derechos subjetivos, pero éste último concepto tendría que comprenderse bajo otro significado, un significado acorde a las circunstancias actuales. Al respecto, Arango[11] señala que los derechos sociales son derechos subjetivos, y deben ser comprendidos como: "posiciones o relaciones normativas para las cuales es posible dar razones válidas o suficientes y cuyo no reconocimiento injustificado ocasiona un daño inminente a la persona". Tales posiciones normativas, implican una exigencia de prestaciones positivas fácticas por parte del Estado, mismas que tienen como propósito un hacer positivo del sujeto obligado[12].

Así, para el autor en cita, los derechos sociales fundamentales son derechos subjetivos de la mayor importancia[13] . La adscripción de estos derechos como derecho positivo, radica en el derecho de las personas a acciones de naturaleza fáctica que deben ser garantizadas por el Estado[14].

La justiciabilidad o exigibilidad de los derechos sociales, se puede justificar desde el punto de vista de la evolución del significado de lo denotado por *derechos subjetivos,* mismo que exige comprender el funcionamiento de la interpretación constitucional y el ejercicio de los derechos en la práctica, de tal suerte que resulte factible construir las condiciones tanto formales como materiales

---

10 Guastini, Ricardo, *"Derechos". Distinguiendo. Estudios de Teoría y Metateoría del Derecho,* Gedisa, Barcelona, 1999, p. 180.

11 Arango, Rodolfo, *"La justiciabilidad de los derechos sociales fundamentales".* Revista Derecho Público. Universidad de los Andes, Facultad de Derecho. Bogotá, 2012, pp. 304 y ss.

12 *Ídem.*

13 *Ibidem,* p. 32.

14 *Ibidem,* p. 321.

necesarias para el reconocimiento judicial de los derechos sociales fundamentales[15] .

En suma, la propuesta de Arango es relevante porque proporciona un nuevo significado a la expresión *derecho subjetivo,* acorde a las exigencias del constitucionalismo social. Por lo que los derechos sociales como derechos subjetivos deben definirse a partir de cada caso en concreto, a partir de la interpretación de los jueces constitucionales.

Continuando con la revisión de los argumentos que niegan la justiciabilidad a los derechos sociales, se tiene aquél que niega a los derechos sociales como derechos positivos. Este argumento se encuentra estrechamente conectado con el que se acaba de revisar.

Desde el paradigma positivista los enunciados de derechos de una persona o de un grupo de personas, se pueden simplificar a enunciados de deberes de otra u otras personas. Esto es, de derechos y deberes correlativos[16] . Desde este enfoque, los derechos sociales son considerados normas indeterminadas, esto es, sin deberes bien definidos. Consecuentemente, sin deber bien definido o establecido, no hay derecho.

Así, se han considerado a los derechos sociales como simples aspiraciones o fines programáticos del Estado, y, por ende, no le resultan exigibles[17].

También se ha negado que los derechos sociales generen deberes concretos, por la necesidad de concreción de dichos derechos mediante políticas legislativas. Por tal motivo, se sostiene que solo

---

15 *Ibidem,* p. 186.

16 Aguiló, Josep, *"Positivismo y post-positivismo. Dos paradigmas jurídicos en pocas palabras"*. Doxa. Cuadernos de Filosofía del Derecho. Número 30. Universidad de Alicante. Alicante, 2007, pp. 665-675.

17 Hayek, Friedrich, *Derecho, legislación y libertad. El espejismo de la justicia social,* Unión editorial, Madrid: Vol. 2, 1979, p. 308.

cumplen con una función política como mandatos jurídicos objetivos[18].

La doctrina positivista sostiene que el elemento diferenciador de los derechos de libertad con respecto a los derechos sociales, es la naturaleza de las obligaciones. Respecto de los derechos de libertad, se exige del Estado obligaciones negativas o de abstención, y los derechos sociales exigen un actuar positivo o de acción del Estado. Consecuentemente, solo serían justiciables o exigibles los derechos de libertad, que son los que exigen abstenciones del Estado[19].

Empero si se analiza el argumento positivista desde el enfoque del Estado Constitucional, la perspectiva cambia significativamente.

Desde el enfoque del Estado Constitucional, si bien el reconocimiento de derechos justifica la imposición de deberes, la imposición de deberes no sirve para justificar la titularidad de derechos[20].

De tal suerte, se puede considerar que los derechos sociales son derechos positivos, en virtud de que toda persona es titular de dichos derechos reconocidos constitucionalmente, con independencia de que el Estado haya creado o no mecanismos para hacerlos exigibles, ni haya concretado al sujeto obligado en la relación[21].

Adicionalmente, la distinción basada en la naturaleza de las obligaciones es relativa y por ende, carece de relevancia. Lo anterior, porque la estructura de los derechos fundamentales, en términos generales, consiste en un espectro de obligaciones. Los derechos fundamentales pueden contener manifestaciones que

---

18 Bockenforde, Ernst Wolfgang, *"Los derechos fundamentales sociales en la estructura de la Constitución. Escritos sobre derechos fundamentales"*. Nomos. Baden-Baden, 1994, pp. 78 y ss.

19 Pisarello, Gerardo, *Los derechos sociales y sus garantías. Elementos para una reconstrucción*, Trotta, Madrid, 2007, pp. 59 y ss.

20 Aguiló, *op. cit.*, p. 670.

21 *Ibidem,* p. 671.

en uno de sus extremos contemple obligaciones negativas o de abstención, y en el otro, obligaciones positivas, o de acción a efecto de garantizar el derecho fundamental. Así, en el caso del derecho fundamental a la salud, en principio impone una obligación o prestación positiva al Estado para proporcionar los servicios de salud que garanticen ese derecho; empero, también contiene una obligación negativa o de abstención, en cuanto no puede ejecutar acciones tendentes a menoscabar o perjudicar la salud (por ejemplo, no podría contaminar deliberadamente el agua potable, ya que eso perjudica la salud de las personas). Por tanto, las diferencias entre derechos individuales y derechos sociales, son de grado más que de sustancia[22] . Otro argumento que se esgrime para negar la exigibilidad o justiciabilidad de los derechos sociales, consiste en que éstos requieren de una sustanciosa inversión económica y que no se puede exigir al Estado la satisfacción de estos derechos si no tiene recursos para ello. Lo que significa que estos derechos están sujetos a la disponibilidad económica del Estado para satisfacerlos[23].

Los derechos sociales desde su nacimiento fueron considerados derechos de carácter prestacional y caros, lo que constituyó un factor determinante a la hora de tratar de justificar su protección[24].

Desde el enfoque positivista, los derechos sociales tienen una eficacia jurídica débil porque dependen de la economía estatal, en tanto que los derechos individuales siempre tienen que ser respetados[25].

---

22 Abramavich, Víctor y Courtis, Christian, *Derechos Sociales como derechos exigibles*, Trotta Madrid, 2002, pp. 24-25.

23 Melo de Moraes Rego, Nelson, *La contribución del Poder Judicial a la protección de los derechos humanos de tercera generación: Especial referencia al derecho al desarrollo*, Universidad de Salamanca, Salamanca, 2014, p. 293.

24 Pisarello, *op. cit.*, pp. 76-77.

25 Bustos, R, *"Derechos sociales; Desmontando prejuicios"*, en Figueroa, A, *Los derechos humanos en los umbrales del siglo XXI*. UNAM. Instituto de Investigaciones Jurídicas, México, 2012, pp. 135-159.

Ahora bien, desde la perspectiva del Estado Constitucional de Derecho, el argumento en cuestión no resulta eficaz. Desde este paradigma, todos los derechos fundamentales tienen obligaciones que implican múltiples dimensiones, de tal suerte que hasta los derechos individuales tienen un costo para el Estado. Por tanto, todos los derechos fundamentales requieren de un gasto importante para su concreción[26]

Por tanto, todos los derechos fundamentales: los civiles y políticos y los económicos, sociales y culturales, entrañan un gasto importante para su concreción. Consecuentemente, lo que entra a discusión no es cómo garantizar los derechos que implican un mayor gasto, sino cómo y bajo qué condiciones o parámetros se asignan los recursos económicos del Estado para satisfacer todos los derechos[27]. Los derechos sociales como derechos prestacionales no constituyen una carta abierta para que el legislador disponga discrecionalmente de recursos para su satisfacción, ni para justificar su inactividad. Hoy día, como se verá, la jurisprudencia internacional atribuye una obligación inmediata para que los Estados los desarrollen de manera progresiva, con la consiguiente prohibición de regresión, salvo justificaciones económicas excepcionales[28].

Otro argumento que se esgrime para negar la justiciabilidad de los derechos sociales, señala que el legislador tiene competencia exclusiva para el desarrollo de ese tipo de derechos, al ser derechos inconcretos. Por lo que si el juez interviene de algún modo en la concreción de los derechos sociales, a través de la actividad judicial, se estaría invadiendo la competencia del legislador democrático, adjudicándose atribuciones que no le competen[29].

---

26 Holmes, Stephen y Sustein, Cass, *The Cost of Rights: Why Liberty Depends on Taxes Norton, Nueva York*, 2000.

27 Pisarello, *op. cit.*, p. 61.

28 Courtis, C, *El mundo prometido. Escritos sobre derechos sociales y derechos humanos*, Fontamara, México, 2009.

29 Bockenforde, *op. cit.*, p. 78.

Desde el paradigma positivista, sostener que los derechos sociales son de configuración legal, significa por una parte que, con independencia de su reconocimiento constitucional, su exigibilidad depende del desarrollo del legislador, y que el legislador, gracias a su legitimidad democrática por tratarse de un poder electo mediante el sufragio popular, goza de una potestad discrecional para desarrollar los derechos sociales[30].

Desde el enfoque del Estado Constitucional, se reconoce que los derechos sociales requieren del desarrollo legislativo para ser efectivos. No obstante, ello no significa que el reconocimiento constitucional de los derechos sociales no imponga límites al actuar del legislador, ni que no puedan ser objeto de tutela judicial.

Como respuesta al argumento positivista, se sostiene que todos los derechos fundamentales son derechos de configuración legal, ya que exigen la intervención del legislador democrático para su desarrollo (en algunos casos más y en otros menos). La plena eficacia de los derechos fundamentales resultaría casi imposible sin la actividad del legislador[31]. Por tanto, todos los derechos fundamentales, exigen un desarrollo legislativo que puede tener diferentes alcances[32]

El desarrollo legislativo de un derecho fundamental determina su grado exigibilidad judicial: todos los derechos fundamentales, incluidos los sociales, tienen un contenido constitucional mínimo, indisponible y por tanto, susceptible de tutela judicial, que sería procedente incluso en los casos de inexistencia de desarrollo legislativo[33].

Los jueces en el Estado Constitucional, están llamados a proteger todos los derechos fundamentales por igual, incluso frente a los poderes de mayoría[34].

---

30 Courtis, *op. cit.*.

31 Pisarello, *op. cit.*, p. 83.

32 *Ibidem*, p. 84.

33 *Idem*.

34 Arango, *op. cit.*, p. 198.

No obstante, aún existe cierto temor a que se judicialicen los derechos sociales, y a que los jueces tomen un rol fundamental en la determinación del presupuesto Estatal o en la configuración de políticas públicas[35]. Sin duda que reconocer los problemas a los que se enfrentaría un Estado ante un exceso de judicialización, no cambia en lo absoluto el papel que juegan los jueces dentro del Estado Constitucional, los cuáles están llamados a garantizar los derechos fundamentales por encima de los poderes de mayoría.

Un último argumento que se sostiene para negar la exigibilidad de los derechos sociales, sostiene que los mismos no son justiciables, pues no existen garantías jurisdiccionales diseñadas para tal propósito. Lo anterior, porque las acciones judiciales previstas en los ordenamientos jurídicos fueron pensadas para la protección de los derechos civiles y políticos, y no para los derechos sociales[36].

Desde la perspectiva del Estado Constitucional de Derecho, dicho argumento no es concluyente para negar la justiciabilidad de los derechos sociales.

Recordamos que para para Ferrajoli, cuando los derechos no disponen de garantías primarias y secundarias, no se puede negar la existencia de los derechos, sino que debe de denunciarse y criticarse la ausencia de garantías en el ordenamiento jurídico. La ausencia de garantías debe considerarse como una laguna que los poderes públicos internos e internacionales tienen la obligación de colmar[37].

Así, en palabras de nuestro autor, no hay impedimento, desde un enfoque técnico-jurídico, que impida la introducción de ga-

---

35 Troper, Michel, *"Existe-t-il un concept de gouvernement des juges?", en Brondel, S, et. al. 2001. Gouvernement des juges et Democratie, Publications de la Sorbonne, París,* 2001, pp. 21-62.

36 Abramovich y Courtis, *op. cit.*

37 Ferrajoli, *op, cit.*, p. 63.

rantías de derecho nacional e internacional, que hagan posible el cumplimiento de los derechos fundamentales[38].

Los problemas que se evidencian para asegurar el cumplimiento de los derechos, son más bien de naturaleza política, que se traducen en la falta de voluntad política para garantizar los derechos fundamentales. Lo que en todo caso, no puede permitirse, es la falacia realista de reducir el derecho al hecho y la determinista, que identifica lo que acontece con lo que no puede dejar de acontecer[39].

Sobre el tema, Pisarello sostiene que la sola consagración constitucional de los derechos sociales, obliga a los operadores jurídicos a potenciar, ya sea por la vía interpretativa o por medio de reformas, los mecanismos que permitan su protección[40].

De lo anterior, se desprende la responsabilidad de los operadores jurídicos y políticos, de dotar de efectividad a los derechos fundamentales, superando las lagunas y antinomias, con la concreción de garantías primarias y secundarias de los derechos, amén de fomentar una cultura de respeto a los mismos.

En suma, las objeciones impuestas desde el paradigma positivista ya no deben de ser considerados una barrera infranqueable para la justiciabilidad de los DESC. Como se verá, a nivel interamericano, la Corte IDH, desde el paradigma del Estado Constitucional (y ahora convencional de derecho), ha generado jurisprudencia vinculante para los Estados parte que se dirige a garantizar la tutela judicial efectiva de los derechos sociales.

Por lo que a continuación se da cuenta de los principales criterios sostenidos por el tribunal interamericano en la materia, con el objeto de destacar los avances y retos que se ofrecen para el futuro de los derechos sociales, como derechos justiciables.

---

38 *Ibidem*, p. 64.

39 *Ibidem*, p. 65.

40 Pisarello, *op. cit.*, p. 81.

2. LA JUSTICIABILIDAD DE LOS DESCA EN LA JURISPRUDENCIA INTERAMERICANA

Como se anticipó, a continuación, abordamos algunos casos contenciosos resueltos por la Corte IDH, con miras de visualizar los avances de los criterios en materia de justiciabilidad de los DESCA, y su vinculatoriedad para los Estados parte.

Un aporte importante en materia de justiciabilidad de los DESCA por parte de la jurisprudencia interamericana, radica en el criterio de interdependencia e indivisibilidad entre los derechos civiles y políticos y los DESCA. Sobre el particular, encontramos varios casos contenciosos que hacen referencia a este criterio.

Uno de estos casos es el de Acevedo Buendía y otros, (cesantes y jubilados de la contraloría) *Vs* Perú, relacionado con la responsabilidad internacional del Estado por el incumplimiento de dos sentencias emitidas por el Tribunal que ordenaban nivelar las pensiones a partir de noviembre de 2002, y restituir los montos por dicho concepto, desde abril de 1973 hasta octubre de 2002 a los 273 miembros de la asociación cesantes y jubilados de la contraloría general de la república de Perú (Corte IDH, 2009, párrafo 101).

En el referido caso, la Corte IDH recordó la interdependencia existente entre los derechos civiles y políticos y los económicos, sociales y culturales, ya que deben ser entendidos integralmente como derechos humanos, *sin jerarquía entre sí y exigibles en todos los casos ante aquellas autoridades que resulten competentes para ello* (Corte IDH, 2009, párrafo 101).

De lo que se desprende un criterio de interdependencia e indivisibilidad entre los derechos civiles y políticos y los derechos económicos, sociales y culturales, dado que, por ejemplo, el incumpliendo o no satisfacción de este grupo de derechos, también repercutiría en el cumplimiento de los derechos civiles y políticos, y viceversa.

Así, en el caso, la Corte Interamericana razonó que el incumplimiento de las referidas sentencias judiciales y el consecuente efecto patrimonial que éste ha tenido sobre las víctimas son situaciones que afectan los derechos a la protección judicial y a la propiedad, reconocidos en los artículos 25 y 21 de la Convención Americana, respectivamente. En cambio, el compromiso exigido al Estado por el artículo 26 de la Convención, consiste en la adopción de providencias, especialmente económicas y técnicas – en la medida de los recursos disponibles, sea por vía legislativa u otros medios apropiados – para lograr progresivamente la plena efectividad de ciertos derechos económicos, sociales y culturales (Corte IDH, 2009, párrafo 105).

Otro aspecto importante a destacar en el caso en comento, es el criterio de progresividad y prohibición de regresividad de los derechos económicos, sociales y culturales, reconociendo que su cumplimiento no podrá lograrse en un breve periodo de tiempo y que, en esa virtud, se requiere de cierta flexibilidad que refleje las realidades del mundo y las dificultades que tiene cada país para asegurar dicha efectividad. Pero en el marco de dicha flexibilidad, el Estado tiene una obligación de adoptar providencias y brindar los elementos necesarios para asegurar la efectividad de esos derechos, siempre que en la medida de los recursos económicos y financieros de que disponga para su cumplimiento (Corte IDH, 2009, párrafo 102).

Por lo que la implementación progresiva de progresiva de dichas medidas, podrá ser objeto de rendición de cuentas, y de ser el caso, se le podrá exigir responsabilidad internacional al Estado por incumplimiento de sus compromisos ante las instancias competentes (Corte IDH, 2009, párrafo 102).

De igual manera, de lo anterior se desprende un deber de no regresividad en materia de derechos económicos, sociales y culturales, y para analizar si una medida regresiva es compatible con la convención, se debe determinar si se encuentra justificada por razones de suficiente peso. Resultando entonces *que la regresividad resulta justiciable en materia de derechos económicos, sociales y culturales* (Corte IDH, 2009, párrafo 102).

Consecuentemente, en razón de la interdependencia e indivisibilidad entre los derechos civiles y políticos, y los DESCA, la Corte IDH razonó que si bien, la obligación estatal que se desprende del artículo 26 de la Convención es de naturaleza diferente, es complementaria, a aquella relacionada con los artículos 21 y 25 de dicho instrumento (Corte IDH, 2009, párrafo 105).

Por tanto, la Corte IDH concluyó que: "teniendo en cuenta que lo que está bajo análisis no es alguna providencia adoptada por el Estado que haya impedido el desarrollo progresivo del derecho a una pensión, sino más bien el incumplimiento estatal del pago ordenado por sus órganos judiciales, el Tribunal considera que los derechos afectados son aquellos protegidos en los artículos 25 y 21 de la Convención y no encuentra motivo para declarar adicionalmente el incumplimiento del artículo 26 de dicho instrumento" (Corte IDH, 2009, párrafo 106).

Otro precedente sobre el tema que nos atañe, es el caso González Lluy y Otros Vs. Ecuador, en el que la Corte IDH declaró responsable al Estado de Ecuador por ciertas violaciones de derechos humanos cometidas por el contagio de VIH a Talía Gabriela González Lluy cuando tenía 3 años de edad. La Corte IDH resolvió que el Estado Era responsable por la violación a los derechos humanos a la vida e integridad personal, a la educación, y a la garantía judicial del plazo en el proceso penal. Igualmente consideró que el Estado era responsable por violación al derecho a la integridad personal en perjuicio de Teresa Lluy e Iván Mauricio Lluy (Corte IDH, 2015).

En el citado caso, la Corte IDH al analizar las violaciones al derecho a la vida, derecho a la integridad personal y derecho a la salud en cuanto a la obligación de regular, fiscalizar y supervisar la prestación de servicios en centros de salud privados; y a la disponibilidad, accesibilidad, aceptabilidad y calidad en la asistencia sanitaria en el marco del derecho a la vida y a la integridad personal, ambos en relación con Talía González LLuy, nuevamente recordó: "...la interdependencia e indivisibilidad existente entre los derechos civiles y políticos y los derechos económicos, sociales y culturales, ya que deben ser entendidos integralmente como derechos humanos, sin jerarquía entre sí y exigibles en todos los casos ante aquellas autoridades que resulten competentes para ello" (Corte IDH, 2015, párrafo 172).

Consecuentemente, razonó que el derecho a la integridad personal se halla directa e inmediatamente vinculado con la atención a la salud humana, y que la falta de atención médica adecuada puede conllevar la vulneración del artículo 5.1 de la Convención, dado que el derecho a la integridad personal supone la regulación de los servicios de salud en el ámbito interno, así como la implementación de una serie de mecanismos tendientes a tutelar la efectividad de dicha regulación (Corte IDH, 2015, párrafo 171).

Por otra parte, en el caso Lagos del Campo Vs. Perú, resuelto el 31 de agosto de 2017, la Corte IDH, declaró la responsabilidad internacional del Estado peruano en perjuicio del señor Alfredo Lagos del Campo con motivo del despido irregular de su puesto de trabajo, con lo cual se declaró la vulneración de derecho a la estabilidad laboral (Corte IDH, 2017). Asimismo, se declaró la vulneración del derecho a la libertad de expresión, así como del derecho a la libertad de asociación y el derecho al acceso a la justicia. La Corte IDH con esta sentencia desarrolló y concretó por primera ocasión una condena especifica por la violación del artículo 26 de la Convención, dispuesto en el Capítulo III, titulado Derechos Económicos, Sociales y Culturales de este tratado (Corte IDH, 2017).

En relación a la interdependencia e indivisibilidad existente entre los derechos civiles y políticos y los DESCA, la Corte IDH reiteró la interdependencia e indivisibilidad existente entre los derechos civiles y políticos, y los económicos, sociales y culturales, *puesto que deben ser entendidos integralmente y de forma conglobada como derechos humanos, sin jerarquía entre sí y exigibles en todos los casos ante aquellas autoridades que resulten competentes para ello* (Corte IDH, 2017, párrafo 141).

En otro asunto donde se resalta la interdependencia e indivisibilidad que existe entre los derechos civiles y políticos y los DESCA, es el de Poblete Vilches y otros Vs. Chile, resuelto el 8 de marzo de 2018 (Corte IDH, 2018 A).

En el caso en cuestión, la Corte IDH declaró la responsabilidad internacional del Estado chileno por no garantizar al señor Vinicio Antonio Poblete Vilches su derecho a la salud sin discriminación, mediante servicios necesarios básicos y urgentes en atención a su situación especial de vulnerabilidad como persona adulta mayor, lo cual derivó en su muerte, así como por los sufrimientos derivados de la desatención del paciente (Corte IDH, 2018 A).

Asimismo, la Corte declaró que el Estado vulneró el derecho a obtener el consentimiento informado por sustitución y al acceso a la información en materia de salud, en perjuicio del señor Poblete y de sus familiares, así como el derecho al acceso a la justicia e integridad personal, en perjuicio de los familiares del señor Poblete (Corte IDH, 2018 A). En el referido caso contencioso, la Corte IDH se pronunció por primera ocasión respecto el derecho a la salud de manera autónoma, como parte integrante de los DESCA, en interpretación del artículo 26 de la Convención, así como respecto de los derechos de las personas adultas mayores (Corte IDH, 2018 A).

En el tema que nos ocupa, reiteró la interdependencia e indivisibilidad entre los derechos civiles y políticos y los DESCA, puesto que deben ser entendidos integralmente y de forma englobada como derechos humanos, *sin jerarquía entre sí y exigibles en todos los casos ante aquellas autoridades que resulten competentes para ello* (Corte IDH, 2018 A, párrafo 100).

Al respecto, se considera que resulta comprensible esta relación, dado que la violación del derecho a la salud del señor Poblete Vilches, derivó en la afectación del derecho a la vida a integridad personal. Además de la vulneración el derecho a obtener el consentimiento informado por sustitución y al acceso a la información en materia de salud, en perjuicio del señor Poblete y de sus familiares (Corte IDH, 2018 A, párrafos 100-143).

3. CONCLUSIONES

De la jurisprudencia interamericana en análisis, se puede advertir claramente un avance en materia de justiciabilidad de los derechos sociales, que incluso, es progresista en relación con los argumentos teóricos esbozados en la primera parte de este trabajo; al enmarcar un argumento basado en una relación de interdependencia entre los derechos civiles y políticos y los DESCA, en el sentido de que se deben de comprender integralmente y de forma englobada como derechos humanos, sin jerarquía entre sí y exigibles en todos los casos ante aquellas autoridades que resulten competentes para ello.Por ello, en materia de justiciabilidad, se pueden reclamar sus violaciones de manera interdependiente e indivisible, es decir, como en los casos analizados, se puede reclamar a un Estado, por ejemplo, la violación al derecho a la vida o la integridad, como correlato del incumplimiento del derecho a la salud (DESCA). Empero, también es posible reclamar judicialmente el cumplimiento de los DESCA de manera autónoma.

De ahí que, en materia de justiciabilidad de los DESCA, la Corte IDH es plenamente competente para analizar las violaciones al artículo 26 de la Convención Americana de Derechos Humanos, de donde se derivan dos tipos de obligaciones para los Estados parte en materia de DESCA: aquellas de exigibilidad inmediata, y aquellas de carácter progresivo.

Respecto de las segundas, la jurisprudencia interamericana reconoce que el desarrollo progresivo de los derechos económicos, sociales, culturales y ambientales no podrá lograrse en un breve periodo de tiempo y que, en esa medida, "requiere un dispositivo de flexibilidad necesaria que refleje las realidades del mundo y las dificultades que implica para cada país el asegurar dicha efectividad."

De lo anterior también se desprende un deber de no regresividad en materia de DESCA, por lo que cabe afirmar que esta faceta del principio de progresividad resulta justiciable cuando de DESCA se trate. Lo que implica un reto, ya que se tendría que evaluar si existen razones de suficiente peso para dar marcha atrás a una medida tendente a satisfacer un derecho fundamental de naturaleza prestacional.

En ese sentido, se puede considerar que un Estado no cumple con sus obligaciones convencionales de realización progresiva, cuando no cuenta con políticas públicas o programas de hecho –y no solo de derecho- que le permitan avanzar, por ejemplo, en el cumplimiento de su obligación de lograr la plena efectividad del derecho a la salud[41].

4. FUENTES DE LA INVESTIGACIÓN

Abramavich, Víctor y Courtis, Christian. (2002). *Derechos Sociales como derechos exigibles.* Madrid: Trotta.

Aguiló, Josep. (2007). *"Positivismo y post-positivismo. Dos paradigmas jurídicos en pocas palabras".* Doxa. Cuadernos de Filosofía del Derecho. Número 30. Universidad de Alicante. Alicante.

Arango, Rodolfo. (2001). *"La justiciabilidad de los derechos sociales fundamentales".* Revista Derecho Público. Universidad de los Andes, Facultad de Derecho. Bogotá.

Arango, Rodolfo. (2012). *El concepto de derechos sociales fundamentales.* Legis. Bogotá.

Atria, Fernando. (2005). *"¿Existen derechos sociales? Discusiones".* La Pampa, Universidad Nacional del Sur. Año 4, núm. 4.

Bockenforde, Ernst Wolfgang. (1993). *"Los derechos fundamentales sociales en la estructura de la Constitución. Escritos sobre derechos fundamentales".* Nomos. Baden-Baden.

Bustos, R. (2012). *"Derechos sociales; Desmontando prejuicios",* en Figueroa, A. 2012. *Los derechos humanos en los umbrales del siglo XXI.* UNAM. Instituto de Investigaciones Jurídicas. México.

41 Este criterio también se aprecia en: Corte IDH. 2018. 2. Caso Cuscul Pivaral y otros Vs. Guatemala, sentencia de 23 de agosto de 2018, disponible en https://www.corteidh.or.cr/docs/casos/articulos/seriec_359_esp.pdf, consultada el 20 de enero del 2021.

Courtis, C. (2009). *El mundo prometido. Escritos sobre derechos sociales y derechos humanos.* México: Fontamara.

Corte IDH. (2009). Caso Acevedo Buendía y otros (Cesantes y jubilados de contraloría Vs Perú). Sentencia del 1 de julio de 2009.

Corte IDH. (2015). Caso González Lluy y otros Vs. Ecuador. Sentencia de 1 de septiembre del 2015.

Corte IDH. (2017). Caso Lagos del Campo Vs. Perú. Sentencia del 31 de agosto de 2017.

Corte IDH. (2018 A). Caso Poblete Vilches y Otros Vs. Chile. Sentencia del 8 de marzo de 2018.

Corte IDH. (2018 B). 2. Caso Cuscul Pivaral y otros Vs. Guatemala. Sentencia de 23 de agosto de 2018.

Cruz Parcero, Juan Antonio. (2007). *El lenguaje de los derechos. Ensayo para una teoría estructural de los derechos.* Madrid: Trotta.

Diccionario Panhispánico de Español Jurídico. 2020. Recuperado de: https://dpej.rae.es/lema/justiciabilidad

Ferrajoli, Luigi. (1999). Derechos y garantías: la ley del más débil. Madrid: Trotta.

Guastini, Ricardo. (1999). *"Derechos" Distinguiendo. Estudios de Teoría y Metateoría del Derecho.* Barcelona: Gedisa.

Hayek, Friedrich. (1979). *Derecho, legislación y libertad. El espejismo de la justicia social.* Madrid: Unión editorial. Vol. 2.

Holmes, Stephen y Sustein, Cass. (2000). *The Cost of Rights: Why Liberty Depends on Taxes* Nueva York: Norton.

Melo de Moraes Rego, Nelson. (2014). *La contribución del Poder Judicial a la protección de los derechos humanos de tercera generación: Especial referencia al derecho al desarrollo.* Salamanca: Universidad de Salamanca.

Pisarello, Gerardo. (2007). *Los derechos sociales y sus garantías. Elementos para una reconstrucción.* Madrid: Trotta.

Troper, Michel. (2001). *"Existe-t-il un concept de gouvernement des juges?"*, en Brondel, S, *et. al.* 2001. *Gouvernement des juges et Democratie.* París: Publications de la Sorbonne.

Derechos humanos premisa de la democracia constitucional en la forma de gobierno en México

ALEJANDRO VÁZQUEZ MELERO[1]

SUMARIO: 1. INTRODUCCIÓN. 2. ELEMENTOS CONCEPTUALES. 2.1. Elementos conceptuales. 2.2. Democracia constitucional, distintas ópticas y definición. 2.3. Forma de gobierno, diversas consideraciones y definición. 3. FORMAS DE GOBIERNO EN EL MUNDO ACTUAL. 4. HISTORIA DE LAS FORMAS DE GOBIERNO EN MÉXICO, LÍNEA DEL TIEMPO. 5. DDHH, DEMOCRACIA CONSTITUCIONAL Y FORMA DE GOBIERNO EN MÉXICO. 6. CONCLUSIONES. 7. FUENTES CONSULTADAS.

1. INTRODUCCIÓN

En la actualidad, los derechos humanos deben ser concebidos más allá de un propósito de Estado, los cuales tienen que ser visualizados como el sitio en el cual se inicia con dirección hacia la conquista de objetivos vinculados al acatamiento de la ley, la

[1] Investigador del Instituto de Investigaciones Jurídicas de la UJED; Catedrático del Instituto Universitario Bilingüe de Durango; Licenciado en Administración y Licenciado en Derecho con Maestrías en Derecho Constitucional y Administrativo, y en Derecho Procesal Penal; Doctor en Derecho, egresado del Programa Nacional de Posgrados de Calidad (PNPC) del CONAHCYT; miembro del Sistema Nacional de Investigadoras e Investigadores del CONAHCYT; Investigador Honorífico del Consejo de Ciencia y Tecnología del Estado de Durango; miembro del Cuerpo Académico: "Aspectos Constitucionales en la Reforma del Estado Mexicano"; miembro del Grupo de Investigación: "Democracia Constitucional, Transformaciones Sociales, Libertades y Derechos".

libertad en su máxima expresión, al progreso, la conformidad, la rectitud y la armonía de la colectividad. De esta forma, los derechos humanos se constituyen de manera paralela, como una circunstancia precursora e imprescindible para la actuación positiva de la democracia constitucional; no obstante, que entre esta y aquellos supuestamente existe una relación de correspondencia bastante estrecha, es factible localizar diversos aspectos de discrepancia, lo cual puede decirse que implica tener que enfrentar a ciertos retos en relación a determinados modelos democráticos, más no precisamente en lo referente a la armonización básica de la democracia constitucional.[2]

Es importante considerar, que los regímenes democráticos modernos usualmente se identifican como democracias constitucionales, las cuales se instauran basadas en una estructura política que pretende ser democrática y para conseguirlo se requiere el otorgamiento de un pacto social, que acopia en un contenido general las decisiones fundamentales de una determinada comunidad política, mismo que se instituye como la ley soberana de la nación, el cual es el instrumento normativo que ostenta un rango de supremacía ante el resto de las normas que integran el sistema jurídico nacional, cuyo documento es identificado con el nombre de Constitución.

2. ELEMENTOS CONCEPTUALES

Como premisa para abordar nuestro tema de investigación, es obligado hacer previamente diversos comentarios existentes en la doctrina jurídica acerca de los términos en comento, en primer lugar derechos humanos, enseguida democracia constitucional y finalmente forma de gobierno, para posteriormente establecer

---

2 Alexy, Robert, "Los derechos fundamentales en el Estado Constitucional Democrático", en: Miguel Carbonell (ed.), *Neoconstitucionalismo(s)*, 4ª edición, Madrid, Ed. Trotta, 2009, pp. 36-39.

algunas definiciones relativas a lo que se entiende por cada uno de ellos.

2.1. Derechos Humanos, algunas reflexiones y definición

Referente al vocablo derechos humanos concurren algunos inconvenientes para su definición, toda vez que es factible que resulte tan ambigua como la mayoría de los términos del glosario político, tales como: bienestar general, libertad, soberanía, pueblo, democracia, entre otros. La apreciación se puede hacer en cierto modo amplísimo, absoluto, o por el contrario en determinada forma limitada, reduciéndola a una específica materia en especial, habitualmente vinculada con violaciones que se denuncian en casos concretos como son: privaciones ilegítimas de libertad, torturas, discriminaciones, etcétera.[3]

El uso abstracto e indistinto de la locución en el vocabulario habitual sugiere hacia un alcance emotivo, casi ilógico, causando un ineludible vaciamiento semántico y un deterioro de su fuerza política. Podríamos decir, entonces, que el primer derecho humano es el de conocer cuáles son los alcances de la expresión, más allá de sus connotaciones emotivas. En un sentido amplio, todos los derechos son humanos, en cuanto -al menos en los sistemas jurídicos modernos- todas las normas jurídicas se dirigen, directa o indirectamente, a los seres humanos.[4]

Lo indiscutible es que la expresión derechos humanos, tiene una formidable carga sensible y sin duda alguna, se instituye como el término más habitual y el cual es comprendido o discernido por la generalidad de las personas.[5]

---

3 *Cfr.* Russo, Eduardo Angel, *Derechos humanos y garantías. El derecho al mañana,* Argentina, Editorial Universitaria de Buenos Aires (Eudeba), 2001, p. 35.

4 *Ídem*

5 *Cfr.* Carreón Gallegos, Ramón Gil, *La evolución de los derechos humanos en México,* México, Editorial Flores, 2018, p. 165.

El derecho internacional de los derechos humanos se fundó con la Declaración Universal de Derechos Humanos (DUDH), promulgada en el año de 1948 por conducto de la Asamblea General de la Organización de las Naciones Unidas (ONU), tres años posteriormente de finalizada la Segunda Guerra Mundial. Dicho instrumento proverbial, basado en la "Declaración de los derechos del hombre en sociedad" del año 1789, concede que la totalidad de las personas por el hecho de su naturaleza de seres humanos tienen los mismos derechos, es decir, que estos son inherentes a su categoría humana y que conciernen a todas y todos, sin restricción alguna. Todo el contenido de la DUDH fue acabado en un lapso menor de dos años, en cuya redacción final participaron más de cincuenta Estados Miembros, esto sucedió en un período en que el mundo estaba separado en un bloque oriental y otro occidental, por lo que localizar un espacio común referente a la esencia del documento resultó ser una tarea colosal.[6]

Ahora bien, en la actualidad los derechos humanos concurren de forma sobresaliente en los discursos sociales, políticos y culturales; brotan en problemas y procesos a nivel local, nacional y mundial en protección de asuntos o intereses frecuentemente confrontados. Así, tenemos que en los conflictos sociales se muestran en las demandas de fracciones sensibles y de corrientes sociales, asimismo, en la conservación de privilegios por el lado de los sectores de poder. En lo concerniente a los conflictos políticos se emplean para preservar intereses de poder, independientemente que correspondan al ámbito público o al privado, así como para justificar las arbitrariedades perpetradas en perjuicio de la dignidad de terceros. Por último, están las contrariedades internacionales, las cuales aparecen en la tasación de países y regímenes, en ocasiones debido a conductas inhumanas, y en otros casos, con el

---

6 Naciones Unidas, *Declaración Universal de Derechos Humanos. Historia de la Declaración*, París, 1948. [En línea: 7 de junio del 2023] Disponible en: https://www.un.org/es/about-us/udhr/history-of-the-declaration

propósito de escudar intereses diversos a los derechos humanos y así avalar intromisiones externas.[7]

Corresponde tener en consideración que los derechos humanos se constituyen como un acervo de privilegios radicados con base en la dignidad humana, cuya ejecución imparcial es imprescindible para el progreso integral del ser humano; este cúmulo de prerrogativas se localiza en el contenido del sistema jurídico mexicano integrado por nuestra Constitución General, los tratados internacionales y las leyes.

Cabe mencionar, que a partir de la educación integral de calidad se adquiere una conciencia más amplia y de mayor plenitud sobre el ejercicio de los derechos humanos, pero también de su exigibilidad.[8]

No se debe perder de vista, la relevancia que tiene el derecho humano de acceso a la justicia en una sociedad democrática, ya que es la piedra angular de todo Estado Democrático Constitucional, y sin su presencia, se tornarían en inefectivos todos los demás derechos y se propiciarían violaciones a los derechos humanos, sin que existiera la posibilidad de reclamar su reparación ante un tribunal independiente e imparcial.[9] Si el gobierno es omiso en su

---

7 Ramírez Pérez, Gabriela del Mar, *Derechos humanos. Historia y conceptos básicos,* Venezuela, Fundación Editorial El perro y la rana, 2017, p. 15. [En línea: 7 de junio del 2023] Disponible en: http://biblioteca.clacso.edu.ar/Venezuela/fundavives/20170102055815/pdf_132.pdf

8 *Cfr.* Gallardo García, Martín, "El derecho humano de los estudiantes a disponer de las tecnologías de la información y de la comunicación para acceder a una educación integral de calidad: efecto del COVID-19", p. 203 en: Arroyo Cisneros, Edgar Alán, Nevárez del Rivero, Joel Ricardo, Contreras Cortés, Luis Fernando (coords.) *Derechos humanos y nuevas tecnologías. Retos en el constitucionalismo democrático,* España, Valencia, tirant lo blanch, 2023.

9 Montoya Zamora, Raúl, "El derecho de acceso a la justicia y el uso de las nuevas tecnologías en el contexto de la pandemia COVID-19 en México", *ibídem,* p. 219.

deber de respetarlos o de garantizarlos, entonces, serán los jueces los que deben intervenir para protegerlos.

Podemos dejar establecido que los derechos humanos son derechos inherentes a todos los seres humanos, sin distinción alguna de nacionalidad, lugar de residencia, sexo, origen étnico, color, religión, lengua, o cualquier otra condición. Estos derechos tienen rasgos esenciales, que son: universalidad, inviolabilidad, imprescriptibilidad, inalienabilidad, irreversibilidad y progresividad.[10]

La concepción de derechos humanos se concuerda con la aseveración de la dignidad de la persona ante el Estado. La colectividad moderna acepta que todos los individuos, por el sólo hecho de ser humanos, poseen derechos frente al Estado, y por tal virtud, este respecto de aquellos adquiere la obligación de respetarlos, protegerlos, promocionarlos y garantizarlos. De la misma manera, llevar a cabo la organización de su estructura y su orden jurídico-político, con el propósito de garantizar su completa ejecución. Igualmente, estos derechos establecen términos y fines del ejercicio del poder público, son en consecuencia, indisolubles de la noción de Estado moderno, por lo menos en lo que respecta a que su arquetipo es el Estado de Derecho.

El derecho internacional de los derechos humanos decretó las obligaciones para los gobiernos de tomar medidas en expresas situaciones, o de abstenerse de actuar de determinada forma en otras, a fin de promover y proteger los derechos humanos y las libertades fundamentales de los individuos o grupos.[11]

En conclusión, de manera resumida es viable determinar que los derechos humanos son todos aquellos que le son inherentes a

---

10 Ramírez García, Hugo Saúl y Pallares Yabur, Pedro de Jesús, *Derechos humanos*, Oxford University Press, México, Ed. Progreso, 2011, p. 57.

11 Naciones Unidas, Derechos Humanos, Oficina del Alto Comisionado, *¿Qué son los derechos humanos?* México. [En línea: 9 de junio del 2023] Disponible en: https://hchr.org.mx/derechos-humanos/que-son-los-derechos-humanos

las personas por el solo hecho de ser humanos, que los derechos fundamentales son los derechos humanos positivizados y que las garantías constitucionales son las herramientas jurídicas para proteger y hacer valer esos derechos cuando estos hayan sido violados.[12]

2.2. Democracia Constitucional, distintas ópticas y definición

Ahora vamos a explorar lo referente al término democracia constitucional, iniciamos diciendo que la democracia contemporánea tiene variadas maneras de interpretación, no obstante únicamente algunas logran a expresar las complejidades de sus contenidos. Es por ello, que es necesario diferenciar entre una democracia formal y una democracia sustancial. En tanto que la primera se concibe desde una óptica procedimental, la segunda apela a los contenidos. Esto significa que, tanto en lo jurídico como en lo político, la democracia formal la considera como un procedimiento, mientras que la democracia sustancial la refiere como un conjunto de contenidos.[13]

El reconocido jurista Luigi Ferrajoli, plantea que la democracia de acuerdo con el pensamiento preponderante, consistiría en un procedimiento de construcción de las decisiones públicas, más preciso aun, radicaría en el acervo de "criterios del juego" que le asignan a la generalidad de los integrantes de la comunidad, el poder, ya sea directo, o bien, mediante sus representantes, de tomar dichas decisiones públicas. Cabe decir, que esta además de ser la acepción etimológica, es la noción de la democracia participativa, lo cual se da de una forma muy cercana a la unanimidad, refiriéndonos a la generalidad de sus sobresalientes teóricos: des-

---

12 Vázquez Melero, Alejandro, *El arraigo penal injustificado y la responsabilidad patrimonial del Estado*, México, Editorial UJED, 2021, p. 36.

13 Arroyo Cisneros, Edgar Alán, *Democracia y constitución. Una mirada desde la sociedad civil*, México, tirant lo blanch, 2019, p. 51.

de Kelsen a Bobbio, de Schumpeter a Gahl, y de Popper a Waldron, de la teoría y de la filosofía políticas.[14]

Es factible denominar formal o procedimental la mencionada definición, de facto esta equipara a la democracia únicamente sobre de las bases y de los aptos para avalar el deseo popular, dicho de otra manera, mediante la base del "quien" –la comunidad o a través de sus representantes- y del "como" –la regla de la mayoría- de las decisiones, aparte de sus incluidos, sin importar de los que se trate, inclusive un método en el que se resuelva por la mayoría la eliminación de una minoría, se trataría a la vista de este razonamiento "democrático".[15]

De tal modo que, se puede entender que la democracia se constituye como un sistema político y de organización social, en el cual se otorga la facultad de decidir en la dirección del Estado –esto es, la soberanía- a la comunidad, que se manifiesta a través de la voluntad de la mayoría. Dicho poder se puede pronunciar de manera directa o indirecta y, al interior del cerco de la democracia, aguardando que las instituciones realicen y protejan la decisión del pueblo, que les traslada o encomienda el control del Estado en mayor o menor proporción.

Es interesante hacer alusión que, en el año 2002, la Comisión de Derechos Humanos de la ONU, declaró en la resolución 2002/46 los elementos básicos de la democracia, los cuales son los siguientes: 1) El respeto de los derechos humanos y de las libertades fundamentales, así como la libertad de asociación; 2) La libertad de expresión y de opinión, el acceso al poder y su ejerci-

---

14 *Cfr.* Ferrajoli, Luigi, *Democracia constitucional y derechos fundamentales. La rigidez de la constitución y sus garantías*, 2012, p. 1. [En línea: 12 de junio del 2023] Disponible en: https://www.pensamientopenal.com.ar/system/files/2012/08/doctrina34481.pdf

15 *Cfr.* Bovero, Michelangelo y Ferrajoli, Luigi, *Teoría de la Democracia. Dos perspectivas comparadas,* México, Instituto Nacional Electoral, 2020, pp. 13 y 14. [En línea: 15 de junio del 2023] Disponible en: https://www.ine.mx/wp-content/uploads/2021/02/CM13_baja.pdf

cio de conformidad con el estado de derecho; 3) La celebración de elecciones periódicas libres e imparciales por sufragio universal y mediante voto secreto como expresión de la voluntad de la población; 4) Un sistema pluralista de organizaciones y partidos políticos; 5) La separación de poderes; 6) La independencia del poder judicial; 7) La transparencia y la rendición de cuentas en la administración pública; y 8) Unos medios de comunicación libres, independientes y pluralistas.[16]

Por otra parte, es viable decir que la democracia contiene tres aspectos al mismo tiempo,: 1) una estructura jurídica, esto es, un conjunto de normas, principios e instituciones que regulan la vida del hombre en sociedad y que se conciben como un sistema; 2) un régimen político, en virtud de la dimensión colectiva que le concierne a la democracia como un régimen para la toma de decisiones y para prestar atención a quiénes lo hacen y cómo lo llevan a cabo; y 3) un sistema de vida, en tanto fulgura como un aspecto idealista, es relevante en el ámbito de la globalización, el multiculturalismo y la pluralidad.[17]

Siguiendo a Ferrajoli, dice que las garantías constitucionales de los derechos fundamentales son también garantías de la democracia. Por lo que ha articulado la noción de democracia constitucional, partiendo de su vínculo con las cuatro grandes categorías de derechos fundamentales que él considera: la democracia política, sostenida por la garantía de los derechos políticos; la democracia civil, consolidada por la garantía de los derechos civiles; la democracia liberal -o liberal/democracia- afianzada por la garantía de los derechos de libertad; y la democracia social -o social/

---

16 Comisión de Derechos Humanos de la ONU, *Resolución 2002/46, Nuevas medidas para promover y consolidar la democracia*, [En línea: 12 de junio del 2023] Disponible en: https://ap.ohchr.org › E-CN_4-RES-2002-46

17 *Cfr.* Nevárez del Rivero, Joel Ricardo, "Deporte y Democracia. Algunos vínculos problemáticos", en: Peña-Ramos, José Antonio y De la Garza Montemayor, Daniel Javier (coords.), *Los riesgos de las democracias contemporáneas*, México, tirant lo blanch, 2021, p.119.

democracia-, apoyada por la garantía de los derechos sociales. Es factible, en realidad, equiparar el nivel de legitimidad del ordenamiento de una democracia constitucional con el nivel de eficacia de las garantías de los derechos constitucionales considerados en esta. Si la dimensión formal de la democracia constitucional es expresión de sus normas de reconocimiento, la dimensión sustancial lo es de su razón social.[18]

Por su parte, Barberis señala que la democracia constitucional define a la democracia en términos de derechos, de modo que el énfasis en los derechos coincida con el Estado constitucional, caracterizado por la rigidez de la Constitución y el control de legitimidad constitucional de las leyes.[19]

Es posible aseverar que una democracia se instituye como constitucional en el momento en que existen linderos jurídicos a la originaria y exclusiva decisión del poder constituyente; por lo cual una democracia constitucional reconoce el respeto a los derechos fundamentales que preceden, determinan y legitiman la práctica de la soberanía en una nación. En tal virtud, la democracia constitucional contemporánea no permite que una voluntad mayoritaria, trasgreda los principios del estado de derecho o suprima los principios fundamentales en los que se fundamenta la organización representativa del poder y la salvaguardia de los derechos de los ciudadanos.

2.3. Forma de Gobierno, diversas consideraciones y definición

La forma, régimen, tipo, sistema o modelo de gobierno, régimen político o sistema político, son algunas de las diversas maneras de nombrar a este concepto esencial de la ciencia política y la teoría del Estado o derecho constitucional; el cual radica en un método de dirección y administración escogido por la pobla-

---

18 *Cfr.* Ferrajoli, Luigi, *Democracia constitucional y derechos... óp. cit.* p. 7.

19 Barberis, Mauro, *Ética para juristas*, Madrid, Ed, Trotta, 2008, p. 81.

ción de un Estado para instituirlo como centro del poder político. Desempeña una tarea determinadora de la acción política y es común, que sea examinado tomando en cuenta tres componentes: los actores, las instituciones involucradas y el conjunto de funciones. Básicamente esta institución hace referencia al modo en que se estructura el poder político, considerando los modos de formación de los órganos esenciales del Estado, sus poderes y sus relaciones, con el propósito de ejercer su autoridad mediante las funciones de administrar, organizar y ordenar a un territorio y su población.[20]

Bobbio expone, que en el curso de la historia hemos conocido variados sistemas de gobierno, según el grado y número de participación de los gobernados, es así que en la usanza clásica de la ciencia política se distinguen tres clasificaciones de formas de gobierno: la de Aristóteles, la de Maquiavelo y la de Montesquieu.[21]

Ahora bien, en la actualidad tenemos diversos modelos de gobierno que rigen la vida social y política de los distintos países de mundo, algunas de dichas formas están basadas en los criterios usados por los autores antes mencionados, unas mixtas, y otras son totalmente diferentes, las que serán abordadas posteriormente.

El filósofo Aristóteles, en su obra "Política", explica las seis formas posibles de gobierno, las que clasifica en dos grupos, que a su vez se fragmentan en tres clases. Así, en el primer grupo tenemos las formas puras o rectas –buenas-: Son las que buscan el bien común y tienen en consideración los intereses de la población a la que gobiernan, y practican rigurosamente la justicia. Estas se dividen en tres tipos: 1) Monarquías: Son los gobiernos encabezados por un solo individuo, coronado como rey, monarca o equivalente, para el bien común; 2) Aristocracias: El gobierno está compuesto por unos pocos privilegiados –supuestamente los

---

20 *Cfr.* Gómez Díaz de León, Carlos, *Sistema político y formas de gobierno,* México, UANL, 2015, pp. 40-42.

21 Bobbio, Norberto, *Estado, Gobierno y Sociedad,* México, Fondo de Cultura Económica, 1989, p. 144.

mejores-, que ejercen su poder con el propósito de generar el bien de la mayoría de la comunidad; y 3) Democracias: El gobierno está integrado por muchas personas, quienes toman en cuenta la opinión de las masas para el beneficio de estas. En el segundo grupo están las formas impuras -corruptas o ilegales-: Son las que solamente sirven a los intereses de quienes ejercen el poder y no tienen en consideración a la población gobernada. Son la degradación de las formas puras. Están integradas por las siguientes: 1) Tiranías: Gobierno de uno solo para su propio beneficio. Una sola persona ejerce el poder mediante la fuerza o la intimidación, sin que exista respeto por las leyes; 2) Oligarquías: El gobierno es ejercido a través de unos cuantos ricos -una minoría privilegiada-, que siempre está protegiendo exclusivamente sus intereses y excluye los de la comunidad; y 3) Demagogias: Gobiernan muchos para su exclusivo beneficio. Se caracteriza por la manipulación y el engaño, ya que las personas que están en el poder, le dicen al pueblo lo que este desea escuchar para así tenerlo satisfecho, desde luego no les cumplen lo que les ofrecen.[22]

A continuación está la categorización que le concierne a Maquiavelo,[23] el cual en su obra “El príncipe”, reduce su clasificación a dos formas de gobierno, ya que toma en consideración el hecho de que se trate del gobierno por uno solo, por varios, o bien, por un cuerpo colegiado. Aun cuando diferencia entre repúblicas aristocráticas y democráticas, la discrepancia primordial se distingue por la cantidad de personas que intervienen en la actividad gubernamental.

Por último, tenemos a Montesquieu quien en su obra “El espíritu de las leyes”,[24] regresa a la triple clasificación, ya que vuelve a considerar las dos formas que plantea Maquiavelo, es decir, República –Democracia- y Monarquía, adicionando una degeneración

---

22 Aristóteles, *Política,* España, Editorial Gredos, 1988, pp. 166-174.

23 Maquiavelo, Nicolás, *El príncipe,* claleph.com, 1999, pp. 6-48.

24 De Secondat, Charles Louis (Montesquieu), *El espíritu de las leyes,* México, PRD, 2018, pp. 118 y 119.

del gobierno de uno solo al añadir el despotismo, que se caracteriza en que el poder también recae en una persona, pero sin ley, ni regla alguna, ya que el soberano gobierna utilizando su poder para imponer su propia voluntad y sus caprichos en beneficio personal, dejando a un lado los intereses del pueblo al que gobierna.

3. FORMAS DE GOBIERNO EN EL MUNDO ACTUAL

En el mundo contemporáneo, los diversos países que lo componen tienen distintas formas de gobierno, en algunos casos son iguales, en diversos son semejantes y en otros son totalmente diferentes. El sistema de gobierno de cada nación obedece en términos generales y en gran medida a su historia, es decir, a sus usos y costumbres, así como al desarrollo de su pueblo y de su nación. Asimismo, concurre la variante de que cuando existen fuertes inconformidades con el sistema que se tiene en un país determinado, se suscitan conflictos internos, tales como levantamientos o rebeliones que pueden llevar a guerras civiles, con el fin de cambiar o abolir el régimen o forma de gobierno que se tiene, con el que se está en descontento.

Enseguida exploraremos algunos de los diversos regímenes de gobierno, es decir, las distintas formas de ejercicio del poder y toma de decisiones, con el propósito de dirigir, administrar y establecer las reglas de un Estado, que se están llevando a cabo en diferentes naciones en el mundo contemporáneo, así como las características elementales de cada uno de ellos. Entre los que tenemos los siguientes: 1) La democracia presidencial; 2) El sistema parlamentario; 3) El sistema semipresidencial; 4) La monarquía constitucional; 5) La república unipartidista; y 6) La dictadura.

1) La democracia presidencial: se distingue por el pleno derecho a la legitimidad democrática del presidente, pero también del Congreso, porque los dos órganos del Estado fueron elegidos de forma directa por los votantes, está basada en el principio de la soberanía popular, en la que, una vez constituida una república, la Constitución establece una división de poderes entre el poder eje-

cutivo, el poder legislativo y el poder judicial, se identifica en que el jefe de Estado, además de ostentar la representación formal del país, es también parte central del poder ejecutivo, es decir, jefe de gobierno, ejerciendo así una doble función, porque le corresponden facultades propias del gobierno; en este sistema los periodos políticos están determinados previamente por la ley.[25]

La principal cualidad de este sistema consiste en la separación entre el poder legislativo y el poder ejecutivo, se debe recordar que ambos poderes proceden del voto popular, lo cual produce una duplicidad de poderes. Dicha peculiaridad se despliega debido a que el titular del poder ejecutivo, esto es, el presidente y el poder legislativo, depositado en el congreso, tiene cada uno de ellos una autonomía alterna, la cual resulta de su votación independiente. Es importante revelar, que para sobrevivir no se necesita uno del otro, sin embargo, para constituirse en gobierno si se requieren en conjunto. La complicación surge en el momento en que la mayoría de los congresistas en el poder legislativo, constituyen una alternativa diferente a la del presidente, lo que trae como consecuencia, la probabilidad de que la obstrucción y los problemas se presenten en cualquier momento. Algunos ejemplos de países con este modelo de gobierno son: casi todos los países latinoamericanos y Estados Unidos de América.

2) El sistema parlamentario: este modelo es en el que la integración del gobierno está cimentada en una cámara o asamblea, denominada parlamento, en la cual existe un criterio representativo que establece las políticas de su integración, y su duración obedece a la aprobación de la mayoría parlamentaria, que es posible surgir solamente de las votaciones, pero también puede nacer de algunas coaliciones. Existen tres tipos básicos de modelos parlamentarios, que son los siguientes: a) El de tipo inglés, cono-

---

25 *Cfr.* Linz, Juan J., Democracia presidencial o parlamentaria: "¿Qué diferencia implica?", en: Linz, Juan J. y Valenzuela, Arturo (comps), *La crisis del presidencialismo, vol. I. Perspectivas comparadas*, España, Alianza, 1997, pp. 33-38.

cido como sistema de primer ministro o de gabinete, en este el ejecutivo predomina sobre el parlamento; b) El de tipo francés, cuyo gobierno es mediante asamblea; y c) el reconocido como parlamentarismo controlado por partidos, mismo que es referido como un punto intermedio entre los dos sistemas anteriormente mencionados.[26]

Algunas de las cualidades que generalmente tienen los sistemas parlamentarios son: 1) el Parlamento elije al jefe de gobierno; 2) el Parlamento no comparte con ningún otro órgano del Estado la dirección de los asuntos públicos -el gobierno-;3) el poder legislativo se divide en dos cámaras; 4) el jefe de Estado tiene una función simbólica, ya que no dispone de atribuciones políticas; 5) las prerrogativas del ejecutivo se ejercen por medio del gabinete alrededor del primer ministro; 6) el gobierno surge y se mantiene gracias al respaldo de la mayoría parlamentaria; 7) el primer ministro y su gabinete están sujetos al control político, a través de diversos mecanismos, por parte del Parlamento, 8) la integración del Parlamento traduce la estructura del sistema de partidos; y 9) el Parlamento puede destituir gobiernos y el ejecutivo disolver al Parlamento.[27] Algunos ejemplos de países con este modelo de gobierno son: Alemania, Italia, Serbia, Hungría, Islandia, Croacia, entre otros.

3) El sistema semipresidencial:[28] este tipo de sistema también conocido como mixto, avanza en una dirección distinta de los sistemas presidenciales y parlamentarios, se caracteriza en que la división de poderes tiene un grado mayor de complejidad que en los anteriores, porque el ejecutivo y el legislativo se encuentran separados y unidos al mismo tiempo. El presidente es autónomo, sin embargo, comparte el poder con un primer ministro; a su vez,

---

26 Espinoza Toledo, Ricardo, "Sistemas parlamentario, presidencial y semipresidencial", en: *Cuadernos de Divulgación de la Cultura Democrática*, Núm. 20, México, Instituto Nacional Electoral, 2016, pp. 23-39.

27 *Ídem*

28 *Ibídem*, p. 75.

el primer ministro procede del parlamento y debe conseguir su apoyo continuamente. El poder ejecutivo se divide entre un jefe de Estado –el presidente de la república– y un jefe de gobierno o primer ministro. Cada uno tiene un origen distinto: mientras que el presidente de la república surge directamente del voto popular, el jefe de gobierno es designado por la mayoría parlamentaria. El presidente de la república nombra a este último, en efecto, pero siempre atendiendo al partido o a la coalición mayoritaria en el Parlamento.[29] Algunos países que tienen este sistema de gobierno son: Rumania, Mongolia, Ucrania, República de Haití, República de Armenia, entre otros.

4) La monarquía constitucional: consiste en un sistema de gobierno ejercido por un rey, en el que concurre una separación de poderes y por lo cual el rey comparte el poder político con otras instituciones, tales como un parlamento y un tribunal de justicia. Es una forma de Estado en la que existe separación de poderes; usualmente el rey es el titular del poder ejecutivo, no obstante, del mismo modo en algunos casos es posible que ejerza la jefatura del Estado en un aspecto estrictamente protocolario o representativo, mientras que el poder legislativo, lo ejerce una asamblea o parlamento, habitualmente electo por los ciudadanos. En todo caso, esta clase de monarquías, se caracterizan por conciliar la autoridad vitalicia del rey con las instituciones republicanas, además, la actuación del monarca está siempre sujeta a los dictámenes de una constitución escrita o no escrita. En ello estas monarquías se diferencian de las monarquías absolutas, en las que la voluntad del monarca se hace ley.[30] Algunos países que tienen este sistema de gobierno son: Países Bajos, Bélgica, Reino Unido, Suecia, Mónaco, entre otros.

---

29 *Cfr.* Sartori, Giovanni, "Ingeniería constitucional comparada", México, Fondo de Cultura Económica (FCE), 1994, pp. 136-149, citado en: Espinoza Toledo, Ricardo, *Sistemas parlamentario, presidencial y... op. cit.* p. 77.

30 *Cfr.* Bogdanor, Vernon, "*The Monarchy and the Constitution*", United States, Oxford University Press, 1996, pp. 14-17.

5) República unipartidista: esta forma de gobierno se fundamenta en la presencia legal de un único partido político, que puede ser capaz de acceder al poder,[31] o porque un solo partido entre varios concentra las oportunidades y ventajas. El unipartidismo puede establecerse de facto o mediante la promulgación de leyes que lo legitimen, es por ello, que los sistemas unipartidistas fácilmente resultan en dictaduras abiertas.

A diferencia de una dictadura clásica, los regímenes unipartidistas convocan a elecciones con el propósito de demostrar su legitimidad. Por ende, en estos escenarios, las elecciones libres no prueban la existencia de democracia. Obviamente, que el carácter democrático de este sistema está ampliamente cuestionado, si bien es cierto que a la vez tampoco encaja exactamente con el concepto de dictadura, ya que en esta última o no existen elecciones o están muy limitadas. Algunos países que tienen este sistema de gobierno son: Cuba, Corea del Norte y China.

6) La dictadura: en este sistema de gobierno se presenta la figura del dictador, mismo que ostenta el control absoluto y dominante del país que rige, sin someterse a ningún tipo de limitaciones y con la facultad de promulgar y modificar leyes a su voluntad. Además, al contrario de lo que ocurre en la monarquía absoluta, no se intenta mantener una imagen pública positiva ante los ciudadanos, simplemente se manda sobre ellos, lo cual lleva a cabo mediante el uso de la intimidación, el castigo y las armas. Algunos países que tienen este sistema de gobierno son: Cuba, Venezuela, Nicaragua, Bolivia, Corea del Norte, China, Eritrea, Laos, Vietnam, entre otros.

Se puede expresar, que la forma de gobierno más desarrollada y aceptada en el mundo por su respeto a los derechos humanos, es la democracia presidencial.

---

31 Real Academia Española (RAE), *unipartidismo.* [En línea: 19 de junio del 2023] Disponible en: https://dle.rae.es/unipartidismo

4. HISTORIA DE LAS FORMAS DE GOBIERNO EN MÉXICO, LÍNEA DEL TIEMPO

Desde la prehistoria al actual siglo XXI, en México han existido diversos tipos de gobierno. A continuación se presenta la línea del tiempo que permitirá tener un panorama general al respecto, con lo que se podrá reflexionar como han influido los cambios en la historia de nuestro país.

Antes de que se fundara México como país, existieron diversas culturas prehispánicas que practicaban la teocracia, con lo que nos referimos a una forma de gobierno que estaba influida por cuestiones religiosas, la que prácticamente consistía en una monarquía, posteriormente durante la época colonial se dio el virreinato de la Nueva España, en dicho periodo se tuvo el régimen de gobierno monárquico desde España; de 1821 a 1822 después de obtener su independencia, aparece el primer Imperio mexicano a cargo de Agustín de Iturbide, fue de poca duración y hubo muchos conflictos entre liberales y conservadores; en 1823 se presentó el Supremo poder ejecutivo, fue un triunvirato –tres personas que ocuparon el poder ejecutivo- como preámbulo al nacimiento del país; de 1824 a 1835 surge la primera República federal, se establece por medio de una Constitución con mucha influencia de la Constitución de Estados Unidos de América; de 1836 a 1845 se tuvo la República centralista con ideas conservadoras, en esta época México fue muy endeble debido a que enfrentó dos invasiones, una por Francia y la otra por Estados Unidos; de 1846 a 1852 se da la segunda República federal o liberal, retornan los liberales mexicanos, este régimen se implantó debido al fracaso de los conservadores; de 1853 a 1856 estuvo la Dictadura de Antonio López de Santa Anna, por la que se optó debido a los grandes problemas y la fuerte inestabilidad como nación, demandándose así un gobierno fuerte; de 1857 a 1860 con Ignacio Comonfort como presidente, se instauró la forma de gobierno republicana, representativa, democrática y federal; de 1861 1863 estuvo Benito Juárez como presidente; de 1864 a 1867 estuvo el segundo Imperio mexicano, el cual se presentó debido a la segunda invasión de los franceses que instauraron la monarquía liberal dirigida por Maximiliano de Habsburgo y Carlota; de 1867 a 1876 se tuvo una República restaurada con el retorno de los liberales, vuelve Benito Juárez como presidente, fue una etapa de muchos conflictos entre los mismos liberales, los conservadores desaparecen del mapa político; de 1877 a 1909 surge la dictadura de Porfirio Díaz, la cual fue de larga duración, con mucha represión política, la mayoría de la población estaba sin progreso económico, la riqueza se concentró en pocas familias.

De 1910 a 1912 se tienen gobiernos revolucionarios entre ellos el de Francisco I. Madero, el cual fue elegido democráticamente, sin embargo, debido a sus ideales terminó trágicamente; de 1913 a 1928 estuvo la Dictadura de Victoriano Huerta, que usando la fuerza se autoproclamó presidente de México; en 1920 hubo gobiernos de caudillos como Álvaro Obregón y Plutarco Elías Calles; en 1929 aparece el régimen priista "la dictadura perfecta", PNR, PRM y PRI, es el mismo partido con diferentes nombres, que gobernó por setenta años; del 2000 al 2012 se tiene la alternancia democrática presidencial con el PAN, Vicente Fox Quezada es el primero y luego Felipe Calderón Hinojosa; en el 2012 regresa el PRI con Enrique Peña Nieto; en 2018 asume la presidencia el partido Morena con Andrés Manuel López Obrador, con un gobierno de izquierda, con claros matices de populismo.[32]

Como se puede observar, el término derechos humanos no tuvo presencia en los regímenes que se tuvieron durante el siglo XIX, lo que es posible percibir en la línea del tiempo, en la que se estudiaron los diferentes sistemas de gobierno que ha tenido nuestro país. Sin embargo, la inquietud por los derechos humanos se convirtió en una constante en nuestro país a partir de lograr su independencia, al prohibirse la esclavitud y que los insurgentes pugnaron lograr que a los campesinos se les pagara un

---

[32] Pérez Argüelles, Gilberto, *Historia de las formas de gobierno en México, línea del tiempo,* [En línea: 12 de junio del 2023] Disponible en: https://www.youtube.com/watch?v=yHsUSwCVWXY

salario digno, que fueron los debates legislativos de Querétaro en el año 1916, lo cual fue la plataforma de lanzamiento de la primera declaración Constitucional de derechos sociales en el mundo.

5. DDHH, DEMOCRACIA CONSTITUCIONAL Y FORMA DE GOBIERNO EN MÉXICO

La incorporación a nuestra Constitución de los derechos humanos como tales, tiene poco tiempo de haberse llevado a cabo. Si bien es cierto, como se mencionó anteriormente, los derechos económicos, sociales y culturales, que tienen que ver con la presencia de circunstancias de vida y de acceso a los bienes materiales y culturales en condiciones propicias a la dignidad humana, emergieron por primera vez en la Constitución mexicana de Querétaro de 1917.

Ahora bien, derivado de las guerras mundiales que impactaron el siglo XX, fueron el detonante para la universalización de los derechos humanos. Lo que sucedió al interior del marco de la Organización Internacional del Trabajo, antes y después de la instauración de la Organización de las Naciones Unidas, se logró la creación y puesta en vigencia de cuantiosas convenciones relacionadas todas, en el más extenso sentido, con la custodia de los derechos humanos.[33]

Es importante señalar, que tan pronto se promulgó la Declaración Universal de Derechos Humanos, las Naciones Unidas se plantearon la formulación de un convenio o tratado, como movimiento fundamental para la salvaguardia internacional de los derechos humanos. Dicha protección tenía que ser creada en el derecho internacional a través del acogimiento y promulgación de los tratados y convenios, por conducto de los Estados que fueran

---

33 Barajas Montes de Oca, Santiago, "La O.I.T. y los derechos humanos del trabajador", en: Fix-Zamudio, Héctor, *Liber Amicorum,* Costa Rica, V. I. Secretaría de la Corte Interamericana de Derechos Humanos, 1998, pp. 415-421.

miembros y se comprometieran a respetar los derechos en ellos proclamados, asimismo, que instauraran paralelamente, medios internacionales para su protección.

Como se puede observar, es prácticamente al inicio de la presencia de los diversos organismos internacionales de Derechos Humanos, consagrados al resguardo y promoción de estos, así como de los instituidos por la sociedad civil organizada, con lo que se ha establecido un antes y un después en la presencia del sistema democrático constitucional. La democracia constitucional como sistema de gobierno, se instituye como una referencia mundial para la salvaguardia de los derechos humanos; toda vez que suministra un ambiente ideal para la defensa y la obtención real de los derechos humanos.

En palabras de Miguel Carbonell, la democracia constitucional es un régimen de gobierno que mezcla principios formales y sustanciales: por un lado las normas formales relativas a quién y cómo gobierna; por otra parte las normas sustanciales que señalan lo que se puede realizar por las autoridades y lo que no puede dejar hacerse, como expresión de los mandatos mediante los cuales se recogen los derechos fundamentales. Así, la democracia contemporánea asegura la igualdad de derechos a todas las personas, garantizando el principio de la soberanía, que se entenderá como cualidad del Estado -la soberanía nacional, planteada el surgimiento del Estado moderno-, como una expresión de los derechos fundamentales universales. El individuo es así el efectivo soberano, como titular de los derechos de libertad, de igualdad y sociales, permitiéndole desarrollar una vida dotada de sentidos y significados elegidos por él mismo; una vida ajena de actos arbitrarios derivados de poderes públicos y privados, que sea desarrollada con plenitud y de forma consciente.[34]

En el mundo contemporáneo, una vez que se ha conseguido la más grande democratización en la mayoría de los países, ha

---

34 Carbonell, Miguel, *Derechos fundamentales y democracia*, México, Instituto Nacional Electoral, 2016, pp. 16 y 17.

empezado a suceder que gran parte de esas democracias aparentan estar retrocediendo. Ya que diversos gobiernos parece que están disminuyendo a propósito los controles autónomos de sus poderes, sofocando las detracciones y críticas tanto locales como internacionales, al estar aboliendo los mecanismos de supervisión democrática y mediante la búsqueda del aseguramiento de su poderío a largo plazo, lo que está generando un impacto nocivo en los derechos humanos de su población.

En México, la reforma en materia de derechos humanos de 2011, se instituyó como la conclusión de un extenso y difícil proceso, el cual, al mismo tiempo fue el primer peldaño de un renovado ciclo de reformas políticas, jurídicas, institucionales y sociales. Las trascendencias posibles de dicho ejercicio constitucional surgen fundamentalmente de cinco líneas trascendentales: 1) La determinación de los deberes de las autoridades; 2) La relevancia en el resguardo de los derechos humanos a partir de las políticas públicas; 3) La extensión de la posesión de los derechos; 4) El incremento del conjunto de derechos humanos; y 5) El refuerzo de los organismos de defensa, tanto jurisdiccionales, como no jurisdiccionales.

De tal forma que, al llevar a cabo un análisis de la citada reforma en materia de derechos humanos de 2011 y la relacionamos con la reforma en materia de seguridad y justicia realizada en el año 2008, así como con la reforma en materia de amparo decretada igualmente en el año 2011, se pueden obtener demostraciones legitimas de que la postura constitucional mexicana está encaminada hacia el logro de un sistema de gobierno democrático constitucional.

Es esencial considerar que una clara manifestación de que nuestro régimen de gobierno está buscando lograr una democracia constitucional, consiste en que derivado de la susodicha reforma constitucional en materia de derechos humanos del año 2011, se instauró un modelo interpretativo novedoso basado en los principios *pro personae* y de la interpretación conforme, que se encuentran consagrados en el artículo 1°, segundo párrafo, de la

Carta Magna de nuestro país, los cuales al realizar una exégesis de las normas con base en dichos principios, permiten entenderlas desde una visión optimizadora de los derechos de libertad de las personas; esto es, se considera que se trata de un método hermenéutico, que más allá de buscar una adecuación gramática estricta de la situación fáctica al mandato legal, procura una aplicación razonable y lo más benéfica posible para las personas, en mérito de los estándares previstos por el bloque o parámetro de regularidad de constitucionalidad y de convencionalidad.[35]

Si no se contara con el factor democratizador, sería imposible entender la procedencia y las trascendencias de las innovaciones en el tema de derechos humanos, derivadas de la mencionada reforma constitucional de 2011. No únicamente por motivo de las reformas que en dicho tema aumentaron, en tanto las evoluciones políticas se consolidaban, sino que, de igual forma y más aún, debido a la diversidad política y su presencia institucional es un componente primordial, para impulsar numerosos de los dispositivos de garantía de los mismos derechos. Es suficiente con razonar en las herramientas que brindan las acciones de inconstitucionalidad, así como las controversias constitucionales contenidas en el numeral 105 constitucional, para comprender el punto de vista de esta aseveración.

Por lo anteriormente mencionado, es loable reflexionar que la multicitada reforma en materia de derechos humanos de 2011, se instituyó como una reforma a partir de la democracia, con el firme propósito de lograr su consolidación. El objetivo de sus consecuencias, están encauzadas directamente hacia el fortalecimiento y afianzamiento de la democracia nacional, y de la misma manera

---

35 Valles Santillán, Gabriela Guadalupe, "La transición de la justicia constitucional en México impulsada desde el año 2011: Análisis a más de una década de impulso", en: Valles Santillán, Gabriela Guadalupe, Carreón Gallegos, Ramón Gil y Vázquez Melero, Alejandro (coords.), *Derechos humanos y democracia en el siglo XXI. Problemáticas y propuestas*, México, tirant lo blanch, 2022, p. 18.

a la ratificación de una democracia constitucional como forma de gobierno en México.

6. CONCLUSIONES

Primera. El vínculo existente entre los derechos humanos y la democracia, se instituye como un dispositivo de vital trascendencia para el diseño e implementación de las democracias constitucionales.

Segunda. La democracia constitucional como sistema de gobierno, es un punto de referencia internacional para la protección de los derechos humanos; suministra un ambiente para la salvaguardia y la ejecución efectiva de los derechos humanos.

Tercera. Para que México consolide una forma de gobierno de tipo democrático constitucional, es necesario que establezca un régimen de gobierno que combine principios formales y sustanciales: por una parte, las reglas formales referentes a quién gobierna y cómo llevará a cabo sus acciones de gobierno; y por otra parte, las reglas sustanciales que señalan que es factible de ejecutarse, así como lo que no debe abstenerse de realizar por parte de la autoridad, ello como manifestación de las disposiciones mediante las que se acopian los derechos humanos.

Cuarta. Actualmente, concurren resquicios mediante las cuales se cuelan en la agenda política de ciertas naciones, determinadas inclinaciones políticas colectivas o intereses particulares, lo que permite establecer que no se tiene, o por lo menos no se identifica hoy en día, algún régimen o forma de gobierno, que sea llevado a la práctica, el cual constituya un escenario de democracia absoluta y pura. Por el contrario, lo que existe son múltiples y complicados modelos o sistemas de gobiernos, cada cual con rasgos propios, así como con beneficios y adversidades.

7. FUENTES CONSULTADAS

Aristóteles, *Política,* España, Editorial Gredos, 1988.

Arroyo Cisneros, Edgar Alán, *Democracia y constitución. Una mirada desde la sociedad civil,* México, tirant lo blanch, 2019.

Barajas Montes de Oca, Santiago, "La O.I.T. y los derechos humanos del trabajador", en: Fix-Zamudio, Héctor, *Liber Amicorum,* Costa Rica, V. I. Secretaría de la Corte Interamericana de Derechos Humanos, 1998.

Barberis, Mauro, *Ética para juristas,* Madrid, Ed, Trotta, 2008.

Bobbio, Norberto, *Estado, Gobierno y Sociedad,* México, Fondo de Cultura Económica, 1989.

Bogdanor, Vernon, "*The Monarchy and the Constitution*", United States, Oxford University Press, 1996.

Bovero, Michelangelo y Ferrajoli, Luigi, *Teoría de la Democracia. Dos perspectivas comparadas,* México, Instituto Nacional Electoral, 2020. Disponible en: https://www.ine.mx/wp-content/uploads/2021/02/CM13_baja.pdf

Carbonell, Miguel, *Derechos fundamentales y democracia,* México, Instituto Nacional Electoral, 2016.

Comisión de Derechos Humanos de la ONU, *Resolución 2002/46, Nuevas medidas para promover y consolidar la democracia,* Disponible en:

https://ap.ohchr.org › E-CN_4-RES-2002-46

De Secondat, Charles Louis (Montesquieu), *El espíritu de las leyes,* México, PRD, 2018.

Carreón Gallegos, Ramón Gil, *La evolución de los derechos humanos en México,* México, Editorial Flores, 2018.

Espinoza Toledo, Ricardo, "Sistemas parlamentario, presidencial y semipresidencial", en: *Cuadernos de Divulgación de la Cultura Democrática,* Núm. 20, México, Instituto Nacional Electoral, 2016.

Ferrajoli, Luigi, *Democracia constitucional y derechos fundamentales. La rigidez de la constitución y sus garantías,* 2012. Disponible en: https://www.pensamientopenal.com.ar/system/files/2012/08/doctrina34481.pdf

Gallardo García, Martín, "El derecho humano de los estudiantes a disponer de las tecnologías de la información y de la comunicación para acceder a una educación integral de calidad: efecto del COVID-19", en: Arroyo Cisneros, Edgar Alán, Nevárez del Rivero, Joel Ricardo, Contreras Cortés, Luis Fernando (coords.) *Derechos humanos y nuevas tecnologías. Retos en el constitucionalismo democrático,* España, Valencia, tirant lo blanch, 2023.

Gómez Díaz de León, Carlos, *Sistema político y formas de gobierno,* México, UANL, 2015.

Linz, Juan J., Democracia presidencial o parlamentaria: "¿Qué diferencia implica?", en: Linz, Juan J. y Valenzuela, Arturo (comps), *La crisis del presidencialismo, vol. I. Perspectivas comparadas,* España, Alianza, 1997.

Maquiavelo, Nicolás, *El príncipe,* claleph.com, 1999.

Montoya Zamora, Raúl, "El derecho de acceso a la justicia y el uso de las nuevas tecnologías en el contexto de la pandemia COVID-19 en México", en: *Derechos humanos y nuevas tecnologías. Retos en el constitucionalismo democrático,* España, Valencia, tirant lo blanch, 2023.

Naciones Unidas, Derechos Humanos, Oficina del Alto Comisionado, *¿Qué son los derechos humanos?* México. Disponible en: https://hchr.org.mx/derechos-humanos/que-son-los-derechos-humanos

Naciones Unidas, *Declaración Universal de Derechos Humanos. Historia de la Declaración,* París, 1948. Disponible en: https://www.un.org/es/about-us/udhr/history-of-the-declaration

Nevárez del Rivero, Joel Ricardo, "Deporte y Democracia. Algunos vínculos problemáticos", en: Peña-Ramos, José Antonio y De la Garza Montemayor, Daniel Javier (coords.), *Los riesgos de las democracias contemporáneas,* México, tirant lo blanch, 2021.

Ramírez García, Hugo Saúl y Pallares Yabur, Pedro de Jesús, *Derechos humanos,* Oxford University Press, México, Ed. Progreso, 2011.

Ramírez Pérez, Gabriela del Mar, *Derechos humanos. Historia y conceptos básicos,* Venezuela, Fundación Editorial El perro y la rana, 2017. Disponible en: http://biblioteca.clacso.edu.ar/Venezuela/fundavives/20170102055815/pdf_132.pdf

Real Academia Española (RAE), *unipartidismo.* Disponible en: https://dle.rae.es

Russo, Eduardo Ángel, *Derechos humanos y garantías. El derecho al mañana,* Argentina, Editorial Universitaria de Buenos Aires (Eudeba), 2001.

Sartori, Giovanni, *Ingeniería constitucional comparada,* México, Fondo de Cultura Económica (FCE), 1994.

Vázquez Melero, Alejandro, *El arraigo penal injustificado y la responsabilidad patrimonial del Estado,* México, Editorial UJED, 2021.

Democracia y educación como claves para la eficaciade los derechos humanos

JOEL RICARDO NEVÁREZ DEL RIVERO[1]

SUMARIO: 1. INTRODUCCIÓN. 2. DEMOCRACIA Y DERECHOS HUMANOS.3. EDUCACIÓN Y DERECHOS HUMANOS. 4. ¿POR QUÉ IMPORTAN LA DEMOCRACIA Y EDUCACIÓN PARA LA EFICACIA DE LOS DERECHOS HUMANOS? 5. ALGUNAS PROPUESTAS PARA POTENCIALIZAR LA DEMOCRACIA, LA EDUCACIÓN Y LOS DERECHOS HUMANOS. 6. CONCLUSIONES. 7. FUENTES DE LA INVESTIGACIÓN.

RESUMEN: La eficacia de los derechos humanos se pone a prueba en el pleno siglo XXI que estamos viviendo, pues a pesar de que numerosas constituciones y tratados internacionales en la materia los reconocen de una manera explícita, hay muchas asignaturas pendientes cuando hablamos de su realidad concreta. Si por eficacia en un sentido jurídico entendemos el hecho de que se materialicen efectivamente, los derechos humanos se asumen más como un proyecto de tipo político que como verdaderas normas en toda su amplitud, tal y como lo demuestran muchos indicadores prácticos. Es por ello que la democracia y la educación juegan un papel clave en dicha eficacia normativa, lo cual es el propósito del presente trabajo de investigación: demostrar que sin un sistema verdaderamente democrático y sin una educación de calidad no podemos hablar de que los dere-

---

1 Investigador del Instituto de Investigaciones Jurídicas de la UJED; Licenciado en Derecho con Maestría en Derecho Constitucional y Administrativo; Doctor en Derecho, egresado del Programa Nacional de Posgrados de Calidad (PNPC) del CONAHCYT; miembro del Sistema Nacional de Investigadoras e Investigadores del CONAHCYT; Investigador Honorífico del Consejo de Ciencia y Tecnología del Estado de Durango; miembro del Cuerpo Académico: "Aspectos Constitucionales en la Reforma del Estado Mexicano"; miembro del Grupo de Investigación: "Democracia Constitucional, Transformaciones Sociales, Libertades y Derechos".

chos humanos sean un todo y un sistema plenamente objetivo, completo, pleno y armonioso.

PALABRAS CLAVE:

Constitucionalismo, democracia, derechos humanos, educación, eficacia de los derechos humanos.

1. INTRODUCCIÓN

Democracia, educación y derechos humanos son elementos fundamentales para la construcción de una sociedad de avanzada. Están íntimamente relacionados entre sí, pero lo que nos interesa puntualizar en el presente trabajo de investigación es el impacto que tienen los dos primeros conceptos en el tercero, específicamente refiriéndonos a la eficacia de los derechos humanos.

Se suele hablar en muchas de las ocasiones que los derechos humanos son sólo elementos irreales que por más que puedan estar reconocidos en el texto de la Constitución y de las leyes no son aplicables para el grueso de la población, tal y como lo demuestran los índices en materia de libertades o, aún más, de desigualdades sociales.

Por lo anterior, la eficacia de los derechos humanos, que consiste precisamente en su aplicación real y en los hechos, para muchas personas es sólo una aspiración pero no un concepto del cual se pueda hablar con exactitud, sobre todo cuando nos referimos a países subdesarrollados o en vías de desarrollo como es el caso de México. Por eso, en esta investigación se pretende justificar que la democracia y la educación son claves para lograr esa eficacia de los derechos humanos.

Si las normas jurídicas sólo están en el texto de la ley pero no abonan a que las personas tengan una mejor calidad de vida, que a final de cuentas es el propósito de las normas de derechos humanos, ni el Estado ni la sociedad están cumpliendo adecuadamente con sus funciones. De ahí la importancia de investigar mejores métodos para su cumplimiento.

En principio, y abordando a la democracia y los derechos humanos, se habla de que estos dos conceptos son cruciales para entender a las sociedades hoy en día, pues si no existe uno u otro simplemente se corre riesgo de estar en presencia de Estados autoritarios.

Luego se habla de la educación y los derechos humanos, teniendo como punto de partida que la educación en derechos humanos ayuda a dar forma a esas sociedades que referíamos con anterioridad.

Después se habla de algunas razones de por qué la democracia y la educación son claves para la eficacia de los derechos humanos, para después anotar algunas propuestas al respecto. Finalmente se establecen las conclusiones correspondientes.

2. DEMOCRACIA Y DERECHOS HUMANOS

La democracia importa para los derechos humanos porque sin una sociedad informada, exigente y participativa, simple y sencillamente los derechos humanos no se pueden ejercer a cabalidad. Definitivamente, en un Estado de corte autoritario no pudieran progresar los derechos humanos, ya que estos quedarían al arbitrio de los gobernantes, sin posibilidad alguna de que pudieran florecer y ser la base de la vida social.

La sociedad, entonces, debe estar siempre informada para, por ejemplo, conocer las mejores vías de ejercicio de sus derechos humanos, tanto las que se ejercen en vía jurisdiccional como los mecanismos no jurisdiccionales. Asimismo, un derecho humano por excelencia en las sociedades democráticas como es el derecho a la información es una llave, a su vez, para el ejercicio de otros derechos humanos, tal y como lo muestra en el caso mexicano la exitosa Plataforma Nacional de Transparencia, a través de la cual es posible realizar cualquier solicitud de acceso a la información y conocer cualquier acto de gobierno, gasto de dinero público, ingreso del mismo, entre otros aspectos igualmente relevantes para cualquier persona que desee saberlo. Porque ese derecho a la información también es eso: un derecho a saber.

La sociedad también debe ser exigente, con una capacidad de crítica a las acciones gubernamentales y comprometida con el ejercicio de los propios derechos humanos. Si no hay ese sentido de exigencia, se corre el riesgo de un florecimiento de gobiernos autoritarios y opacos que pongan en entredicho la satisfacción efectiva de las demandas ciudadanas y de conjunto de las libertades que se tienen constitucionalmente reconocidas.

Esa sociedad, claro está, debe ser una sociedad eminentemente participativa, pues a través de la participación ciudadana no sólo se elige a los gobernantes y representantes de la nación sino que se pone presión a los depositarios del poder público, en el entendido de que al poder no se le aplaude sino se le critica y se le cuestiona.

En esto último, evidentemente, la participación tiene un gran cometido. De hecho, es una circunstancia determinante para hablar de una verdadera democracia. Los ciudadanos debemos demandar de los gobernantes los mejores resultados, y para eso está también la fiscalización y la rendición de cuentas, con la posibilidad de castigarlos incluso al no votar de nueva cuenta por sus respectivos partidos políticos.

Desafortunadamente, hay sistemas presuntamente democráticos que sólo se dan en el papel pero en los hechos. Todo ello se refleja, claro está, en las condiciones de vida de cada persona, en cómo viven y en cómo ejercen sus derechos humanos, tanto los derechos civiles y políticos como los derechos económicos, sociales y culturales, es decir, en todas las generaciones que ha habido de derechos humanos.

De manera inversa, puede afirmarse que los derechos humanos le importan a la democracia porque esta funciona a partir de determinados engranajes dados por la ley y por la Constitución. Tales engranajes se activan en las relaciones entre gobernantes y gobernados, pues de lo contrario los gobernantes pueden hacer lo que quieran con las normas jurídicas, desestimándolas y dejando de respetarlas en todo momento. Si esto sucede, el Estado de Derecho no funciona y la sociedad sufre las consecuencias.

Los derechos humanos también le importan a la democracia porque los sistemas democráticos sólo operan en función de la participación ciudadana, y no hay mejor ejercicio de participación ciudadana que el ejercicio mismo de los derechos humanos en el plano de la arena pública. Por eso se realza todavía más su importancia como parte de una vida pública donde todos tenemos tareas asignadas que cumplir.

En un plano mucho más concreto, hay determinados tipos de derechos humanos que realzan su importancia para la democracia, tales como el derecho a la información pero sobre todo los derechos políticos y electorales del ciudadano y los derechos de participación política, tales como el derecho a votar, el derecho a ser votado o mecanismos de democracia directa tales como el referéndum, el plebiscito, la consulta popular o la iniciativa ciudadana de ley, sólo por citar algunos ejemplos.

Siguiendo a Arroyo Cisneros, "la democracia se configura como una particularización de las demandas sociales por la vía de la institucionalidad".[2] Según el mismo jurista, en coautoría con Gallardo García, y en el contexto de la pandemia COVID-19, debe haber "una defensa tajante de las estructuras democráticas y una visión cien por ciento negacionista del autoritarismo".[3] Esto debemos tomarlo en cuenta.

---

2 Arroyo Cisneros, Edgar Alán, *Democracia y Constitución. Una mirada desde la sociedad civil*, México, Editorial Tirant Lo Blanch, 2019, p. 51.

3 Arroyo Cisneros, Edgar Alán y Gallardo García, Martín, "Constitución, democracia y derechos fundamentales en épocas de contingencia: algunos apuntes prospectivos", en Arroyo Cisneros, Edgar Alán y otros (coordinadores), *Miradas y reflexiones jurídico-políticas en tiempos del COVID-19 en México y Colombia*, México, Editorial Tirant Lo Blanch, 2022, p. 222.

En palabras de alguna autora como Denise Dresser, la transparencia es un componente fundamental de la consolidación democrática y debe prestar atención a lo siguiente:[4]

- Es imperativo que exista para obligar a quienes ejercen el poder a actuar con mayor honestidad.
- Para incentivar la participación de una ciudadanía informada.
- Para promover el interés público con base en información creíble.
- Para mejorar el desempeño de las instituciones gubernamentales.
- Para construir pesos y contrapesos.
- Para enseñarle a la sociedad sobre "el derecho a tener derechos".

3. EDUCACIÓN Y DERECHOS HUMANOS

La educación es trascendente para los derechos humanos porque sólo los ciudadanos plenamente educados pueden ejercer sus derechos y libertades. La educación es una llave para la formación de la ciudadanía, en donde las escuelas y las Universidades tienen un papel sumamente relevante, pero lo mismo puede decirse de los hogares como núcleos sociales que a final de cuentas son o deberían ser.

Desde la perspectiva de análisis exactamente contraria, podemos afirmar que los derechos humanos son fundamentales para la educación. La educación es un derecho social por excelencia pero igualmente constituye una obligación para los padres o tutores en el sentido de hacer concurrir a sus hijos o pupilos a las escuelas como vía hacia el progreso.

---

[4] Dresser, Denise, *El país de uno*, México, Editorial Aguilar, 2011, p. 223.

Igualmente, es necesario apuntar que los derechos humanos le importan a la educación porque en la formación de personas y profesionistas que se da a través del proceso educativo, se requiere que el cúmulo de los derechos humanos pueda ejercerse en todas y cada una de las etapas del proceso referido con anterioridad, buscando el bien común.

En el plano de nuestra modernidad como sociedad, los espacios virtuales juegan un papel importante incluso desde antes de la pandemia COVID-19. La educación virtual, en el contexto de las acciones y reacciones que traen consigo las nuevas tecnologías, aparece como una nueva forma de realización de la acción educativa.[5]

De la misma manera, las modernas tecnologías de información y comunicación desempeñan un rol fundamental frente a los derechos humanos y a la educación, tal y como asegura Vázquez Melero.[6]

Por supuesto, las referidas nuevas tecnologías también impactan de forma decidida al conjunto de los derechos fundamentales.[7] En el marco de la COVID-19, hubo retos tecnológicos, sociales y económicos en la educación remota o a distancia, y a pesar de que hubo deserciones escolares, lo cierto es que el balance fue generalmente positivo, dando paso incluso a que con posterioridad se pudiera adoptar una modalidad híbrida en los procesos de enseñaza-aprendizaje cuando las circunstancias así lo requirieran,

---

5 Unigarro G., Manuel Antonio, *Educación virtual. Encuentro formativo en el ciberespacio,* 2ª. edición, Bucamaranga, Editorial UNAB, 2004, p. 5.

6 Vázquez Melero, Alejandro, "Los derechos humanos y la educación frente a las modernas tecnologías de la información y la comunicación", en Arroyo Cisneros, Edgar Alán y otros (coordinadores), *Derechos humanos y nuevas tecnologías. Retos en el constitucionalismo democrático,* Valencia, Editorial Tirant Lo Blanch, 2023, pp. 163-178.

7 Sobre este tema se puede ver la obra colectiva Arroyo Cisneros, Edgar Alán y otros (coordinadores), *Derechos humanos y nuevas tecnologías. Retos en el constitucionalismo democrático,* Valencia, Editorial Tirant Lo Blanch, 2023.

por ejemplo en contingencias ambientales por frío, calor, erupciones volcánicas o de otra índole.

Por otro lado, la educación es un medio de promoción de los derechos humanos, por lo que obligatoriamente se suscita una relación entre los dos conceptos; asimismo, respetar los derechos humanos es algo que se logra con mucha mayor facilidad cuando se implanta una cultura para tales derechos, los cuales no se pueden enseñar ni aprender sin antes vivirlos.[8] En el mismo orden de ideas, puede asegurarse que los derechos humanos tienen un significado ético-político, y que el respeto a los mismos y a la educación forman parte de los valores de una ciudadanía universal.[9]

4. ¿POR QUÉ IMPORTAN LA DEMOCRACIA Y EDUCACIÓN PARA LA EFICACIA DE LOS DERECHOS HUMANOS?

La democracia y la educación impactan en el concepto de eficacia de los derechos humanos, es decir, en aquellas maneras mediante las cuales estos se pueden llevar a la práctica más efectivamente, con indicadores reales y no sólo a través de la demagogia o de lo que los gobiernos en turno informen de forma sesgada.

Ahora bien, democracia y educación forman un binomio donde uno se influye al otro de una manera exponencial. Y estos dos tipos de influencia entre uno y otro representa en distintos planos una posibilidad de realizar o no los propósitos de un Estado de Derecho y de una democracia con todos sus elementos tanto formales como sustanciales.

---

8 Albert Gómez, Ma. José, *La vertiente educativa y social de los derechos humanos*, Madrid, Editorial Centro de Estudios Ramón Areces, 2014, p. 11.

9 Medina Rubio, Rogelio, "El respeto a los derechos humanos y la educación en los valores de una ciudadanía universal", en López-Barajas, Emilio y Ruiz Corbella, Marta (coordinadores), *Derechos humanos y educación*, Madrid, Editorial Universidad Nacional de Educación a Distancia, 2009.

La democracia le es necesaria a la educación porque si aquella se entiende como una forma de vida, esta vida desde todas las perspectivas tiene una línea general de evolución basada precisamente en la educación. Decir que la democracia es una forma de vida no es una exageración sino un principio jurídico y político con diversas ramificaciones.

La educación es consustancial a la vida personal, familiar y colectiva, por lo que si a la democracia la vemos bajo esta perspectiva o punto de vista, la formación que se da través del proceso educativo resulta fundamental. Las competencias que cada estudiante va adquiriendo en los distintos niveles de su formación son claves para el tipo de ciudadano que será en un futuro, ya sea en el corto, mediano o largo plazos.

La educación, a su vez, le es necesaria a la democracia porque la ciudadanía propia de un sistema democrático no se da de forma automática o espontánea sino a través del proceso educativa y de una política pública robusta en esta materia, la cual abarque a todas las personas que tienen que ver con ese proceso bajo parámetros de objetividad, racionalidad e inclusión lo más amplia posible bajo un enfoque analítico.

Podemos ver la educación como una parábola de la caverna de Platón.[10] En este conocido pasaje de este gran filósofo de la antigüedad, un conjunto de hombres están en una caverna a la que no entra la luz, y por esta razón, sólo hay oscuridad y sólo pueden ver sombras, hasta que llega el momento de que esta penumbra queda atrás gracias a la luz, en este caso representada por la educación como el gran proceso que es.

Si asumimos esta visión en una tesitura mucho más específica sobre el proceso educativo, la caverna platónica es una parábola sobre el aprendizaje; como dice Alex Beard:

> Podemos leer la caverna de Platón como una parábola sobre el aprendizaje. Dos mil quinientos años más tarde, sus imágenes de

---

[10] Véase sobre ello Platón, *Diálogos*, Madrid, Editorial Gredos, 1988.

> la luz y la oscuridad como metáfora del conocimiento y la ignorancia aún resultan familiares. Nos vemos como seres sintientes, conscientes y racionales, como individuos que hemos <<visto la luz>>. Sentimos que la humanidad ha ido saliendo progresivamente de la caverna y entrando en el mundo exterior. Para Platón, sin embargo, era evidente que la mayoría de nosotros todavía teníamos que hacer ese viaje. Su misión, y la de su escuela, consistía en seguir conduciendo a las personas hacia las tierras iluminadas por el sol de la ilustración. Al filósofo le correspondía la tarea de ampliar las fronteras de la comprensión humana para entender más plenamente el mundo y decidir mejor cómo deberíamos vivir en él los individuos y las sociedades.[11]

Siguiendo a Felipe Díaz Pardo,[12] la sociedad democrática en la que vivimos tiene como uno de sus principales objetivos proporcionar a las nuevas generaciones una formación plena para constituir su identidad, tan propia y esencial, además de construir una concepción de la realidad que integre al conocimiento y a la valoración tanto ética como moral; esta formación se dirige o debe dirigirse a desarrollar la capacidad ciudadana de ejercer críticamente y en una sociedad plural tres virtudes básicas: la libertad, la tolerancia y la solidaridad, todas ellas de enorme trascendencia.

La libertad, en todas sus concepciones y acepciones, desde la libertad de expresión hasta la libertad de prensa, pasando por la libertad individual o la libertad de pensamiento, conciencia y religión, es esencial en esta cadena evolutiva de democracia, educación y derechos humanos. La libertad es lo que nos permite elegir un proyecto de vida sin ningún tipo de injerencia externa que nos obligue a algo que no queramos o deseemos.

Sin libertad no puede haber democracia, pues esta quedaría condicionada. Igualmente, sin libertad no puede haber educación, pues esta resultaría viciada y fuera de contexto, lo cual sería una afrenta al sistema que reposa detrás de ella. Sólo la libertad

---

11 Beard, Alex, *Otras formas de aprender. Qué funciona en educación y por qué*, Barcelona, Plataforma Editorial, 2019.

12 Díaz Pardo, Felipe, *Las claves para educar en tiempos de crisis*, Córdoba, Editorial Toromítico, 2012, pp. 31-32.

permite que las alternativas que se seleccionen sean válidas y legítimas.

Por último, sin libertad tampoco puede haber derechos humanos, no sólo porque la libertad en sí misma forma parte de dichos derechos humanos sino que todos y cada uno de estos deben ejercerse desde una posición decidida de ciudadano libre.

La tolerancia no se queda atrás y también es un elemento crucial para la sociedad hoy en día, sobre todo cuando por causas de religión, política u otros factores, han surgido numerosos extremismos y fanatismos que pueden llegar a afectar tanto a la democracia como a la educación y a los derechos humanos. La intolerancia resulta contraria al pluralismo, otro elemento central para la democracia en su extensión.

La solidaridad, asimismo, es un ideal de una colectividad, es decir, de un grupo. La democracia es eso: el pertenecer a un grupo y el asumir, desde la trinchera de la educación, que todas y todos cabemos, que nuestra opinión cuenta y que juntos construimos a esa sociedad, misma que ejerce sus derechos y ve en ese ejercicio a una responsabilidad, a un deber y a una obligación que a todas y todos asiste.

Es por lo anterior que la eficacia de los derechos humanos, o sea, que se apliquen en todos los contextos sociales y no sean vistos sólo como objetos inanimados para la mayoría de la población, la democracia y la educación juegan un rol sustancial.

Un pueblo informado, comunicado y conocedor de los asuntos públicos es la clase de pueblo que quiere tener la democracia, ya que de esta manera puede exigir a sus gobernantes y hacer valer sus derechos a través de todas las instancias jurídicas que estén diseñadas para ello, ya que se tiene conocimiento no sólo de los derechos humanos sino del cómo se pueden hacer valer.

Un pueblo educado, por otro lado, no se queda con lo que le comunican sus gobernantes, sino que acude a otro tipo de fuentes alternativas de información, tales como el periodismo o en la actualidad los canales digitales representados en redes sociales como Facebook, Twitter, Instagram, entre otras, así como en plataformas audiovisuales como YouTube.

Si la eficacia de los derechos humanos sólo puede darse con el concurso de un pueblo democratizado y educado, las condiciones para que ello suceda están dadas siempre y cuando la ciudadanía esté dispuesta a cambiar para bien sus hábitos de participación, y ahí se pueden encontrar algunos inconvenientes.

Según la Encuesta Nacional de Cultura Cívica 2020 del INEGI, se tienen resultados como los siguientes:[13]

- 55.8% de la población de 15 años y más declaró estar muy interesada o preocupada por los asuntos del país.
- 63.6% de la población de 60 años y más declaró estar muy interesada o preocupada por los asuntos del país.
- 58.1% de la población de 15 años y más en la región Mesoamérica Central, declaró estar muy interesada o preocupada por los asuntos del país.
- De la población de 15 años y más, que declaró estar muy interesada o preocupada por los asuntos del país, 54.6% opina que la corrupción es uno de los tres problemas más importantes que el país enfrenta hoy en día, seguido de la pobreza con 53.1% y la inseguridad o delincuencia con 50.4%.
- De la población de hombres de 15 años y más, que declaró estar muy interesada o preocupada por los asuntos del país, 58.6% opina que la corrupción es uno de los tres problemas más importantes que el país enfrenta hoy en día, mientras que el 55.2% de la población de mujeres opina que es la pobreza.
- De la población de 60 años y más, que declaró estar muy interesada o preocupada por los asuntos del país, 61.2%

---

13 INEGI, Encuesta Nacional de Cultura Cívica 2020, disponible en https://www.inegi.org.mx/contenidos/programas/encuci/2020/doc/ENCUCI_2020_Presentacion_Ejecutiva.pdf

opina que la pobreza es uno de los tres problemas más importantes que el país enfrenta hoy en día, mientras que el 54.9% opina que es la corrupción.

- También obtienen porcentajes significativos temas como el desempleo, el mal desempeño del gobierno, la contaminación ambiental, la mala atención hospitalaria y la baja calidad de la educación pública.
- 69.2% de la población de 15 años y más está muy de acuerdo con la idea de que para gobernar un país se necesita un gobierno en donde todos participen en la toma de decisiones.
- A nivel nacional 34.8% de la población de 15 años y más está muy de acuerdo en que el gobierno considera sus opiniones para la toma de decisiones, mientras que 27.7% considera que cuenta con los conocimientos y habilidades para participar en actividades políticas.
- A nivel nacional, 73.4% de la población de 15 años y más sabe o ha escuchado lo que es la democracia.
- A nivel nacional, 74.9% de la población de hombres de 15 años y más sabe o ha escuchado lo que es la democracia, mientras que para mujeres es de 72 por ciento.
- A nivel nacional, 78.4% de la población de 20 a 29 años sabe o ha escuchado lo que es la democracia.
- 65.2% de la población de 15 años y más, considera que la democracia es preferible a cualquier otra forma de gobierno; 16.4% considera que en algunas circunstancias, un gobierno no democrático puede ser mejor.
- 67.6% de la población de hombres de 15 años y más considera que la democracia es preferible a cualquier otra forma de gobierno; 15.8% considera que en algunas circunstancias, un gobierno no democrático puede ser mejor.
- 69.1% de la población de 60 años y más considera que la democracia es preferible a cualquier otra forma de gobierno.

- A nivel nacional, 52.7% de la población de 15 años y más que sabe o ha escuchado lo que es la democracia, manifestó sentirse muy o algo satisfecha con la democracia que se tiene hoy en México, mientras que 46.8% de la población declaró sentirse poco o nada satisfecha.
- A nivel nacional, 55.8% de la población de hombres de 15 años y más que sabe o ha escuchado lo que es la democracia, manifestó sentirse muy o algo satisfecha con la democracia que se tiene hoy en México.
- A nivel nacional, 60.6% de la población de 15 a 17 años que sabe o ha escuchado lo que es la democracia, manifestó sentirse muy o algo satisfecha con la democracia que se tiene hoy en México.
- A nivel nacional, 38.3% de la población de 30 a 59 años y más, no confía en los senadores y diputados federales, seguido de 37.7% que tiene el mismo nivel de desconfianza en los diputados federales.
- 73.3% de la población de 15 años y más percibe que la clase social es el principal motivo de discriminación en México.
- A nivel nacional 44.3% de la población de 15 años y más, considera que en México se respetan poco las leyes, seguido de un 33.5% que manifestó que las leyes se respetan algo.
- A nivel nacional 45.7% de la población de 15 años y más considera que en México se respetan poco las leyes, seguido de un 33.2% que manifestó que las leyes se respetan algo.
- A nivel nacional 47.5% de la población de 18 a 19 años considera que en México se respetan poco las leyes.
- 49.5% de la población de 15 años y más considera que la frase *las personas pueden pedir que cambien las leyes si estas no les parecen* es la más cercana a su opinión sobre el tema.
- 52.6% de la población de 15 a 17 años considera que la frase *las personas pueden pedir que cambien las leyes si estas no les parecen* es la más cercana a su opinión sobre el tema.

- 44% de la población de 15 años y más, cree que los gobernantes mexicanos tienen poco respeto por las leyes, seguido del 29.6% de la población que considera que los gobernantes mexicanos respetan algo las leyes.
- 44.6% de la población de hombres de 15 años y más, cree que los gobernantes mexicanos tienen poco respeto por las leyes, mientras que en la población de mujeres 43.4 por ciento.
- 47.4% de la población de 18 a 19 años, cree que los gobernantes mexicanos tienen poco respeto por las leyes, mientras que la población de 20 a 29 años fue 46.7 por ciento.

Como se puede ver, estamos muy lejos en México de tener el nivel de conciencia y participación cívica que es deseable para una democracia plenamente consolidada. Falta mucho por hacer y nosotros como ciudadanos deberíamos empezar no sólo a preocuparnos sino a ocuparnos de nuestro entorno, ya que los líderes, gobernantes y partidos políticos sólo ven usualmente a su propia conveniencia.

Preocupa que por ejemplo mucha gente en México opine que hay poco respeto por la ley o que los gobernantes no la cumplen. Asimismo, también es preocupante que un porcentaje considerable llegue a considerar que el régimen democrático no es el mejor, y que por ende, estaría dispuesto a vivir en un régimen no democrático.

Llama mucho la atención que la satisfacción con la democracia no sea muy alta a pesar de que tenemos pocos años viviendo con ella y que padecimos un sistema autoritario donde sólo un partido político gobernó el país por más de 70 años.

Hay entonces muchos elementos que debemos revertir a partir de lo que nos indica esta medición del INEGI, pues en muchos indicadores la situación no es muy favorable para lo que debe ser una democracia como modelo político y como forma de vida.

Sin embargo, el pesimismo no es propio tampoco de una verdadera democracia, por lo que debe haber todo el empeño posible para que este tipo de indicadores en algún momento cercano puedan redirigirse y enderezarse, lo cual es una tarea de todas y todos, misma que no se puede pasar por desapercibida o dejar de tomarse en cuenta.

Es necesario que se hagan valer estos principios, valores y virtudes:

- Respeto.
- Tolerancia.
- Pluralismo.
- Libertad.
- Igualdad.
- Solidaridad.
- Dignidad.
- Empatía.
- Legalidad.
- Constitucionalidad.
- Convencionalidad.
- Bienestar.
- Compromiso.
- Conciencia pública.
- Cooperación.
- Eficiencia.
- Eficacia.
- Equilibrio.
- Estabilidad.

- Excelencia.
- Buen gobierno.
- Buena administración.
- Flexibilidad.
- Capacidad de adaptación.
- Integridad.
- Organización.

5. ALGUNAS PROPUESTAS PARA POTENCIALIZAR LA DEMOCRACIA, LA EDUCACIÓN Y LOS DERECHOS HUMANOS

1. Hacer de la eficacia de los derechos humanos una exigencia en los distintos ámbitos del quehacer gubernamental e institucional, llevando a cabo campañas para que la ciudadanía se involucre con su verdadera satisfacción. Esto sería una muestra de democracia y educación aplicada para el bien común.
2. Lograr una política pública verdaderamente participativa e inclusiva en materia de derechos humanos, en donde se convoque a todos los sectores sociales y en donde se demuestre que la educación efectivamente se da de manera integral para bien de la democracia como un gobierno del pueblo, por el pueblo y para el pueblo.
3. Lograr una política pública educativa que propicie el conocimiento amplio de la democracia y de los derechos humanos como principios rectores del sistema político mexicano, situación que debe darse desde el nivel preescolar hasta el posgrado, buscando en todo momento la armonía plena de la colectividad.

4. Lograr una educación en derechos humanos, de tal manera que los estudiantes puedan familiarizarse con su concepto y aplicación práctica, quitando los mitos que los rodean en algunos contextos (por ejemplo, que sólo sirven a los delincuentes y no al gran grueso de la población considerada de manera amplia).

5. Incentivar una mejor legislación educativa, con una participación efectiva de los diversos elementos humanos en los cuales se puede llegar a desdoblar.[14] De ser así, no sólo el derecho humano a la educación tendrá más posibilidades de cristalizarse para la sociedad, sino que además la infraestructura educativa podrá mejorar para bien de todas y todas, especialmente de las y los estudiantes en los diferentes niveles que van transitando.

6. Observar que la democracia está estrechamente ligada con la ciudadanía, pues como lo indica el sentido común, no puede haber ciudadanía sin democracia, con todo y que ello resulte complejo.[15] En este sentido, es crucial entender que la construcción de una ciudadanía es una de las aspiraciones esenciales de la democracia. De hecho, la ciudadanía es un medio y un instrumento, que si se usa correctamente, nos permite buscar y conseguir otros medios e instrumentos para acercarnos al objetivo/proyecto del autogobierno.[16]

7. Otro concepto esencial para la democracia, y en el cual intervienen y mucho tanto la educación como los derechos humanos, es el de la comunicación. "La comunicación es

---

[14] Una compilación de esta normativa se encuentra en Arroyo Herrera, Juan Francisco, *Legislación educativa comentada*, 9ª. edición, México, Editorial Porrúa, 2012.

[15] Olvera, Alberto J., *Ciudadanía y democracia*, México, Editorial IFE, 2008, p. 9.

[16] Rodríguez, Rafael, *Ciudadanos soberanos*, Córdoba, Editorial Almuzara, 2005, p. 175.

consustancial a la democracia".[17] Por ello, comunicar adecuadamente es capital si queremos construir una democracia basada en los derechos humanos y en la educación, con un lenguaje claro y accesible para todos.

8. Como "fenómeno dinámico y expansivo que es",[18] la democracia debe incorporar en su estructura a los sectores más amplios de la sociedad, lo cual se logra con la educación y los derechos humanos. Como dice Jorge Carpizo, "las sociedades actuales se desarrollan a velocidad nunca antes vista, los avances científicos y tecnológicos benefician grandemente y presentan nuevos peligros a las libertades. Problemas que realmente no lo eran unas cuantas décadas o años atrás, ahora hay que enfrentarlos y resolverlos, cuidando el respeto a los derechos de las personas".[19] En este sentido, "los sistemas democráticos, para hacer frente a nuevas realidades, tienen que legislar y precisar cuestiones novedosas, o que no presentaban mayores dificultades con anterioridad, pero que se convirtieron en peligros potenciales para la propia democracia y las libertades de las personas".[20] Esto implica una adaptación de la democracia a los nuevos tiempos que va experimentando la sociedad.
9. Procurar el aprendizaje de la democracia, la educación y los derechos humanos desde los primeros niveles educativos, a partir de técnicas de enseñanza asertivas que sean amigables con los niños, de tal manera que la formación cívica y ética se lleve a través de estrategias didácticas divertidas para ellos.

---

[17] Sánchez Ruiz, Enrique E., *Comunicación y democracia*, México, Editorial IFE, 2004, p. 10.

[18] Carpizo, Jorge, *Concepto de democracia y sistema de gobierno en América Latina*, México, Editorial UNAM, 2007, p. 99.

[19] *Ibídem.*, pp. 99-100.

[20] *Ibíd.*, p. 100.

10. Fomentar la concepción de la democracia, la educación y los derechos humanos como parte central de una cultura de la paz y de la seguridad internacional.[21] Efectivamente, ambas nociones son centrales como parte del nuevo orden mundial que se planteó a partir del final de la Segunda Guerra Mundial, por lo que los temas estudiados en esta investigación resultan del todo relevantes.

6. CONCLUSIONES

Primera. La democracia es un régimen político y una forma de vida que busca que todas las decisiones las tome el pueblo y que se respeten los deseos de éste. Si lo anterior no sucede, no estamos en presencia de una verdadera democracia sino de otro tipo de sistema en donde todos los valores, virtudes y principios de la vida pública se hacen a un lado, en detrimento de los derechos humanos y más básicos de las personas.

Segunda. La educación es lo que forma a las personas como tales y también como profesionistas. Es un proceso muy importante para las sociedades, por lo que el derecho humano que lo recoge debe ser tomado muy en cuenta en cualquier plan nacional de desarrollo y de gobierno, con base en la inclusión y en la cooperación en aras del bien común.

Tercera. Los derechos humanos son todos aquellos derechos que tenemos por el solo hecho de ser humanos, de ser personas pensantes y sintientes que pertenecemos a la sociedad. Claro está que las personas no sólo tenemos derechos sino también obligaciones, cuyo cumplimiento habla del tipo de sociedad o de ciudadanía que un Estado posee.

Cuarta. La democracia y la educación son claves para la eficacia de los derechos humanos porque sólo un pueblo democrático

---

21 Muñoz Rodríguez, Ma. del Carmen, *Democracia y derechos humanos en la acción exterior de la Unión Europea*, Madrid, Editorial Reus, 2010, p. 14.

y educado puede ejercer los derechos humanos y hacerlos valer. La eficacia es eso, que los derechos humanos se hagan valer y no sólo estén en el texto de la ley, que influyan para bien en la vida de las personas.

Quinta. Democracia, educación y derechos humanos son pilares y soportes de los Estados y de las sociedades más desarrolladas hoy en día. Uno con el otro se influye de manera específica y abonan a que los proyectos de vida de las personas sean exitosos, con respeto a los derechos de los demás y sin infringir el marco normativo.

Sexta. En México no hay mucho respeto por la ley, como lo reconocen las personas a las que se encuestan en instrumentos del INEGI. Igualmente, se considera que las autoridades no cumplen adecuadamente con ellas y que la democracia no es un régimen perfecto, al punto de que la satisfacción con ella no es muy elevada en nuestro país.

Séptima. Por eso es que debemos trabajar como sociedad para que los derechos humanos puedan ser desarrollados de una forma óptima. Libertad, igualdad y derechos sociales, así como el resto de derechos civiles y políticos o de derechos económicos, sociales y culturales, son sumamente relevantes en la vida de los ciudadanos.

Octava. La eficacia de los derechos humanos, si es que se logra de manera plena algún día, es algo que podrá beneficiarnos a todas y todos, así como al Estado visto desde un punto de vista institucional, pues podrá desarrollar de mejor manera sus funciones, atribuciones, obligaciones, deberes y responsabilidades que le marca la legislación correspondiente.

7. FUENTES DE LA INVESTIGACIÓN

Albert Gómez, Ma. José, *La vertiente educativa y social de los derechos humanos*, Madrid, Editorial Centro de Estudios Ramón Areces, 2014.

Arroyo Cisneros, Edgar Alán y Gallardo García, Martín, "Constitución, democracia y derechos fundamentales en épocas de contingencia: algunos apuntes prospectivos", en Arroyo Cisneros, Edgar Alán y otros (coordinadores), *Miradas y reflexiones jurídico-políticas en tiempos del COVID-19 en México y Colombia*, México, Editorial Tirant Lo Blanch, 2022.

Arroyo Cisneros, Edgar Alán y otros (coordinadores), *Derechos humanos y nuevas tecnologías. Retos en el constitucionalismo democrático*, Valencia, Editorial Tirant Lo Blanch, 2023.

Arroyo Cisneros, Edgar Alán, *Democracia y Constitución. Una mirada desde la sociedad civil*, México, Editorial Tirant Lo Blanch, 2019.

Arroyo Herrera, Juan Francisco, *Legislación educativa comentada*, 9ª. edición, México, Editorial Porrúa, 2012.

Beard, Alex, *Otras formas de aprender. Qué funciona en educación y por qué*, Barcelona, Plataforma Editorial, 2019.

Carpizo, Jorge, *Concepto de democracia y sistema de gobierno en América Latina*, México, Editorial UNAM, 2007.

Díaz Pardo, Felipe, *Las claves para educar en tiempos de crisis*, Córdoba, Editorial Toromítico, 2012.

Dresser, Denise, *El país de uno*, México, Editorial Aguilar, 2011.

INEGI, Encuesta Nacional de Cultura Cívica 2020, disponible en https://www.inegi.org.mx/contenidos/programas/encuci/2020/doc/ENCUCI_2020_Presentacion_Ejecutiva.pdf.

Medina Rubio, Rogelio, "El respeto a los derechos humanos y la educación en los valores de una ciudadanía universal", en López-Barajas, Emilio y Ruiz Corbella, Marta (coordinadores), *Derechos humanos y educación*, Madrid, Editorial Universidad Nacional de Educación a Distancia, 2009.

Muñoz Rodríguez, Ma. del Carmen, *Democracia y derechos humanos en la acción exterior de la Unión Europea*, Madrid, Editorial Reus, 2010.

Olvera, Alberto J., *Ciudadanía y democracia*, México, Editorial IFE, 2008.

Platón, *Diálogos*, Madrid, Editorial Gredos, 1988.

Rodríguez, Rafael, *Ciudadanos soberanos*, Córdoba, Editorial Almuzara, 2005.

Sánchez Ruiz, Enrique E., *Comunicación y democracia*, México, Editorial IFE, 2004.

Unigarro G., Manuel Antonio, *Educación virtual. Encuentro formativo en el ciberespacio*, 2ª. edición, Bucamaranga, Editorial UNAB, 2004.

Vázquez Melero, Alejandro, "Los derechos humanos y la educación frente a las modernas tecnologías de la información y la comunicación", en Arroyo Cisneros, Edgar Alán y otros (coordinadores), *Derechos humanos y nuevas tecnologías. Retos en el constitucionalismo democrático*, Valencia, Editorial Tirant Lo Blanch, 2023.

La justicia abierta como herramienta para el avance de los derechos humanos de las mujeres y personas en situación de vulnerabilidad

KAREN FLORES MACIEL[1]
ADRIÁN ALCALÁ MÉNDEZ[2]

SUMARIO: 1. INTRODUCCIÓN. 2. LA JUSTICIA Y SU ADMINISTRACIÓN. 3. JUSTICIA DESDE LA PERSPECTIVA DE GÉNERO. 4. JUSTICIA ABIERTA. 5. JUSTICIA ABIERTA CON PERSPECTIVA DE GÉNERO. 6. EL CAMINO HACIA UNA JUSTICIA IGUALITARIA Y NO DISCRIMINATORIA. 7. CONCLUSIONES. 8. REFERENCIAS BIBLIOGRÁFICAS.

RESUMEN: El acceso a la justicia es un componente indispensable en un Estado de derecho; sin embargo, la labor judicial -en general- ha carecido de una sociabilización adecuada, visibilizándose que el sistema de justicia opera, en gran medida, para brindar un "servicio", sin tomar en consideración la existencia de personas en situación de vulnerabilidad o a mujeres que viven diversas desigualdades, quienes se encuentran en un estado de desventaja frente al ecosistema de justicia. Por lo que, la impartición de justicia debe de transitar hacia un modelo en donde su eje central lo constituya la perspectiva de género y la brecha de desigualdad, reconociendo la existencia y necesidad de garantizar los derechos

---

[1] Profesora de Tiempo Completo de la Universidad Juárez del Estado de Durango. Maestra en Derecho por la División de Estudios de Posgrado e Investigación de la UJED; Perfil Deseable PREODEP, integrante del Cuerpo Académico UJED-CA-46 "Aspectos Constitucionales en la Reforma del Estado Mexicano".

[2] Maestro en Derecho. Comisionado del Instituto Nacional de Transparencia y Acceso a la Información y Protección de Datos Personales / INAI).

de la diversidad de personas que acuden ante los tribunales, analizándose los conflictos desde sus causas estructurales e involucrando a las organizaciones de la sociedad civil bajo los principios de transparencia, rendición de cuentas, innovación y participación. A este nuevo paradigma de realización de tareas jurisdiccionales, se le ha denominado *Justicia Abierta*, que encuentra su origen en el Gobierno Abierto, en donde debe priorizarse el análisis y discusión de la igualdad de oportunidades y la no discriminación. Por lo que, en la presente investigación se abordará a mayor profundidad los tópicos aquí señalados, analizando las buenas prácticas a niveles internacionales, así como nacionales, finalizando con una propuesta para la implementación de una Justicia Abierta para todas y para todos, en donde no se deje a nadie atrás o fuera del acceso a la justicia.

PALABRAS CLAVE: GOBIERNO ABIERTO, JUSTICIA, JUSTICIA ABIERTA, PERSONAS EN SITUACIÓN DE VULNERABILIDAD, PERSPECTIVA DE GÉNERO.

1. INTRODUCCIÓN

En los últimos años hemos visto en los distintos medios de comunicación que la sociedad está cada vez más cansada de las instituciones públicas, de sus representantes o quienes encabezan instituciones, estimando que deben trabajar más en pro de los derechos de la sociedad. Por ejemplo, en Estados Unidos, una encuesta del *Pew Research Center*[3] encontró que solo el 20% de los estadounidenses confía en que el gobierno en Washington, señalando que hace lo correcto siempre o la mayoría de las veces; el 65% estima que la mayoría de los candidatos se postulan a un cargo "para servir a sus propios intereses personales". Las críticas al gobierno federal de aquel país son muchas y variadas, solo el 6% de los encuestados consideraron que son "cuidadosos con el dinero de los contribuyentes", y solo el 8% describió al gobierno como receptivo a las necesidades de los estadounidenses.

3 Center Pew Research. 2022. https://www.pewresearch.org/politics/2022/06/06/americans-views-of-government-decades-of Americans' Views of Government: Decades of Distrust, Enduring Support for Its Role. Pew Research Center - U.S. Politics & Policy.

Dichas percepciones no resultaron ser un tema aislado del país vecino, y México no fue la excepción, pues a lo largo de la historia la percepción ciudadana sobre las instituciones ha mostrado una ausencia de confianza de acuerdo con elementos que pueden agruparse en corrupción, impunidad, inseguridad, falta de servicios imparcialmente distribuidos, entre otros.

Un antecedente importante en este tópico se presentó en los años 50's, donde se empezó a desarrollar un concepto innovador que tendría impacto en las últimas décadas, denominado *gobierno abierto,* en un primer momento en Estados Unidos se enmarcó con el objetivo de canalizar la energía cívica en favor de la transparencia institucional y plasmarla en la agenda de las instituciones públicas.

Para 2003 la Organización para la Cooperación y el Desarrollo Económicos (OCDE) nos adelantaba un primer escenario del concepto de gobierno abierto refiriéndose a *administración abierta,* pero la podríamos identificar hacia la consolidación de los que hoy conocemos como *transparencia institucional,* ya que el objetivo de esta estrategia que nos plasmaba la OCDE estaba delimitada a establecer marcos normativos e instituciones que controlaran el derecho de acceso a la información.

Para 2009 el presidente estadounidense Barack Obama presentó un memorándum denominado "Transparencia y Gobierno Abierto" invitando a generar un nivel de apertura innovador basado en tres principios[4]:

1. Los gobiernos deben ser transparentes, como característica para establecer la rendición de cuentas.
2. La administración pública debe ser participativa, es decir trabajar de la mano de las personas de esa manera incrementar la efectividad y calidad de sus decisiones aprovechando la visión de la sociedad.

---

4 ¿Qué es gobierno abierto? *https://www.gob.mx/sfp/documentos/que-es-gobierno-abierto-nuevo?state=published*

3. Los gobiernos deben ser colaborativos, es decir adaptar sus procesos y toma de decisiones aprovechando diversas herramientas innovadoras que provoquen la comunicación con los diversos sectores de la sociedad generando así un desarrollo y una toma de decisiones más informadas y apegadas a la realidad.

En 2011 se emprendió una iniciativa multilateral con esfuerzos nacionales para promover la transparencia, combatir la corrupción, fortalecer la rendición de cuentas y empoderar a la sociedad, esta iniciativa se denominó Alianza para el Gobierno Abierto[5]. Se establecieron los siguientes compromisos: 1. Incrementar la disponibilidad de la información gubernamental; 2. Apoyar la participación cívica; 3. Implementar altos estándares de integridad en el servicio público; 4. Incrementar el acceso a nuevas tecnologías para la apertura y la rendición de cuentas; 5. Mejorar los servicios, mejor administración de los recursos públicos, promover la innovación y crear sociedades más seguras, y; 6. Buscar la prosperidad, bienestar y dignidad humana.

Planteamientos que además de Estados Unidos, fueron también permeando en los países de México, Brasil, Indonesia, Noruega, Filipinas, Sudáfrica y Reino Unido.

Posterior al inicio se han identificado diversos conceptos que han definido las finalidades y los objetivos de su implementación, por ejemplo: que se ha implementado el Gobierno Abierto como un mecanismo de desarrollo de la innovación colaborativa, o buscando exponer y crear valor público, como un medio de articulación de una cultura de cambio en la gestión y prestación de los servicios públicos.

Todas las naciones que han adoptado esta metodología de trabajo denominada Gobierno Abierto la han implementado según

---

5 Partnership, Open Governente. Declaratoria de Gobierno Abierto. 2023. *https://www.opengovpartnership.org/es/process/joining-ogp/open-government-declaration/*

sus necesidades y su área a atender, ya que subsecuentemente se ha adaptado, por ejemplo: Parlamento Abierto, Justicia Abierta, Municipios Abiertos, Partidos Políticos Abiertos, Universidades Abiertas, entre otros.

De ahí que, en este documento de análisis se abordará el tema *Justicia Abierta*, uno de los sectores institucionales con más impacto social de los últimos años y que se ha convertido en prioridad de las actividades nacionales, impulsado en gran medida por el involucramiento de la sociedad organizada, así como de quienes se encuentran en la toma de decisiones con impacto en dicho rubro.

La justicia abierta busca proveer acceso claro y completo a la información sobre cortes, jueces, fallos judiciales e instituciones legales para empoderar al público en sus relaciones con el estado. También busca incorporar opiniones de la sociedad civil para mejorar los procesos judiciales y aquellos avances generados por innovaciones tecnológicas. La razón principal detrás de una justicia abierta es construir confianza pública en el sistema legal gubernamental, promoviendo así su acercamiento hacia las decisiones tomadas; establecer al mismo tiempo un proceso justo sin discriminación ni prejuicios a fin de reconstruir valores éticos con los cuales nos sentimos representados como conjunto social.

Como modelo de justicia, la justicia abierta se basa en la transparencia y el acceso a información pública con el fin de prevenir y combatir actos corruptos e injusticias. Es decir, busca garantizar que todas las partes implicadas tengan acceso a los mismos recursos para defender sus derechos. El objetivo es promover una mayor eficacia y legitimidad del sistema jurídico al involucrar más participación ciudadana en los procesos judiciales. Además, permite la rendición de cuentas aumentando así la confianza del público en el sistema judicial y en sus autoridades.

La justicia abierta también ayuda a mejorar las relaciones entre ciudadanos e instituciones al fomentar un diálogo abierto sobre políticas públicas y prácticas anticorrupción. En resumen, se busca lograr una mejor gestión judicial a través de mecanismos más transparentes que permitan su revisión constante por parte de la ciudadanía para identificar deficiencias o irregularidades, pero también reconocer aciertos o buenas prácticas.

Por lo regular siempre vigilamos y solicitamos rendir cuentas a las instituciones del poder ejecutivo de los diferentes órdenes de gobierno, pero ¿qué sucede específicamente con las instituciones que imparten justicia?, ¿hasta dónde se ha dado apertura a la sociedad civil para que se convierta en un observante del quehacer de las autoridades jurisdiccionales?, dichos señalamientos resultan por demás interesantes, planteándose en el presente análisis una postura sobre ello.

En México, particularmente el Instituto Nacional de Transparencia, Acceso a la Información y Protección de Datos Personales (INAI) desde el año 2015 con la Ley General de Transparencia, tiene la atribución de trabajar en materia de apertura gubernamental coadyuvando entre sociedad civil y sujetos obligados, y ha promovido la adopción de diversos instrumentos y políticas desde el 2020 para avanzar en la materia.

2. LA JUSTICIA Y SU ADMINISTRACIÓN

La justicia es un concepto ético y legal que se refiere a la equidad, imparcialidad y veracidad en la aplicación de las normas sociales. Es el cumplimiento de las leyes y normas establecidas sin distinción o discriminación alguna, con el objetivo principal de proteger los derechos humanos. Se trata del respeto hacia todas las personas por igual en su dignidad ante cualquier situación que puedan vivir. De igual manera, se busca un castigo justo para quienes violen estas reglas e infrinjan los derechos ciudadanos mediante una sentencia adecuada según cada caso específico dentro del marco jurídico correspondiente.

La justicia desde el punto de vista institucional se entenderá como un sistema oficial encargado de resolver conflictos entre individuos y garantizar la aplicación correcta de las leyes. Está formada por diferentes instituciones, que tienen la responsabilidad de asegurar que toda persona reciba un trato justo e imparcial en el proceso judicial.

Además, otra función importante es velar porque sean respetados los derechos humanos de las personas involucradas en cada caso particular. Todo ello bajo principios universales distintivos como son la presunción de inocencia hasta demostrarse lo contrario o igualdad ante la ley sin importar su origen racial o cultural.

La justicia desde el punto de vista social busca establecer políticas públicas que promuevan la inclusión de las masas y el respeto a los derechos humanos. Esto implica un compromiso activo del estado para garantizar el acceso universal a servicios básicos como salud, educación y vivienda digna.

Para lograr esto también es importante tomar en cuenta las diferencias culturales y lingüísticas dentro de una sociedad. Es necesario fomentar la diversidad cultural para erradicar la discriminación hacia grupos minoritarios; además de brindar apoyo a aquellos grupos históricamente marginados como mujeres, personas con discapacidad, pueblos originarios o migrantes.

En definitiva, desde una perspectiva social se busca construir un mundo más justo e inclusivo que permita dar lugar al desarrollo humano integral basado en valores éticos universales como justicia, solidaridad, tolerancia entre otros, mejorando así la calidad de vida para todos.

La justicia en México ha sido históricamente criticada por su falta de eficacia e imparcialidad. En los últimos años, se han llevado a cabo reformas importantes para mejorar el sistema penal y fortalecer las instituciones encargadas de hacer cumplir la ley. Sin embargo, aún existen desafíos significativos en cuanto al respeto de los derechos humanos y la protección de las víctimas.

Además, persisten cuestiones preocupantes donde se violan derechos fundamentales como es el caso del uso excesivo o indebido de la fuerza policial o militar, así como también intimidación contra periodistas o defensores y defensoras de derechos humanos. A pesar del progreso realizado hasta ahora, todavía hay mucho trabajo por hacer para garantizar una verdadera justicia en México que sea accesible e igualitaria para toda la ciudadanía sin excepción alguna.

Es útil hacer referencia a la Métrica de Gobierno Abierto[6] que es un estudio desarrollado por el Centro de Investigación y Docencia Económicas (CIDE) en conjunto con el INAI que analiza los alcances de la apertura gubernamental en las oficinas públicas de todo el país desde una óptica ciudadana. En este ejercicio se miden dos dimensiones de la apertura gubernamental: 1. Transparencia: ¿qué tanto puede una persona conocer lo que hacen sus gobiernos?; 2. Participación ciudadana: ¿qué tanto puede incidir en sus decisiones?

De este ejercicio se desprende del Índice de Gobierno Abierto, una calificación que va de 0 a 1 (1 es indicativa de un gobierno totalmente abierto y 0 de uno sin apertura), lo cual indica el grado de apertura en los sujetos obligados evaluados. Es importante mencionar que hasta junio de 2023 se han realizado tres ediciones de este ejercicio. En la primera edición (2017) se evaluaron 908 sujetos obligados, en la segunda edición (2019) 1,243, y en esta tercera edición (2021) 1,365. Es preciso señalar que los poderes judiciales de las 32 entidades federativas, así como la Suprema Corte de Justicia de la Nación, el Tribunal Electoral del Poder Judicial de la Federación y el Consejo de la Judicatura Federal, se incluyen en la muestra de sujetos obligados evaluados en esta herramienta.

A continuación, se muestran los resultados obtenidos en la tercera edición de la Métrica de Gobierno Abierto en el ecosistema judicial:

---

6 Instituto Nacional de Transparencia, Acceso a la Información Pública y Protección de Datos Personales y Centro de Investigación y Docencia Económicas. Tercera edición de la Métrica de Gobierno Abierto. 2021. *https://lnppmicrositio.shinyapps.io/metrica_gobierno_abierto_2021/*

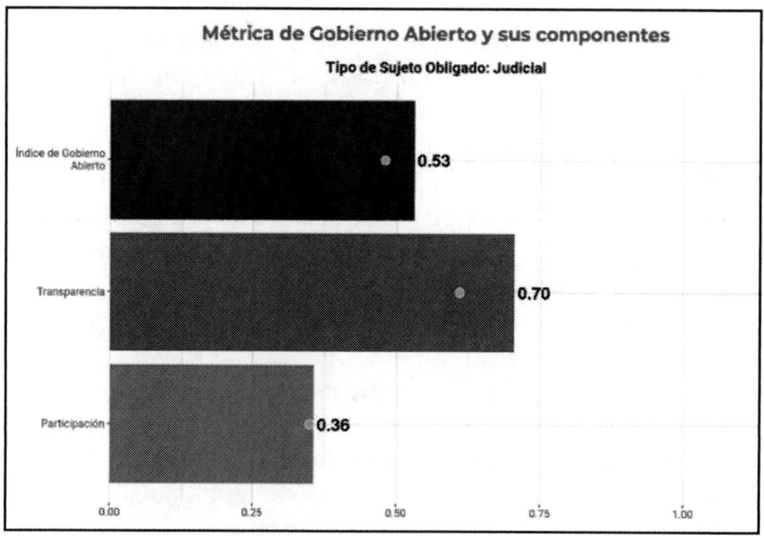

Fuente: Herramienta de visualización de la Métrica de Gobierno Abierto 2021.

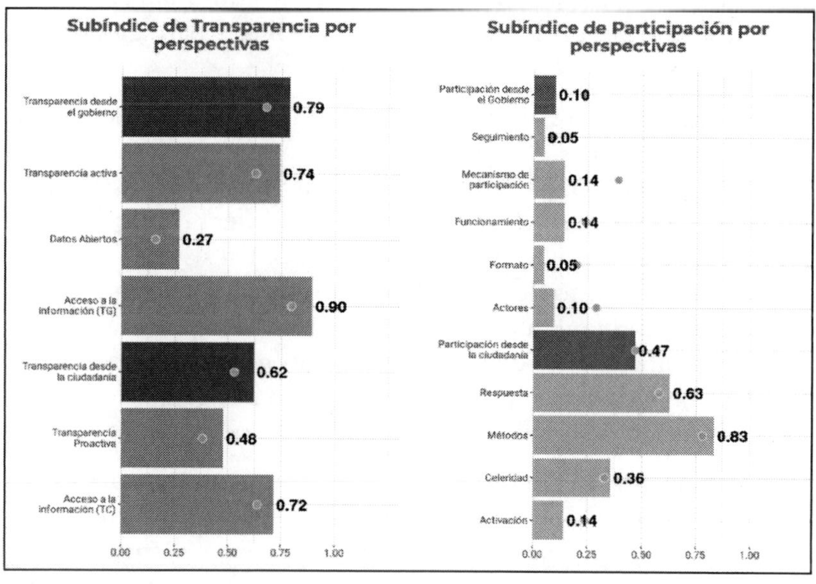

Fuente: Herramienta de visualización de la Métrica de Gobierno Abierto 2021.

Como se puede observar en las gráficas anteriores, la carencia más evidente en el ecosistema judicial está asociada a la participación ciudadana en las instituciones. Lo anterior tiene sentido si consideramos que una jueza o un juez no puede guiar sus criterios con base en las decisiones populares o públicas si no es a través de la figura del *amicus curiae.* Sin embargo, la trascendencia de convocar a especialistas en diversas materias es una necesidad que pocas veces se practica o documenta, lo cual se muestra también en la información anterior.

3. JUSTICIA DESDE LA PERSPECTIVA DE GÉNERO

La justicia con perspectiva de género se refiere a una forma de aplicar la ley que tenga en cuenta las desigualdades y discriminaciones basadas en el género. Para lograr esto, es necesario comprender cómo el género afecta a las mujeres de manera diferente, identificar las barreras e injusticias que enfrentan las personas según su sexo u orientación sexual y trabajar para garantizar equidad ante la ley.

La justicia con perspectiva de género debe abogar por leyes más inclusivas, debiendo fomentarse un mayor número de mujeres dentro del sistema judicial como magistradas o juezas, que conozcan y resuelvan asuntos con una visión integral de género, y se analicen las particularidades de cada caso. Un sistema jurídico verdaderamente justo debe reconocer los obstáculos persistentes y trabajar constantemente para minimizarlos. Con políticas inteligentes específicamente diseñadas desde un marco legal apropiado es posible evitar mayores vulneraciones hacia grupos o personas en situación de desventaja.

La perspectiva de género en México ha sido un tema de discusión y lucha desde hace décadas. Aunque se han dado avances importantes, como la creación de leyes para proteger a las mujeres y garantizar su igualdad ante la ley, aún hay retos importantes por enfrentar. Uno de los problemas más graves que afectan a las mujeres en México es la violencia física, sexual y psicológica pues es una realidad cotidiana que debe ser erradicada. También existen otras formas más sutiles, pero no menos perjudiciales de discriminación hacia ellas, como el acoso laboral o el sesgo inconsciente al tomar decisiones importantes.

Por lo que hace a la impartición de justicia en nuestro país, actualmente se tienen algunos desafíos para tener una perspectiva de género en el actuar de las autoridades jurisdiccionales, estimándose necesario la implementación de los siguientes tópicos:

1. Reformas legales: Es necesario establecer leyes y políticas públicas que promuevan la igualdad entre hombres y mujeres ante la ley y garanticen el derecho a una vida libre de violencia.

2. Sensibilización: Se deben capacitar e informar a jueces y juezas, fiscales, abogados y abogadas sobre cómo interpretar las normas bajo una perspectiva inclusiva e igualitaria.

3. Equidad salarial: El acceso al mismo salario en los cargos jurisdiccionales debe ser equitativo entre hombres y mujeres sin importar su género u orientación sexual.

4. Formación académica especializada: Importante contar con programas educativos dirigidos específicamente hacia los temas relacionados con derechos humanos e inclusión, capacitar constantemente con esa visión formadora.

5. Sistema judicial digitalizado: Un sistema más integral cuyo trámite legal sea más fácil, accesible e innovador como calidad única, eficiente y rápida.

En general son necesarias medidas integrales para garantizar que todas las personas sean tratadas con dignidad dentro del sistema judicial mexicano independiente del sexo, lugar o condición social.

4. JUSTICIA ABIERTA

El gobierno abierto, como ya se ha señalado, es un concepto que ha ganado fuerza en las últimas décadas, y se refiere a la idea de una gobernanza más transparente, participativa y colaborativa, donde las y los ciudadanos pueden acceder a la información y procesos gubernamentales.

De acuerdo con el documento Observatorio de Justicia Abierta 2019, elaborado por la Universidad Nacional Autónoma de México (UNAM) y el Instituto Nacional de Transparencia, Acceso a la Información y Protección de Datos (INAI) en colaboración con el Sistema Nacional de Transparencia[7], el concepto Justicia Abierta, es base para la planeación e implementación de este proyecto consiste en: "La existencia de normas, políticas y capacidades institucionales que garanticen la transparencia, el acceso a la in- formación y la participación ciudadana en las funciones jurisdiccionales y no jurisdiccionales que desempeñan las instituciones judiciales, en un marco de integridad y responsabilidad y mediante la innovación en el uso de tecnologías."

En este contexto, el término "justicia abierta" se utiliza para describir medidas similares aplicadas al sistema judicial. La justicia abierta implica una mayor transparencia en los procedimientos legales; acceso público a la información sobre sentencias judiciales y legislación; e involucramiento activo de los ciudadanos en el proceso legal.

En cuanto avanza esta transición gradual entre lo que comenzó solo siendo enunciados abstractos hasta convertirse cada vez más en una realidad concreta, la participación informada de las personas y su inclusión en el proceso se torna cada día más crucial, a fin de garantizar que los cambios sean justos e igualitarios.

---

7 Saavedra Herrera, Camilo Emiliano y Cortez Salinas, Josafat "Observatorio de Justicia Abierta", México, Instituto Nacional de Transparencia, Acceso a la Información y Protección de Datos Personales, 2020, p. 203.

En términos generales, la justicia abierta se entiende como un modelo participativo y transparente que apunta a mejorar la calidad del servicio público y a fomentar una mayor confianza ciudadana en las instituciones que imparten justicia. La dimensión "abierta" implica tanto generar espacios para involucrar a distintos actores sociales (organizaciones civiles, academia, sector privado) como establecer mecanismos eficaces para rendir cuentas ante la sociedad.

Sobre el impulso que ha dado el INAI en esta materia, es importante resaltar que ha implementado una Declaratoria de interés en materia de Justicia Abierta en las entidades federativas de México por parte de las instituciones del ecosistema judicial, los gobiernos locales, la sociedad civil organizada y los órganos garantes de transparencia. Este documento contiene diversos objetivos para generar un modelo de gobernanza que facilite incorporar prácticas de apertura gubernamental de manera cotidiana en todos sus procedimientos.

Lo anterior, permite en la práctica, y no en lo abstracto, el involucramiento de diversos colectivos en las actividades jurisdiccionales y cuasi jurisdiccionales, con acciones firmadas por parte de las instituciones que suscriban este documento, las cuales promoverán e incentivarán una cultura de transparencia y el ejercicio del derecho de acceso a la información pública, establecido en el artículo 6° de la Constitución Política de los Estados Unidos Mexicanos.

Es preciso señalar, que la mayoría de las personas se enfrentan a un problema respecto a los tecnicismos utilizados específicamente en el ecosistema judicial, por lo que se debe utilizar en todo momento un lenguaje ciudadano y privilegiar los formatos abiertos para que su consulta y comprensión se facilite para analizar, comparar y difundir la información.

Por otra parte, esta Declaratoria alinea las prácticas de Justicia Abierta con los Objetivos de Desarrollo Sostenible, al garantizar el acceso a la justicia a todas las personas para construir instituciones responsables y promover sociedades justas, pacíficas e inclusivas.

También es posible lograr la inclusión de grupos históricamente vulnerados y privilegiar la perspectiva de género en todos los ejercicios de Justicia Abierta. Finalmente, este documento permite promover la rendición de cuentas de manera vertical, horizontal y diagonal con el desarrollo de mecanismos que permitan que la sociedad exija cuentas de las personas servidoras públicas dedicadas a la impartición de justicia.

Ahora bien, la Declaratoria de Justicia Abierta depende del orden de gobierno y si bien, estos objetivos son propuestos por el INAI, cada entidad federativa adopta sus propios proyectos de acuerdo con sus necesidades políticas. Por ejemplo, Quintana Roo y Guanajuato firmaron su declaratoria en septiembre y octubre del año 2021, respectivamente, con la intención de mantenerse a la vanguardia nacional e internacional en materia de apertura.

Entre las principales ventajas de la justicia abierta, se encuentra:

1. *Acceso a la información pública*: La ciudadanía tiene acceso a la información y los procesos judiciales, lo que permite un mayor conocimiento sobre el funcionamiento de la justicia.

2. *Participación ciudadana*: La ciudadanía puede participar activamente en la toma de decisiones y en los procesos judiciales, lo que consiente en una mayor implicación y eficacia en la aplicación de justicia.

3. *Transparencia*: La justicia abierta permite que todos los procesos judiciales sean transparentes, lo que genera confianza en la ciudadanía y mejora la percepción sobre la calidad de la justicia.

4. *Rendición de cuentas*: Las juezas, jueces y fiscales están obligados a rendir cuentas ante la sociedad, lo que aumenta la exigencia y la responsabilidad en la toma de decisiones.

La justicia abierta se ha convertido en una herramienta fundamental para fortalecer la democracia y la participación ciudadana. Su aplicación ayuda a garantizar que la justicia se administre de manera transparente, equitativa y eficaz para todos los ciudadanos.

En general, la justicia abierta se enfoca en cómo la ciudadanía puede gozar de un mayor involucramiento en la toma de decisiones y en la mejora de la calidad de los servicios y decisiones judiciales. Es un enfoque que se está implementando cada vez más en todo el mundo y que busca mejorar la transparencia, la responsabilidad y la participación ciudadana en el sector de la justicia.

En Estados Unidos, la justicia abierta está consagrada en la Primera Enmienda de la Constitución, que garantiza la libertad de prensa, y la Sexta Enmienda, que garantiza el derecho a un juicio público. Estas disposiciones aseguran que el público tenga acceso a los procedimientos y documentos judiciales, lo que promueve la rendición de cuentas y fomenta la confianza del público en el sistema de justicia.

En Europa, el principio de justicia abierta también es ampliamente reconocido. La Red Global de Integridad Judicial del Consejo de Europa ha estado explorando la transparencia judicial desde su lanzamiento oficial en abril de 2018. Los países europeos han implementado varios programas de extensión comunitaria y el uso de tecnología para aumentar la transparencia y la accesibilidad. Estas medidas tienen como objetivo promover la confianza pública en el sistema de justicia y garantizar que siga siendo responsable ante las personas a las que sirve.

Los países en desarrollo también han reconocido la importancia de la justicia abierta en la promoción de la rendición de cuentas y la transparencia. En América Latina, los gobiernos y los poderes judiciales han implementado políticas de gobierno abierto para aumentar la transparencia y el acceso a la información.

Además, la Organización de las Naciones Unidas para la Educación, la Ciencia y la Cultura (UNESCO) se ha asociado con operadores judiciales en cien países para brindar capacitación sobre el uso de la inteligencia artificial y el estado de derecho. Estas iniciativas tienen como objetivo promover el uso de las nuevas tecnologías en el sistema de justicia y aumentar el acceso a la justicia para todas y todos. En general, la justicia abierta promueve la rendición de cuentas, la transparencia y la confianza pública en el sistema de justicia, independientemente de la ubicación o el nivel socioeconómico.

En Centroamérica, se han dado importantes avances en esta materia gracias a los esfuerzos de gobiernos, organizaciones civiles y ciudadanos comprometidos con el fortalecimiento de las instituciones. En El Salvador, por ejemplo, se ha creado una plataforma digital llamada "Justicia Abierta", donde se puede acceder a información relevante sobre casos judiciales y estadísticas del desempeño judicial. También existen medidas para facilitar el acceso a información pública relacionada con el poder judicial.

En Guatemala ya existe desde hace muchos años la Oficina Judicial Mariscal Zavala (OJ), que aplica Justica Abierta mediante audiencias públicas, así como también mediante consulta virtual al público acerca del proceso legal; Honduras cuenta con leyes específicas para fomentar la transparencia y rendición de cuentas dentro del sector justicia; mientras tanto, Costa Rica ha desarrollado mecanismos eficientes para prevenir corrupción al interior de la administración judicial.

Es importante destacar que estos esfuerzos deben ser continuos y sostenidos por las autoridades respectivas, empoderando así, no solo su gestión sino también generando confianza hacia su población usuaria demostrándolo en prácticas reales e impactantes.

Esto permitirá lograr una mayor confianza entre los usuarios de tales servicios y aumentará el escenario democrático, lo que resultará benéfico implementarlo inclusive fuera del funcionamiento jurisdiccional interno asegurando transparencia y comunicación efectiva donde se refuercen los principios de la justicia abierta en toda sociedad.

El objetivo principal es garantizar que las decisiones judiciales sean más accesibles, comprensibles y efectivas para la sociedad, a través de mecanismos como la publicación de sentencias, los juicios públicos y las consultas populares sobre temas relevantes, buscando promover una mayor confianza en el sistema judicial del país.

En México, afortunadamente en los últimos años se han dado a conocer buenas prácticas en materia de apertura jurisdiccional, una de ellas corresponde a las sentencias de lectura fácil que en muchos casos han permitido que las niñas y niños, al ser sujetos de derecho, conozcan y se involucren en las determinaciones emitidas por la autoridad jurisdiccional con impacto en sus vidas. En todo momento se deben generar condiciones que faciliten la integración y participación de las infancias en la labor del poder judicial, por supuesto con acciones acorde a su edad, grado de madurez, desarrollo cognoscitivo y emocional, resguardando su seguridad y lo más importante, evitando su revictimización.

5. JUSTICIA ABIERTA CON PERSPECTIVA DE GÉNERO

La justicia abierta con perspectiva de género es una demanda cada vez más urgente en todo el mundo, y México no es la excepción. A pesar de que se han dado importantes avances en el reconocimiento de los derechos humanos de las mujeres, todavía persisten profundas desigualdades e injusticias que requieren una respuesta integral por parte del sistema judicial.

Por su parte, incorporar una perspectiva de género significa tener presente cómo las relaciones entre hombres y mujeres inciden en todas las facetas cotidianas (incluyendo aquellas relacionadas con el acceso al derecho); asimismo, tomar acciones efectivas para reducir o eliminar estas diferencias debido al estereotipo social determinado por su sexo/identidad, sexual/género u orientación sexual presentes desde temprana edad.

A nivel internacional existen algunos instrumentos jurídicos vinculantes -como Convención sobre Eliminación Todas Formas Discriminación contra Mujer (CEDAW)- que definen métodos claves, la Corte Penal Internacional fue fundada bajo tres principios fundamentales: justicia para las víctimas, imparcialidad y derechos humanos universales.

En México se han dado importantes pasos en la implementación de la justicia abierta con perspectiva de género. La Constitución Política y el Código Nacional de Procedimientos Penales establecen como obligatorio el uso del protocolo homologado para investigar los delitos cometidos contra mujeres; además se cuenta con Fiscalías Especializadas en Atención a Mujeres Víctimas del Delito por Razones de Género (FEM).

Sin embargo, numerosas barreras institucionales continúan dificultando que esta modalidad sea una realidad cotidiana: como la falta sensibilización hacia actores públicos que pueden influir directamente sobre las vidas de las personas vulnerables por razón de sus características socioeconómicas y que afectan provocando cuestionamientos sociales muy profundos respecto a violencia, ya sea en el hogar o trabajo.

Diversos estudios especializados reconocen que se deben implementar estrategias integradoras donde la educación formal e informal sean partícipes activamente; hay una necesidad urgente de romper los mitos antiguos que siguen repitiéndose día a día, y durante varias generaciones sin tener identificado su verdadero origen con una sola meta, el solucionar exclusiones arbitrarias.

En este sentido, resulta fundamental articular un enfoque integral hacia la justicia abierta con perspectiva de género que tenga como base los distintos instrumentos jurídicos nacionales e internacionales y las experiencias innovadoras existentes; asimismo, implementar herramientas prácticas para evaluar su impacto efectivo sobre territorios locales, proyectos colectivos o las mismas comunidades afectadas directamente por desigualdades, y así poder avanzar desde el diálogo pluralista honesto y verdadero hacia una sociedad más inclusiva, igualitaria, sostenible y próspera.

La justicia abierta es una tendencia que busca mejorar el acceso a la justicia para todas las personas, especialmente para aquellas que históricamente han sido marginadas y discriminadas. En este sentido, la perspectiva de género es fundamental para garantizar una justicia abierta e igualitaria para todas las mujeres y personas diversas.

La perspectiva de género debe analizar las desigualdades entre hombres y mujeres, y cómo estas afectan a la hora de acceder a la justicia. Por ejemplo, las mujeres históricamente han sufrido discriminación en el ámbito laboral y en el acceso a la educación, lo que ha limitado su acceso a recursos económicos y educativos para enfrentar procesos judiciales.

En este sentido, la justicia abierta con perspectiva de género busca eliminar estas barreras y garantizar que todas las mujeres y personas diversas tengan acceso a la justicia en igualdad de condiciones. Incluyendo la implementación de políticas y programas que promuevan la igualdad de género en todos los niveles del sistema de justicia, así como la promoción de la participación de estos grupos en la toma de decisiones en el ámbito judicial.

La justicia con perspectiva de género es hoy una necesidad apremiante en convertirse en un concepto que se refiere a la aplicación de la justicia de manera justa, equitativa y libre de prejuicios de género, es decir, sin que se dé lugar a la discriminación por razones de género. El objetivo es garantizar la igualdad entre hombres y mujeres en todo el proceso judicial.

En muchas ocasiones, las mujeres se ven sometidas a diferentes formas de violencia de género, discriminación en el acceso a la justicia, y esta perspectiva busca erradicar estas situaciones que afectan a las mujeres.

La justicia con perspectiva de género se lleva a cabo a través de la educación, la formación y la sensibilización de todo el sistema de justicia, incluyendo a jueces, fiscales, defensores públicos, abogadas y abogados.

Se busca que los procesos judiciales tomen en cuenta las desigualdades de género que, en muchas ocasiones, obstaculizan la protección y la justicia. Es importante que los operadores jurídicos estén preparados para entender las problemáticas que enfrentan las mujeres en distintos contextos sociales y culturales.

Un ejemplo de cómo la perspectiva de género es importante en la administración de justicia es en la evaluación de la credibilidad de declaraciones de las víctimas en cualquier tipo de caso. Durante muchos años, se ha creído que la falta de reacción inmediata de la víctima ante una agresión es sinónimo de que no ocurrió nada, cuando en realidad es común para muchos casos de violencia sexual y doméstica. Estas reacciones, muchas veces, son producto del miedo, la violencia psicológica o el shock emocional.

La justicia con perspectiva de género también busca la inclusión de las mujeres en el sistema judicial y el reconocimiento de sus derechos para garantizar una igualdad real entre hombres y mujeres ante la ley.

EQUIS Justicia para las mujeres, organización de la sociedad civil feminista, desde 2011 ha trabajado para transformar y fortalecer las instituciones y políticas públicas en México, en conjunto con la Asociación Mexicana de Impartidores de Justicia (AMIJ) y el INAI, implementan el Pacto Nacional por una Justicia Abierta con Perspectiva de Género en México[8]. Este Pacto tiene por objeto que las instituciones impartidoras de justicia y los órganos garantes de transparencia en todo el país, implementen acciones y políticas de transparencia y protección judicial, de la mano de organizaciones de la sociedad civil y academia, para que, de manera sensible y humana se atiendan las necesidades y expectativas de justicia de las personas bajo seis líneas estratégicas, a saber:

1. Generar información útil y accesible;
2. Adopción de mecanismos de participación ciudadana;
3. Fortalecimiento de unidades de transparencia;

---

8 EQUIS Justicia para Mujeres, et al, "Pacto por una Justicia Abierta con Perspectiva de Género", México, 2017, *https://pactojusticiaabierta.mx/sites/default/files/pdf/pacto-por-una-justicia-abierta_270921.pdf*

4. Políticas de transparencia proactiva;
5. Publicación de sentencias judiciales, y
6. Justicia digital y prácticas innovadoras.

Con la firma de este Pacto se espera desarrollar lineamientos para introducir la justicia con enfoque de género en los tribunales, un mecanismo ciudadano de seguimiento y evaluación, así como un modelo de justicia abierta. Por otro lado, se espera que las y los integrantes del pacto[9] impulsen una narrativa conjunta que promueva la importancia de transitar hacia un modelo de justicia abierta, reciban y difundan información sobre los avances de los poderes judiciales respecto al cumplimiento del pacto, y participen en espacios de diálogo que involucren a la ciudadanía.

La participación de los organismos garantes de transparencia en el pacto es en calidad de impulsores, ya que fungirán como acompañamiento y guía de los poderes judiciales en el proceso de implementación respecto al cumplimiento de compromisos, así como en la difusión de resultados. Lo anterior, debido a que dichos organismos son los encargados de emitir lineamientos y/o directrices para garantizar la máxima publicidad de la información judicial.

Hasta mayo de 2023 se han sumado los siguientes actores a la implementación de este Pacto: 10 poderes judiciales de las siguientes entidades: Ciudad de México, Coahuila, Campeche, Jalisco, Estado de México, Morelos, Nayarit, Oaxaca, Puebla y Sonora; 26 organismos garantes de transparencia de las siguientes entidades: Aguascalientes, Baja California, Baja California Sur, Campeche, Chiapas, Coahuila, Colima, Ciudad de México, Durango, Guanajuato, Guerrero, Hidalgo, Jalisco, Estado de México, Michoacán, Morelos, Nuevo León, Oaxaca, Puebla, Querétaro, Quintana Roo, San Luis Potosí, Tabasco, Tamaulipas, Yucatán y Zacatecas; más

---

9 Gamboa, Fátima, "Modelo de Justicia Abierta Feminista", EQUIS Justicia para las Mujeres A.C., México, febrero de 2023, *https://equis.org.mx/wp-content/uploads/2023/02/Justicia-abierta-feminista.pdf*

de 50 organizaciones de la sociedad civil, entre las que destacan: Alternativas Pacíficas A.C., Comisión Mexicana de Defensa y Promoción de los Derechos Humanos (CMDPDH), Data Cívica A.C., Grupo de Información en Reproducción Elegida (GIRE), Instituto de Liderazgo Simone de Beauvoir (ILSB), Intersecta A.C., Red de Abogadas Indígenas, entre otras, y; 8 instituciones académicas: Centro de Investigación y Docencia Económicas, A.C. (CIDE), la Escuela de Ciencias Sociales y Gobierno del Instituto Tecnológico y de Estudios Superiores de Monterrey, (TEC de Monterrey), el Departamento de Derecho de la Universidad Iberoamericana (IBERO), Universidad Iberoamericana Campus Puebla, Universidad Autónoma Metropolitana (UAM), Universidad Autónoma del Estado de México (UAEM), Universidad Autónoma de Oaxaca (UABJO), Universidad Autónoma de Tlaxcala (UATx).

En el marco de la implementación de este Pacto, durante 2022 y 2023 se realizaron diversas mesas de trabajo regionales por la justicia abierta, las cueles tuvieron por objeto establecer un mecanismo de colaboración interinstitucional para co-construir un modelo de justicia abierta incluyente y participativo, que contribuya a la garantía del acceso a la justicia para todas las personas en condiciones de igualdad y no discriminación.

A partir de los resultados de estos encuentros regionales, se elaboró el Diagnóstico Nacional de Justicia Abierta Feminista en México, el cual emite diversas recomendaciones para involucrar a todas las personas en el quehacer jurisdiccional y garantizar su acceso a la justicia, bajo los principios de transparencia, participación ciudadana, colaboración y cocreación. Además, establece una línea base para que los poderes judiciales identifiquen áreas de oportunidad para la institucionalización del modelo de justicia abierta feminista y exista un repositorio de buenas prácticas que sirvan de guía a otros poderes judiciales.

Es importante destacar que, con base en este diagnóstico, los poderes judiciales podrán identificar a las poblaciones que han atendido, pero también a las personas que aún no logran acceder a la justicia, por ejemplo, con la publicación de la información desagregada que visibiliza a grupos discriminados históricamente. Por ello, el trabajo colaborativo entre la ciudadanía y las autoridades es de suma importancia para garantizar el acceso a la justicia en condiciones de igualdad y no discriminación. La cocreación de soluciones a problemáticas públicas es la clave para enfrentar los retos dentro de los poderes judiciales.

En este sentido, una de las recomendaciones que se emite desde el poder judicial es procurar la homologación del marco normativo en materia de transparencia, así como establecer la creación de mecanismos de participación efectivos, formales y vinculantes en las leyes orgánicas de los poderes judiciales y contar con reglas específicas y claras respecto a los tipos de convocatoria, los mecanismos, su monitoreo y, sobre todo, el seguimiento a estos.

Además, las personas servidoras públicas que laboran en las instituciones que integran el ecosistema judicial deben capacitarse constantemente con el fin de propiciar condiciones de igualdad y no discriminación, incluyendo ajustes razonables en el cumplimiento de sus funciones; es aquí donde este diagnóstico señala una gran área de oportunidad, respecto a la falta de un programa de capacitación continuo e igualitario que diagnostique las necesidades de las personas. Éste deberá contar con un registro homologado sobre las actividades que se realicen en materia de capacitación, así como su duración, las temáticas que se impartan, los perfiles del personal docente y de las personas capacitadas, los criterios de evaluación, entre otros aspectos.

Otra de las tareas que es importante destacar, se refiere al fortalecimiento de la labor de las Unidades de Transparencia a través de instrumentos normativos que sustenten su función como el vínculo entre la sociedad y las autoridades. Aunado a lo anterior, se reconoce que estos vínculos contribuyen también a la implementación de políticas de transparencia proactiva, las cuales, permiten que los sujetos obligados conozcan las demandas ciudadanas, para favorecer la publicación de información útil, con perspectiva de género.

Ahora bien, la Ley General de Transparencia y Acceso a la Información Pública (LGTAIP) mandata en su Artículo 73 que todos los sujetos obligados de los poderes judiciales deberán poner a disposición y actualizar la información respecto a las tesis y ejecutorias publicadas en el Semanario Judicial de la Federación o en la Gaceta de cada tribunal administrativo (incluyendo tesis jurisprudenciales y aisladas); versiones públicas de las sentencias emitidas; versiones estenográficas de las sesiones públicas que se lleven a cabo; información relacionada con los procesos por los cuales se designaron a las juezas, jueces, magistradas y magistrados, así como la lista de acuerdos que diariamente se publiquen.

Sin embargo, esta información carece de lineamientos específicos que cumplan con los criterios de accesibilidad, oportunidad, completitud y pertenencia. Por lo que se debe fomentar la difusión clara y accesible de esta, considerando los datos abiertos y como se había mencionado anteriormente, utilizando lenguaje ciudadano.

Para concluir con este apartado, del Diagnóstico Nacional por una Justicia Abierta Feminista en México, se señala que dicho documento permite visibilizar estrategias innovadoras para acercar la justicia al mayor número de personas posibles, sobre todo a aquellas que se encuentren en una situación de vulnerabilidad.

En definitiva, la justicia con perspectiva de género es una herramienta fundamental para combatir la discriminación y violencia de género, garantizar una justicia igualitaria para todas las personas y crear una sociedad más justa.

En conclusión, la justicia abierta con perspectiva de género es fundamental para garantizar un acceso igualitario a la justicia para todas las mujeres y personas de la diversidad. Es necesario seguir avanzando en la implementación de políticas y programas que promuevan la igualdad de género en el sistema de justicia, así como en la capacitación y sensibilización de los funcionarios judiciales en temas de género. Solo de esta manera se podrá garantizar una justicia abierta e igualitaria para todas las personas.

6. EL CAMINO HACIA UNA JUSTICIA IGUALITARIA Y NO DISCRIMINATORIA

La justicia abierta igualitaria es un principio fundamental del ordenamiento jurídico que garantiza la transparencia, la equidad y la imparcialidad en la administración de justicia. Se refiere a la idea de que todas las personas, independientemente de su condición social, género, raza o etnia, deben tener igual acceso a la justicia y ser tratados por igual ante la ley. Por lo tanto, la justicia abierta igualitaria es crucial para el buen funcionamiento del sistema legal y la protección de los derechos y libertades individuales.

No se puede exagerar el papel de la justicia abierta e igualitaria en la defensa del estado de derecho. Garantiza que el sistema legal funcione de manera responsable, lo cual es fundamental para mantener la confianza del público en el poder judicial. Además, promueve los principios de equidad, imparcialidad e igualdad ante la ley, que son los pilares de una sociedad justa y democrática.

Al garantizar que la justicia sea accesible para todas las personas, independientemente de su condición social o antecedentes, la justicia abierta igualitaria ayuda a prevenir la discriminación y garantiza que la justicia se imparta de manera justa y equitativa. Los beneficios de la justicia abierta equitativa se extienden más allá del sistema legal y tienen un impacto positivo en la sociedad en su conjunto. Promueve la cohesión social y ayuda a construir sociedades más igualitarias y equitativas.

Al garantizar que la justicia sea accesible para todas las personas, ayuda a reducir la desigualdad social y promover la justicia social. También ayuda a fomentar la confianza pública en el sistema legal, que es esencial para mantener una sociedad estable y democrática. Por lo tanto, promover y defender los principios de la justicia abierta e igualitaria no es solo una obligación legal sino también un imperativo moral para todas las personas e instituciones involucradas en la administración de justicia.

La justicia abierta igualitaria es un concepto novedoso que pretende llevar la transparencia y la equidad a cada uno de los procesos judiciales en México. Un proceso abierto, accesible y justo es ideal para garantizar una aplicación efectiva del derecho.

Para poder implementar correctamente este tipo de justicia, se considera seguir algunas recomendaciones generales: 1. Transparencia total: Es necesario crear mecanismos para una publicación amplia de toda actividad relevantes en las diferentes instancias judiciales; desde el acceso a expedientes hasta resultados finales; 2. Acceso universal a la información: Todos los actores involucrados deberán tener acceso ilimitado e inmediato al registro público, así como también consultar documentos relevantes por internet sin limitaciones geográficas o tecnológicas; 3. Participación cívica activa: Las decisiones más importantes afectan directamente a quienes reciben sentencias, pero no siempre son parte integral del proceso, por lo que es muy importante que sean tomados en cuenta hasta sus últimas consecuencias buscando devolverles voz decisoria en ese momento final; 4. Respeto total hacia los derechos humanos, y; 5. Inversión económica pública: Lo que implica mejores salarios a los operadores jurídicos, pugnando por la dignificación del sistema judicial abierto, público, sensible e innovador teniendo presente que vivimos tiempos modernos con proyectos educativos buscando mayores beneficios colectivos para México, de tal manera que pueda ser ejemplo consolidación democrática y generador de valor público.

El camino hacia la justicia abierta e igualitaria en nuestro país es largo y requiere un compromiso firme de todos los involucrados. Al implementar estas recomendaciones, podemos trabajar juntos para construir una sociedad más libre, igualitaria y justa. La justicia en México ha sido un tema muy discutido y polémico durante muchos años. Sin embargo, es esencial entender que la justicia no solo debe ser aplicada a la ciudadanía de manera igualitaria, sino también debe ser percibida como verdaderamente imparcial e independiente.

Por lo que, la implementación de una justicia abierta igualitaria y no discriminatoria, traería como impacto trascendente lo siguiente:

1. Combate efectivo contra la corrupción: La falta de transparencia en los sistemas judiciales puede generar un ambiente propicio para actos ilícitos como el soborno o tráfico de influencias. Cuando existe mayor apertura sobre cómo funcionan estas instancias se disminuye drásticamente esta posibilidad.

2. Fortalecimiento del control democrático: La justica abierta igualitaria y no discriminatoria hace posible mejorar controles democráticos respecto al impacto social que producen procedimientos jurídicos determinados, permitiendo tomar decisiones informadas haciendo visibles casos específicos.

3. Protección de la vida privada: En ocasiones, las personas involucradas en procesos judiciales pueden sufrir amenazas a su integridad física o psicológica. Una justicia abierta permite hacer seguimiento a la situación y proteger los derechos fundamentales de estas personas.

7. CONCLUSIONES

La justicia abierta es una herramienta que permite a los ciudadanos acceder a información pública relacionada con la administración de justicia, así como también participar activamente en el proceso judicial y en la lucha contra la corrupción. En países subdesarrollados, donde las instituciones judiciales pueden ser débiles y estar sujetas a influencias políticas o económicas, es especialmente importante promover una cultura de transparencia e integridad para garantizar un equilibrio de poderes justo.

En países subdesarrollados, donde el acceso a justicia puede verse limitado por factores económicos y políticos, una Justicia Abierta es un elemento fundamental para garantizar que el poder judicial cumpla con sus deberes éticos e institucionales. De este modo se crea un círculo positivo que aleja cualquier tipo de sospecha sobre cómo está funcionando nuestra democracia.

La justicia abierta es un concepto que se refiere a la transparencia y accesibilidad del sistema de justicia para la ciudadanía. En México, aunque ha habido avances significativos en los últimos años, todavía hay una agenda pendiente para lograr una verdadera implementación de este principio en todas las entidades del país.

El impulso que se le ha dado a la agenda de justicia abierta, así como a la de municipios, parlamentos o estado abiertos, permite que a nivel nacional los poderes judiciales inicien largas discusiones sobre la información que debe publicarse y la participación de la ciudadana en los procesos que históricamente eran cerrados y especializados.

Uno de los retos principales es el acceso a la información sobre el funcionamiento y decisiones de los poderes judiciales. Aunque existe un marco legal que obliga a las instituciones a publicar información relevante como resoluciones y sus estadísticas, aún persisten prácticas opacas o burocráticas que dificultan el acceso efectivo.

Otro obstáculo importante está relacionado con la participación ciudadana en el diseño y evaluación de las políticas públicas en materia judicial. Si bien, existen algunas iniciativas como mesas o foros consultivos para escuchar opiniones externas, éstas suelen ser poco estructuradas e insuficientemente vinculantes para repercutir en el proceso legislativo que modifique los procesos jurisdiccionales de manera efectiva para solidificar la justicia abierta con perspectiva de género, igualitaria y no discriminatoria.

Sin duda, todavía hay un camino importante por recorrer en la implementación de la justicia abierta en todas las entidades de México; por lo que, es necesario fortalecer los mecanismos para garantizar el acceso a información pública, fomentar una participación ciudadana efectiva y utilizar adecuadamente herramientas tecnológicas que faciliten estos procesos y contribuyan a su transparencia.

La perspectiva de género ha ido conquistando terreno en los tribunales de justicia de los estados, aunque aún hay muchos desafíos por enfrentar. La visión tradicionalmente masculina que ha predominado durante décadas en la impartición de justicia conlleva a muchas prácticas discriminatorias hacia las mujeres y una falta sistémica al acceso eficaz e igualitario a la justicia.

No obstante, se han implementado diversas políticas públicas y programas para mejorar el acceso equitativo para todas las personas sin importar su género. Sin embargo, a pesar de estos avances en la perspectiva de género aún hay mucho por hacer y barreras que enfrentar para lograr una verdadera igualdad en los tribunales. El machismo arraigado en el tejido social es una de las mayores dificultades que perviven desafiando esta línea procesal evolutiva.

La justicia social es un concepto que se refiere a la igualdad de oportunidades y trato en una sociedad, independientemente de factores como el género, la raza, la orientación sexual o el estatus socioeconómico. En México, existen muchas áreas en las que actualmente no se cumple con este estándar de bienestar para todos los ciudadanos.

Justicia abierta es un enfoque de la justicia que promueve la transparencia, la participación ciudadana y el acceso a la información para lograr una mayor equidad y eficacia del sistema judicial. En nuestro país, este concepto se ha convertido en un mecanismo para llegar a la justicia social, al garantizar que todas las personas tengan igualdad de oportunidades y recursos para hacer valer sus derechos ante las autoridades.

A través de herramientas como los portales electrónicos, sistemas informáticos accesibles al público e iniciativas gubernamentales como el Open Government Partnership (OGP), la ciudadanía puede acceder a información sobre decisiones judiciales y políticas públicas relacionadas con temas jurisdiccionales relevantes.

Esto permite una mayor transparencia en el proceso judicial, facilitando así su comprensión por parte de las y los interesados y aumentando su participación que influye al momento de la toma de decisiones.

Además, esta propuesta busca impulsar cambios institucionales desde adentro del mismo poder judicial mexicano, mediante procesos colaborativos entre gobierno e iniciativa privada y/o academia, lo cual permitirá cambios significativos dentro del aparato jurisdiccional actualmente existente en México.

n conclusión, Justica Abierta no solo garantiza igualdad sino también democratización en la sociedad mexicana.

8. REFERENCIAS BIBLIOGRÁFICAS

Acceso a la Justicia a través de la información, Guía de orientación y asistencia judicial, Paraguay, Centro de estudios judiciales, 2010.

Bidegain Nicole, Fernández – Stark Karina, Mulder Nanno, Weck Winfried, Brechas de Género en las cadenas globales de valor en América Latina y el Caribe, Comisión Económica para América Latina y el Caribe (CEPAL), 2023.

Coyla Luis, José Christian "Justicia Abierta: Un desafío para la gobernanza democrática", Comisión Económica para América Latina y el Caribe, Chile, enero de 2019, https://comunidades.cepal.org/ilpes/es/grupos/discusion/justicia-abierta-un-desafio-para-la-gobernanza-democratica

EQUIS Justicia para Mujeres, et al, "Pacto por una Justicia Abierta con Perspectiva de Género", México, 2017. *https://pactojusticiaabierta.mx/sites/default/files/pdf/pacto-por-una-justicia-abierta_270921.pdf*

Gamboa, Fátima, "Modelo de Justicia Abierta Feminista", EQUIS Justicia para las Mujeres A.C., México, febrero de 2023, *https://equis.org.mx/wp-content/uploads/2023/02/Justicia-abierta-feminista.pdf*

Género y democracia, Consejo Nacional para prevenir la discriminación, 1ª. Ed. México, 2012.

Grupo de Trabajo Justicia Iberoamericana abierta "Principios y Recomendaciones para la promoción de la Justicia Abierta en los poderes, órganos y organismos judiciales iberoamericanos", Cumbre Judicial Iberoamericana, XIX Cumbre Nacional Iberoamericana, Ecuador, septiembre de 2017, http://www.cumbrejudicial.org/justicia-abierta/download/879/587/15

¿Qué es gobierno abierto? *https://www.gob.mx/sfp/documentos/que-es-gobierno-abierto-nuevo?state=published*

Heller Mariano (Coordinador), Justicia Abierta, Argentina, Poder Judicial de la ciudad de Buenos Aires, 2019.

Impactos de la corrupción sobre los derechos de las mujeres en las Américas una agenda en construcción, Secretaría de Cumbres de las Américas en coordinación con la Comisión Interamericana de Mujeres, 2022.

Instituto Nacional de Transparencia, Acceso a la Información Pública y Protección de Datos Personales y Centro de Investigación y Docencia Económicas. Tercera edición de la Métrica de Gobierno Abierto. 2021. *https://lnppmicrositio.shinyapps.io/metrica_gobierno_abierto_2021/*

Naser Alejandra, Ramírez – Alujas, Rosales Daniela, Desde el gobierno abierto al Estado Abierto en América Latina y el Caribe, Comisión Económica para América Latina y el Caribe (CEPAL), Santiago, abril de 2017.

Núcleo de la Sociedad Civil para el Gobierno Abierto en México, Guía para la cocreación de compromisos de Gobierno Abierto con perspectiva de género y desarrollo sostenible, Causa Natura, México, 2022.

Observatorio de Justicia Abierta, Facultad de Ciencia Políticas y Sociales de la Universidad Autónoma de México (UNAM), México, 2019.

Oficina de las Naciones Unidas contra la Droga y el Delito, "Justicia abierta y confianza pública" Red Mundial de Integridad Judicial, Qatar, abril de 2018, *https://www.unodc.org/ji/es/knowledge-products/open-justice.html*

Organización de los Estados Americanos, "Carta Democrática Interamericana", Vigésimo octavo Período Extraordinario de Sesiones, Perú, septiembre de 2001: *https://www.oas.org/charter/docs_es/resolucion1_es.htm*

Partnership, Open Govermente. Declaratoria de Gobierno Abierto. 2023. https://www.opengovpartnership.org/es/process/joining-ogp/open-government-declaration/

Payne Leigh A., Pereira Gabriel, Bernal – Bermúdez Laura, Justicia transicional y la rendición de cuentas de actores económicos, desde abajo: desplegando la palanca de Arquímedes, 1a. Ed. Colombia, Editorial Dejusticia, 2021.

Saavedra Herrera, Camilo Emiliano y Cortez Salinas, Josafat "Observatorio de Justicia Abierta", México, Instituto Nacional de Transparencia, Acceso a la Información y Protección de Datos Personales, 2020.

Algunas relaciones entre derechos humanos, salud mental y democracia

JOEL RICARDO NEVÁREZ DEL RIVERO[1]
ALEJANDRO VÁZQUEZ MELERO[2]

SUMARIO: 1. INTRODUCCIÓN. 2. RELACIONES ENTRE SALUD MENTAL, DEMOCRACIA Y CULTURA DE LA LEGALIDAD. 3. SALUD MENTAL, DERECHOS HUMANOS Y OBLIGACIONES DEL ESTADO. 4. IMPORTANCIA DE LA SALUD MENTAL. 5. DERECHOS HUMANOS, POLÍTICAS PÚBLICAS Y PERSONAS SANAS. 6. CONCLUSIONES. 7. FUENTES DE LA INVESTIGACIÓN.

---

1 Investigador del Instituto de Investigaciones Jurídicas de la UJED; Licenciado en Derecho con Maestría en Derecho Constitucional y Administrativo; Doctor en Derecho, egresado del Programa Nacional de Posgrados de Calidad (PNPC) del CONAHCYT; miembro del Sistema Nacional de Investigadoras e Investigadores del CONAHCYT; Investigador Honorífico del Consejo de Ciencia y Tecnología del Estado de Durango; miembro del Cuerpo Académico: "Aspectos Constitucionales en la Reforma del Estado Mexicano"; miembro del Grupo de Investigación: "Democracia Constitucional, Transformaciones Sociales, Libertades y Derechos".

2 Investigador del Instituto de Investigaciones Jurídicas de la UJED; Catedrático del Instituto Universitario Bilingüe de Durango; Licenciado en Administración y Licenciado en Derecho con Maestrías en Derecho Constitucional y Administrativo, y en Derecho Procesal Penal; Doctor en Derecho, egresado del Programa Nacional de Posgrados de Calidad (PNPC) del CONAHCYT; miembro del Sistema Nacional de Investigadoras e Investigadores del CONAHCYT; Investigador Honorífico del Consejo de Ciencia y Tecnología del Estado de Durango; miembro del Cuerpo Académico: "Aspectos Constitucionales en la Reforma del Estado Mexicano"; miembro del Grupo de Investigación: "Democracia Constitucional, Transformaciones Sociales, Libertades y Derechos".

RESUMEN: La investigación aborda algunas relaciones entre derechos humanos, salud mental y democracia, considerando que la pandemia por la COVID-19 ocasionó diversos problemas precisamente en el ámbito de la salud mental de las personas. Sin embargo, incluso desde antes de la pandemia ya había mucha evidencia de la necesidad de tratar adecuadamente este ámbito de la salud en general y hacer valer los derechos de las personas con trastornos mentales.

Si se desea que haya una verdadera democracia, el Estado debe procurar y hacer valer todo lo que sea necesario para que sus ciudadanos estén en óptimas condiciones no sólo físicas sino mentales, pues la vida cotidiana hoy en día presenta muchas situaciones que puedan dar lugar a una afección mental, por lo complicado que resulta la satisfacción de los derechos humanos.

Por lo anterior, derechos humanos, salud mental y democracia deben verse como parte de un todo integral en donde los tratamientos mentales sean parte del derecho a la salud y de un bienestar integral para todos los integrantes de una sociedad organizada.

PALABRAS CLAVE: DERECHOS HUMANOS, SALUD MENTAL, DEMOCRACIA, POLÍTICAS PÚBLICAS, OBLIGACIONES DEL ESTADO

1. INTRODUCCIÓN

En este trabajo se estudiarán las relaciones entre derechos humanos, salud mental y democracia. Primero se abordarán algunos vínculos que pueden existir entre salud mental, democracia y cultura de la legalidad, pues para ejercer toda clase de derechos debe haber adecuadas condiciones de respeto a la ley, empezando por la más importante de todas, que en el caso mexicano no es otra sino la Constitución Política de los Estados Mexicanos, a partir de la cual se establecen y reconocen los derechos humanos, el derecho a la salud y la dimensión mental de éste.

En el siguiente punto de la investigación, se habla de las relaciones entre salud mental, derechos humanos y obligaciones del Estado, atendiendo al hecho de que éste debe asumir sus funciones, cumplir con lo que le corresponde constitucional y legalmente hablando, además de mejorar permanentemente los servicios de salud mental y la infraestructura necesaria para ello, lo cual requiere un compromiso en todos los aspectos (empezando por el presupuestal), además de voluntad política.

En el próximo punto del capítulo se habla de la importancia de la salud mental como algo que se ha potenciado con la pandemia por la COVID-19 pero que desde antes de la misma ya había causado muchos estragos en los sistemas de salud público en México y en otros países. Los compromisos políticos y jurídicos para hacerla valer deben ser, por supuesto, firmes y decididos.

El tema referido de la salud mental se conecta con las relaciones entre derechos humanos, políticas públicas y personas sanas, ya que un buen estado de salud en todos los aspectos corresponde a la generalidad de la población desde sus respectivas posiciones.

Al final se ofrecen las conclusiones pertinentes para que los lectores realicen sus propios análisis, considerando que el derecho a la salud en general, el derecho a la salud mental en particular y los derechos de las personas con trastornos mentales son indispensables en nuestra actualidad, a pesar de que a veces sean invisibles.

2. RELACIONES ENTRE SALUD MENTAL, DEMOCRACIA YCULTURA DE LA LEGALIDAD

Salud mental, democracia y cultura de la legalidad son tres conceptos que deben relacionarse adecuadamente si pretendemos que las personas que integran una sociedad estén sanas en todos los aspectos. Desafortunadamente, no siempre es así porque no son asuntos muy políticamente rentables, lo cual en el largo plazo impacta negativamente en la democracia y en los aspectos cualitativos que tiene la misma.

La salud mental impacta en que la democracia sea verdaderamente sustancial, no sólo formal, porque los ciudadanos con buena salud mental están capacitados para tomar decisiones desde un punto de vista racional, más allá de sus preferencias ideológicas, partidistas, religiosas, culturales, políticas o de otra índole.

Del mismo modo, si hay salud mental hay una cultura de la legalidad adecuada, pues se demuestra que el Estado trabaja en todos los aspectos de la salud y no sólo en los corporales propiamente dichos. Se demuestra además que las autoridades cuidan las diversas dimensiones que tiene la salud y que cumplen con sus obligaciones.

Habiendo salud mental, entonces, hay mayores posibilidades de que exista una democracia completa y una cultura de la legalidad desarrollada. Por eso es importante fomentarla desde un punto de vista colectivo, político y/o democrático en concreto. Con salud mental, las personas están habilitadas para desarrollar sus habilidades cognitivas.

No hay una definición exacta de lo que es la salud mental. Así lo expone Enrique Guinsberg:

> En efecto en una disciplina tan antigua como la medicina -que tiene ya varios siglos de evolución, mientras la psicología como máximo un siglo y medio de relativa autonomía, y el psicoanálisis sólo un siglo-, las nociones de 'salud' son bastante precisas en general y para el estado de las diferentes partes del organismo físico (aunque varían con la edad). Pero, es demasiado conocido y evidente, no puede hacerse lo mismo con la 'salud mental', término de por sí no siempre aceptado, lo que significa que no pocas veces es rechazado por algunas corrientes o escuelas del campo genéricamente llamados *psi* (psicólogos, psiquiatras, psicoanalistas, psicopedagogos, etcétera).
>
> Una más que somera revisión bibliográfica -no es necesario hacerla más extensa- lo comprueba categóricamente. Mientras un muy conocido diccionario de psicología se limita a verla como término equivalente al inglés 'sanity' y al francés 'santé mentale' y la define como 'Estado mental normal del individuo humano (contrario a insanía)' -y la búsqueda de 'insanía' la remite a 'locura' entendida como 'desequilibrio mental, psicosis'-, otro la conceptualiza como 'Estado de ajuste favorable, que presupone características mentales personales particularmente deseables, considerando también el estado de salud física de la persona'. Por su parte el más conocido y valioso diccionario de psicoanálisis simplemente no incluye ese término, como tampoco aparece en el riguroso y completo

> 'Índice alfabético de materias' de la traducción más reciente de las obras completas de Freud.[3]

La Constitución Política de los Estados Unidos Mexicanos es clara en su Artículo Cuarto, Párrafo Cuarto, cuando señala que toda persona tiene derecho a la protección de la salud. La Ley definirá las bases y modalidades para el acceso a los servicios de salud y establecerá la concurrencia de la Federación y las entidades federativas en materia de salubridad general, conforme a lo que dispone la fracción XVI del artículo 73 de esta Constitución. La Ley definirá un sistema de salud para el bienestar, con el fin de garantizar la extensión progresiva, cuantitativa y cualitativa de los servicios de salud para la atención integral y gratuita de las personas que no cuenten con seguridad social.

Si bien es cierto que esta disposición constitucional habla de la salud en general, podemos interpretar sin temor a equivocarnos que también se abarca, o debe abarcarse, a la salud mental, por virtud de una interpretación expansiva y progresiva que brinde la protección más amplia a las personas, en aplicación de los principios pro persona y de interpretación conforme.

La Ley General de Salud contiene diversas referencias a la salud mental; a continuación se enunciarán:

> Artículo 1o. Bis.- Se entiende por salud como un estado de completo bienestar físico, mental y social, y no solamente la ausencia de afecciones o enfermedades.
>
> Artículo 2o.- El derecho a la protección de la salud, tiene las siguientes finalidades:
>
> I.- El bienestar físico y mental de la persona, para contribuir al ejercicio pleno de sus capacidades;
>
> Artículo 3°.- En los términos de esta Ley, es materia de salubridad general:
>
> ...

[3] Guinsberg, Enrique, *La salud mental en el neoliberalismo*, 2ª. Edición, México, Plaza y Valdés, 2004, pp. 21-22.

VI.- La salud mental;

Artículo 72.- La salud mental y la prevención de las adicciones tendrán carácter prioritario dentro de las políticas de salud y deberán brindarse conforme a lo establecido en la Constitución y en los tratados internacionales en materia de derechos humanos. El Estado garantizará el acceso universal, igualitario y equitativo a la atención de la salud mental y de las adicciones a las personas en el territorio nacional.

Toda persona tiene derecho a gozar del más alto nivel posible de salud mental, sin discriminación por motivos de origen étnico o nacional, el color de piel, la cultura, el sexo, el género, la edad, las discapacidades, la condición social, económica, de salud o jurídica, la religión, la apariencia física, las características genéticas, la situación migratoria, el embarazo, la lengua, las opiniones, las preferencias sexuales, la identidad, la expresión de género, la filiación política, el estado civil, el idioma, los antecedentes penales o cualquier otra que atente contra la dignidad humana y tenga por objeto anular o menoscabar los derechos y libertades de las personas.

Para los efectos de esta Ley, se entiende por salud mental un estado de bienestar físico, mental, emocional y social determinado por la interacción del individuo con la sociedad y vinculado al ejercicio pleno de los derechos humanos; y por adicción a la enfermedad física y psico-emocional que crea una dependencia o necesidad hacia una sustancia, actividad o relación.

Artículo 72 Bis.- El propósito último de los servicios de salud mental es la recuperación y el bienestar, el despliegue óptimo de sus potencialidades individuales para la convivencia, el trabajo y la recreación.

La recuperación varía de persona a persona, de acuerdo con las preferencias individuales, significa el empoderamiento de la persona para poder tener una vida autónoma, superando o manejando el trauma.

La atención a la salud mental deberá brindarse con un enfoque comunitario, de recuperación y con estricto respeto a los derechos humanos de los usuarios de estos servicios, en apego a los principios de interculturalidad, interdisciplinariedad, integralidad, intersectorialidad, perspectiva de género y participación social.

Artículo 73.- Los servicios y programas en materia de salud mental y adicciones deberán privilegiar la atención comunitaria, integral, interdisciplinaria, intercultural, intersectorial, con perspectiva de género y participativa de las personas desde el primer nivel de atención y los hospitales generales.

La Secretaría de Salud, las instituciones de salud y los gobiernos de las entidades federativas, en coordinación con las autoridades competentes en cada materia, fomentarán y apoyarán:

I. El desarrollo de actividades educativas, socioculturales y recreativas con carácter permanente que contribuyan a la salud mental y a la prevención de adicciones, preferentemente a grupos en situación de vulnerabilidad;

II. La difusión de las orientaciones para la promoción de la salud mental, así como el conocimiento y prevención de los trastornos mentales y por consumo de sustancias psicoactivas, y de adicciones;

III. La realización de programas para la prevención y control del uso de sustancias psicoactivas y de adicciones;

IV. Las acciones y campañas de promoción de los derechos de la población, sobre salud mental y adicciones, así como de sensibilización para reducir el estigma y la discriminación, a fin de favorecer el acceso oportuno de la atención;

V. La implementación estratégica de servicios de atención de salud mental y adicciones en establecimientos de la red integral de servicios de salud del Sistema Nacional de Salud, que permita abatir la brecha de atención;

V Bis. Se deroga.

VI. La investigación multidisciplinaria en materia de salud mental;

VII. La participación de observadores externos en derechos humanos y la implementación de un mecanismo de supervisión y el desarrollo de programas que promuevan, protejan y garanticen los derechos humanos en cualquier establecimiento de salud;

VIII. La detección de los grupos poblacionales en riesgo de presentar trastornos mentales y por consumo de sustancias psicoactivas, y de adicciones, preferentemente niñas, niños y adolescentes y miembros de grupos vulnerables;

IX. El desarrollo de equipos de respuesta inmediata para situaciones de crisis, capacitados en técnicas para atenuar el escalamiento de crisis;

X. La capacitación y educación en salud mental al personal de salud en el Sistema Nacional de Salud;

XI. El desarrollo de acciones y programas para detectar, atender y prevenir el suicidio, y

XII. Las demás acciones que directa o indirectamente contribuyan a la prevención, atención, recuperación y fomento de la salud mental de la población.

Resultan interesantes las siguientes tesis emitidas por el Poder Judicial de la Federación:

Suprema Corte de Justicia de la Nación

Registro digital: 2020589

Instancia: Segunda Sala

Décima Época

Materias(s): Constitucional, Administrativa

Tesis: 2a. LVIII/2019 (10a.)

Fuente: Gaceta del Semanario Judicial de la Federación. Libro 70, septiembre de 2019, Tomo I, página 420

Tipo: Aislada

DERECHO A LA SALUD MENTAL. DEBE PROTEGERSE DE MANERA INTEGRAL Y ELLO INCLUYE, CUANDO MENOS, EL SUMINISTRO DE MEDICAMENTOS BÁSICOS PARA SU TRATAMIENTO.

Del análisis conjunto de los artículos 4o. de la Constitución Política de los Estados Unidos Mexicanos y 12, numeral 2, inciso d), del Pacto Internacional de Derechos Económicos, Sociales y Culturales se desprende que el Estado mexicano se encuentra obligado a crear las condiciones que aseguren a todas las personas la asistencia médica y servicios médicos en casos de enfermedad. Asimismo, se advierte que una cuestión fundamental e inherente a la debida protección del derecho a la salud es que los servicios se presten de manera integral, lo que implica que se debe proporcionar un tratamiento adecuado y completo. En este sentido, la debida protección del derecho a la salud incluye, cuando menos, el suministro de medicamentos básicos. Por otra parte, bajo la premisa de que la Constitución Política de los Estados Unidos Mexicanos y los tratados internacionales de los que el Estado mexicano es parte otorgan el mismo tratamiento normativo a la protección de la salud física y la mental, se puede concluir que el Estado está obligado a prestar los servicios de salud mental de manera integral y, específicamente, a suministrar los medicamentos básicos necesarios para su tratamiento.

Amparo en revisión 251/2016. Javier Ezra González Gómez. 15 de mayo de 2019. Unanimidad de cuatro votos de los Ministros Alberto Pérez Dayán, José Fernando Franco González Salas, Yasmín Esquivel Mossa y Javier Laynez Potisek. Impedido: Eduardo Medina Mora I. Ponente: Javier Laynez Potisek. Secretario: José Omar Hernández Salgado.

Esta tesis se publicó el viernes 13 de septiembre de 2019 a las 10:22 horas en el Semanario Judicial de la Federación.

Suprema Corte de Justicia de la Nación

Registro digital: 2020588

Instancia: Segunda Sala

Décima Época

Materias(s): Constitucional, Administrativa

Tesis: 2a. LVII/2019 (10a.)

Fuente: Gaceta del Semanario Judicial de la Federación. Libro 70, septiembre de 2019, Tomo I, página 420

Tipo: Aislada

DERECHO A LA SALUD. EN MATERIA DE SALUD MENTAL, EL PRINCIPIO DE PROGRESIVIDAD EN EL SUMINISTRO DE MEDICAMENTOS DEBE GARANTIZARSE SIN DISCRIMINACIÓN.

En atención a los deberes previstos por el artículo 1o., párrafos primero y segundo, de la Constitución Política de los Estados Unidos Mexicanos, en relación con los más altos estándares internacionales, se advierte que la obligación progresiva del derecho a la salud relativa al suministro de medicamentos implica, por lo menos, otorgarlos sin discriminación para todas las personas en general y, en particular, a los grupos vulnerables. Esta obligación no conlleva que cualquier medicamento que se solicite deba ser suministrado, sino que una vez que se decide que un medicamento es parte del cuadro básico, el Estado no puede negar de manera regresiva estos medicamentos a quien los requiera ni otorgarlos de forma discriminatoria. Por otro lado, derivado del deber de otorgarlos sin discriminación, para que una autoridad pueda válidamente excluir a un grupo de personas de la prestación de un servicio fundamental para la debida protección de la salud, no basta con que refiriera a preceptos jurídicos genéricos, sino que debe evidenciar en forma contundente que tal distinción tiene fundamento legal o que la diferencia en el trato y el servicio tiene un sustento objetivo y racional, pues de lo contrario es discriminatoria.

Amparo en revisión 251/2016. Javier Ezra González Gómez. 15 de mayo de 2019. Unanimidad de cuatro votos de los Ministros Alberto Pérez Dayán, José Fernando Franco González Salas, Yasmín Esquivel Mossa y Javier Laynez Potisek. Impedido: Eduardo Medina Mora I. Ponente: Javier Laynez Potisek. Secretario: José Omar Hernández Salgado.

Esta tesis se publicó el viernes 13 de septiembre de 2019 a las 10:22 horas en el Semanario Judicial de la Federación.

Las políticas públicas, por virtud de lo anterior, deben incorporar en todo momento a la salud mental como parte de una estrategia gubernamental integral en materia de salud en general, pues si ello no ocurre se estaría infringiendo el contenido tanto de la Constitución como de la Ley General de Salud y disposiciones relativas.

La COVID-19 demostró como pandemia de profundo impacto a nivel global que no sólo sus secuelas sino sus estados más críticos también causaron muchas repercusiones en la salud mental de las personas, todo ello derivado de cuestiones como el confinamiento, el aislamiento, el miedo a perder a un ser querido o a perder la vida propia, la incertidumbre laboral y en general el estar en contacto con una emergencia sanitaria como no se había dado en mucho tiempo.[4] Es imprescindible hacer énfasis en ello.

Por eso es que en las futuras crisis debe tenerse muy en cuenta a la salud mental, para evitar que los errores que hemos cometido como sociedad vuelvan a presentarse en el futuro. La sanidad mental es fundamental para que los restantes derechos humanos se puedan concretar y no estar solamente en el vocabulario de líderes, partidos y gobernantes.

3. SALUD MENTAL, DERECHOS HUMANOS Y OBLIGACIONES DEL ESTADO5

Cada 10 de octubre se celebra el Día Mundial de la Salud Mental, conmemoración impulsada por la Federación Mundial para la Salud Mental en coadyuvancia con la Organización Mundial de la

4 La autora Odette Mendoza considera que hay una enfermedad invisible a causa del COVID-19 en este sentido. Mendoza Becerril, Odette, "La salud mental derivada de la crisis sanitaria: una enfermedad invisible en México", *Hechos y Derechos*, Instituto de Investigaciones Jurídicas de la UNAM, Número 70, disponible en: https://revistas.juridicas.unam.mx/index.php/hechos-y-derechos/article/view/17248/17697.

5 Una versión previa de este apartado fue publicada en Nevárez del Rivero, Joel Ricardo, "Salud mental, derechos humanos y obligaciones del Estado", *Hechos y Derechos*, Instituto de Investigaciones Jurídicas de la UNAM, Número 71, disponible en: https://revistas.juridicas.unam.mx/index.php/hechos-y-derechos/article/view/17387/17782. Alejandro Vázquez Melero ha complementado las ideas publicadas en el artículo referido.

Salud.[6] Sobra decir que cada vez ha ido ganando mayor importancia pública, pues siempre ha estado cercana a lo invisible.

Si el derecho a la protección de la salud es un derecho fundamental de la mayor importancia cuando analizamos sus generalidades y contenidos más amplios desde una perspectiva social, no podía ser de otra manera cuando nos referimos a una vertiente muy particular del mismo, que es justamente la que estamos abordando en el presente texto: la salud mental, tan en boga desde hace varios años a la fecha.

La salud mental es igual de importante que la salud corporal, por así llamarla, con el añadido de que en algunas de las ocasiones puede no hacerse tan presente como esta última. Una enfermedad física puede sentirse de inmediato, por lo que la persona en cuestión acudirá a atenderse en un centro de salud, ya sea público o ya sea privado.

Incluso, puede darse el caso de que una persona no sepa que tiene depresión, ansiedad, trastornos obsesivos-compulsivos, estrés postraumático o algún padecimiento de este tipo.

Según datos del Instituto Nacional de Estadística y Geografía (INEGI) y del Gobierno Federal, en México 8 de cada 10 personas con algún problema o condición mental son ignoradas.[7] Esta estadística muestra la gravedad del problema que tenemos.

Que sean ignoradas exhibe una serie de debilidades institucionales del Estado pero también de la sociedad como sistema, teniendo en consideración que la familia, como célula social que es, puede llegar a fallar en la prevención, identificación y tratamiento de diversas afecciones mentales, ya que muchas de ellas pueden

---

6 Día Mundial de la Salud, 2012. disponible en: https://www.paho.org/es/campanas/dia-mundial-salud-mental-2021

7 Badillo, Diego, *En México se ignora a ocho de cada 10 con algún problema o condición mental,* El Economista, México, 2022. Disponible en: https://www.eleconomista.com.mx/politica/En-Mexico-se-ignora-a-ocho-de-cada-10-personas-con-algun-problema-o-condicion-mental-20220401-0064.html

llegar a ser silenciosas y no trascender en ningún momento, como se decía con anterioridad.

Este estado de ignorancia habla de todo el entramado social y de lo mucho que ha fallado para el tratamiento e incluso la detección de este tipo de padecimientos. Falla el Estado pero también falla la familia e incluso el sistema educativo, lo cual evidencia el grado de complejidad que se puede llegar a tener para atender el problema.

En otro orden de ideas, la depresión y lamentablemente el suicidio son cada vez más frecuentes en el país; en 2020 se suscitaron cerca de 8,000 suicidios, los cuales han afectado sobre todo a jóvenes y adolescentes.[8] Lo anterior constituye un ejemplo muy claro de un problema bastante grave no sólo de salud mental sino de salud pública, con todo lo que ello implica para el tejido social y sus diferentes manifestaciones.

En el estado de Durango, por ejemplo, de manera desafortunada cada vez es más frecuente oír hablar de la salida falsa que representa el suicidio. Hasta el día 19 de junio de 2023, se han registrado 90 suicidios en lo que va del año;[9] incluso, la persona fallecida número 90 por esta causa fue un niño de apenas 12 años, lo cual demuestra que la falta de salud mental no conoce edades ni fronteras, si bien es cierto que hay algunos rangos en donde se puede hacer más presente y focalizado el suicidio.[10]

---

8 Guzmán Aguilar, Fernando y Núñez, Miriam, *Aumentan suicidios en México,* México, 2022. Disponible en: https://unamglobal.unam.mx/aumentan-suicidios-en-mexico/

9 El Siglo de Durango, *Niño de 12 años es la víctima 90 de suicidio en Durango,* México, 2022. Disponible en: https://www.elsiglodedurango.com.mx/noticia/2023/nino-de-12-anos-es-la-victima-90-de-suicidio.html

10 Por ejemplo, en la zona de la Laguna las autoridades estatales detectan que los suicidios ocurren sobre todo en personas de 18 a 40 años. Disponible en: https://www.elsoldelalaguna.com.mx/local/gomez-palacio/suicidios-en-la-laguna-de-durango-se-presentan-en-personas-de-entre-18-a-40-anos-10262071.html

La falta de salud mental repercute en otros derechos humanos como el derecho a la vida o el derecho al libre desarrollo de la personalidad, así como en la dignidad misma.

Por lo que hace al derecho a la vida, y como ya se anotaba con anterioridad, el suicidio es un conflicto social de gran calado que erosiona la materialización efectiva de la prerrogativa a la que nos referimos. Igualmente, el derecho al libre desarrollo de la personalidad prescinde de esa necesaria nota de libertad cuando ni el Estado ni la sociedad en sí misma cumplen con sus deberes de prevención en la materia.

La ausencia de salud mental obedece, como ya se dijo, a diversos factores, pero en todo caso, su falta de atención es algo que no se ha corregido del todo. Las estrategias y las políticas públicas han fallado, por lo que el Estado debe redoblar esfuerzos para que mejore la situación.

De ahí la necesidad de diseñar estrategias jurídicas y políticas adecuadas para su plena operatividad, las cuales se inserten en el federalismo cooperativo que en materia sanitaria debe llevarse a cabo, tal y como lo dispone la Constitución Política de los Estados Unidos Mexicanos en su artículo 73, fracción XVI, en consonancia con el artículo 4o., también constitucional, en su fracción IV, preceptos a partir de los cuales debe quedar claro que todos los órdenes de gobierno tienen atribuciones en la temática sanitaria.

En este tenor, la Federación, las entidades federativas y los municipios tienen atribuciones, obligaciones y deberes en lo que respecta a la atención de la salud mental, pero además tienen que, ineludiblemente, cooperar y ponerse de acuerdo para que los esfuerzos institucionales no sean en vano y evitar en la medida de lo posible la duplicidad de funciones, en aras de otorgar también garantías amplias en el cumplimiento del derecho.

Sin salud mental, definitivamente, no puede haber un adecuado desarrollo de los proyectos de vida de las personas, y dado que todos los derechos están relacionados entre sí, tenemos una afectación muy fuerte a la esfera de prerrogativas de mujeres y hombres. Garantizar los derechos de las personas con trastornos mentales es entonces esencial.

La falta de salud mental obstaculiza los proyectos vitales, efectivamente, incluso al punto de llegar a truncarlos como ya se decía a través del suicidio. Cada sector de la sociedad, sin discriminación alguna, debe acceder a medidas generalizadas, completas y sistematizadas por medio de las cuales se garantice el derecho a la salud mental. Todos los órdenes de gobierno son, como ya se decía, copartícipes al respecto.

En esta tesitura, el Estado debe realizar como mínimo lo siguiente, en aras de coadyuvar con la resolución de la falta de salud mental como problemática social en algunos sectores de la población:

- Diseñar planes, acciones, programas y políticas públicas con sentido social y con la participación plena de la ciudadanía.
- Mejorar las campañas de prevención del suicidio.
- Mejorar las campañas de combate a trastornos mentales como la depresión.
- Realizar labor estadística periódica para ubicar los nichos poblacionales y rangos de edad más propensos a cada trastorno mental.
- Fomentar el arte, la cultura, el esparcimiento, el deporte y otros hábitos saludables entre los nichos poblacionales más propensos a padecer trastornos mentales.
- Incentivar la creación y adecuado financiamiento de clínicas y hospitales de salud mental.
- Fomentar la cohesión social, la unidad familiar, el combate a la pobreza y la generación de oportunidades como medidas que coadyuven a la salud mental.

Lograr la satisfacción del derecho a la salud en general y del derecho a la salud mental en particular es una labor compartida. El Estado ha faltado a sus obligaciones pero siempre es un buen momento para enderezar el camino, lo cual, claro está, le corresponde también a la sociedad, a la familia, y en la medida de las posibilidades, a cada individuo. No olvidemos que como sociedad formamos parte del Estado así que también tenemos responsabilidades en eso que ha fallado para tener un mejor sistema de salud.

El derecho a la salud se debe acompañar de toda una infraestructura en donde participen los servicios médicos tanto públicos como privados que sean capaces de atender las necesidades, demandas y atenciones de un país tan densamente poblado como México, lo cual puede llegar a obstaculizar las brigadas de atención a la salud mental pero que no por ello debe ponerse como un pretexto para que el Estado deje de cumplir con lo que constitucional, legal y políticamente le corresponde.

4. IMPORTANCIA DE LA SALUD MENTAL

La salud mental es algo que hasta hace relativamente poco tiempo no se tomaba muy en serio como parte de las políticas públicas en materia de salud e incluso del contenido amplio del derecho a la salud. Sin embargo, esta cuestión no es correcta por la enorme importancia que tiene para el bienestar de las personas en los ámbitos psicológico como tal, emocional y social.

De hecho, los derechos humanos de las personas con trastornos mentales resulta ser un tópico complicado, ya no que se trata únicamente de analizar el tema de la salud sino también los factores culturales, históricos, ideológicos, económicos y legales que tienen que ver con estos individuos, a quienes se considera como un grupo vulnerable.[11]

Se llega al punto, inclusive, de que un derecho humano muy relacionado con la falta de efectividad del derecho a la salud men-

---

11 Castilla Caldera, Mariana, *Las razones de la sinrazón: discriminación y salud mental*, México, Editorial FLACSO México, 2012.

tal es el derecho a la no discriminación. Castilla Caldera señala lo siguiente:

> Una de las posibles razones por las que México no genera acciones para ejercer el derecho a la no discriminación en este sector específico es la escasa y no actualizada información que existe respeto a las personas con trastornos mentales. El Comité de Derechos Humanos, en su observación número 18, consideró que los informes de los Estados Parte respecto a las medidas para garantizar el derecho a la no discriminación contienen información sobre medidas tanto legislativas como administrativas y decisiones de los tribunales relacionados con la protección contra la discriminación jurídica, pero carecen de información que ponga de manifiesto la discriminación de hecho. Por lo anterior, dicho Comité solicitó saber si persiste algún problema de discriminación de hecho, practicada ya sea por las autoridades públicas, ya por la comunidad o por personas u órganos privados.[12]

En palabras de Velásquez Lasprilla, "los trastornos mentales son uno de los principales problemas de salud pública alrededor del mundo".[13] De acuerdo con esta autora, "el área de la salud mental y la psicopatología tienen un reto importante, no sólo por la incomprensión de la mayoría de las causalidades de los trastornos mentales, sino también por la necesidad que tienen de poner en un marco coherente todos los aportes disciplinares".[14]

Si gozamos de una adecuada salud mental, estaremos en condiciones de desarrollar nuestras actividades con una mucho mayor fluidez en todas las etapas de la vida, desde la infancia y la adolescencia, pasando por las etapas de madurez que son propias de la vida adulta, e igualmente en el caso de las personas adultas mayores.

Cuestiones como la soledad, el aislamiento, el estrés, el bullying escolar, el mobbing o acoso laboral, por mencionar sólo

---

12 *Ídem.*

13 Velásquez Lasprilla, Martha Lucía, *Psicopatología: una introducción a la clínica y a la salud mental*, Santiago de Cali, Editorial Pontificia Universidad Javeriana, 2017.

14 *Ídem.*

algunas, inciden de forma significativa en la salud mental de las personas, al punto de que las enfermedades mentales tienen ya sus propios centros de tratamiento específico.

Puede haber problemas mentales que escalen a una verdadera enfermedad mental, los cuales pueden ser hechos aislados, temporales, de larga duración o incluso crónicos. Este tipo de afecciones atacan los hábitos de conducta, de pensamiento e incluso el humor de las personas, producidas por problemas sociales como el desempleo, las crisis económicas, las deudas los conflictos familiares o de pareja, e incluso en algunas de las veces en razón de cuestiones que no atañen como tales al individuo afectado.

Los pensamientos, los sentimientos y los comportamientos tienen una serie de patrones hasta cierto punto normales, que sin embargo pueden llegar a desembocar en ciertos transtornos; además, cada persona los habrá de procesar de manera diferente.

Hay numerosos factores que pueden provocar perturbaciones en el funcionamiento de la mente, pero como es sabido, afectan nuestras relaciones interpersonales, el óptimo desempeño en el trabajo, en la escuela o en el hogar, la adecuada realización de nuestras actividades cotidianas, el aprendizaje como proceso educativo o la participación en general en determinado tipo de acciones concretas.

A manera de ejemplos, se señalan algunos trastornos mentales de importancia en la actualidad:

- Ansiedad.
- Depresión.
- Trastorno de oposición desafiante.
- Trastorno de la conducta.
- Trastorno por déficit de atención e hiperactividad (TDAH).
- Síndrome de Gilles de la Tourette.
- Trastorno obsesivo-compulsivo.

- Trastorno por estrés postraumático.
- Trastorno bipolar.
- Esquizofrenia.
- Trastornos del comportamiento alimentario.
- Trastornos del comportamiento disruptivo y disocial.
- Trastornos del neurodesarrollo.

Como colofón de este punto de la investigación, se señalan los rasgos más destacados de los trastornos de la personalidad:[15]

1. El trastorno paranoide de la personalidad es un patrón de desconfianza y suspicacia que hace que se interpreten maliciosamente las intenciones de los demás.
2. El trastorno esquizoide de la personalidd es un patrón de desconexión de las relaciones sociales y de restricción de la expresión emocional.
3. El trastorno esquizotípico de la personalidad es un patrón de malestar intenso en las relaciones personales, distorsiones cognoscitivas o perceptivas y excentricidades del comportamiento.
4. El trastorno antisocial de la personalidad es un patrón de desprecio y violación de los derechos de los demás.

---

15 Fuentes Rocañín, José Carlos y Cabrera Forneiro, José, *La salud mental en los tribunales. Manual de Psiquiatría Forense y Deontología Profesional*, 2ª. Ed., Madrid, Ediciones Arán, 2007, p. 174.

5. EL TRASTORNO LÍMITE DE LA PERSONALIDAD ES UN PATRÓN DE INESTABILIDAD EN LAS RELACIONES INTERPERSONALES, LA AUTOIMAGEN Y LOS AFECTOS, Y DE UNA NOTABLE IMPULSIVIDAD.

1. El trastorno histriónico de la personalidad es un patrón de emotividad excesiva y demanda de atención.
2. El trastorno narcisista de la personalidad es un patrón de grandiosidad, necesidad de admiración y falta de empatía.
3. El trastorno de la personalidad por evitación es un patrón de inhibición sociañ, sentimientos de incompetencia e hipersensibilidad a la evaluación negativa.
4. El trastorno de la personalidad por dependencia es un patrón de comportamiento sumiso y pegajoso relacionado con una excesiva necesidad de ser cuidado.
5. El trastorno obsesivo-compulsivo de la personalidad es un patrón de preocupación por el orden, el perfeccionismo y el control.

6. DERECHOS HUMANOS, POLÍTICAS PÚBLICAS Y PERSONAS SANAS

Redefinir a la salud desde un enfoque de derechos humanos es una transformación sumamente importante que se ha dado en las últimas décadas, pues cuando se le redefine en el marco de los derechos sociales, no se trata de comprar un servicio sino de ejercer un derecho, como señala Ricardo Aveggio.[16] Antes de este relevante cambio, si se atendía a una persona con depresión se trataba de una compra de servicios, en la lógica del mercado, mientras que ahora se trata de una igualdad de oportunidades y

---

16 Aveggio, Ricardo, *Psicoanálisis, salud pública y salud mental en Chile*, Santiago, RIL Editores, 2013, p. 32.

de una protección social que debe dar un gobierno verdaderamente democrático.[17] Igualmente, la salud mental no ha tenido un reconocimiento muy prolongado ni consolidado, ni ha tenido un apoyo institucional eficaz, lo cual se debe a que la atención psiquiátrica se concebía como sinónimo de salud mental, así como a que era un tema complejo que acarreaba ignorancia sobre sus mecanismos y factores determinantes.[18]

El Estado, en un marco de derechos humanos y de políticas públicas efectivas, debe apuntar a que existan personas sanas, pues si carecen de una buena salud, no pueden ejercer sus derechos, no pueden participar en la vida colectiva (y de hecho tampoco pueden desdoblar debidamente sus vidas privadas y familiares), por lo que la democracia se trastoca.

Por lo anterior, el Estado debe fortalecer las políticas públicas en materia de deporte, cultura, educación, alimentación y esparcimiento para la población con la finalidad de que también se fortalezca la salud mental de la colectividad. No olvidemos que el derecho a la salud es un derecho social y colectivo, por lo que debemos ver a la sociedad como su titular y destinataria a manera de grupo, de tal suerte que todas las medidas tomadas por el Estado incidan de manera favorable y positiva en la generalidad de la población.

Estas políticas públicas deben ser equitativas, no discriminatorias, con enfoque de género y de derechos humanos, además de que deben propiciarse cambios en las culturas organizacionales de quienes prestan los servicios de salud; también tiene que combatirse la marginación de los grupos más vulnerables en atención a la diversidad social y cultural, sin dejar de brindar programas de actualización, formación y educación continua para las y los

---

17 *Ibídem.*, pp. 32-33.

18 Restrepo-Espinosa, María Helena (editora académica), *Salud mental y desplazamiento forzado*, Bogotá, Editorial Universidad del Rosario, 2012, p. xi.

profesionales de la salud en general y de la salud mental en particular.[19] Todos estos factores tienen su debida importancia.

La salud se conecta de manera particular con el deporte, la cultura física y la alimentación, pero en el caso de la salud mental se deben explorar todas las vías que sean posibles para evitar que las crisis al respecto sigan evolucionando para mal, como en el caso por ejemplo de los suicidios. Esto resulta fundamental, al igual que el resto de los derechos sociales, los cuales, desde luego, son un insumo de la democracia.[20]

Como dice Contreras Nieto, "hablar en la actualidad de derechos humanos implica, en cierto modo, referir una teoría de la justicia, esto es, la consideración de un orden social que responde a los aspectos más importantes que se relacionan con la vida humana y que cifra en los derechos fundamentales el elemento toral de la misma".[21]

Si queremos que las políticas públicas en materia de salud mental tengan buenos resultados, en su implementación debe procurarse una visión lo más amplia posible, que sea inclusiva y que tenga perspectiva de género y de derechos humanos. Escuchar y atender las demandas de la ciudadanía no sólo es algo deseable sino algo obligatorio para que la política de salud pueda ir mejorando paulatinamente.

A final de cuentas, la salud mental es algo que debería importarnos a todos, tanto en el rol de padres como en el de hijos, familiares, estudiantes, profesores o cualquier otro, pues definitiva-

---

19 Comelles, Josep María y Bernal, Mariola (editores), *Salud mental, diversidad y cultura,* Madrid, Editorial Asociación Española de Neuropsiquiatría, 2008.

20 Nevárez del Rivero, Joel Ricardo, "Los derechos sociales como insumo de la democracia", en la obra colectiva *Derechos humanos y democracia en el siglo XXI. Problemáticas y propuestas,* México, Editorial Tirant Lo Blanch, 2022, pp. 237-250.

21 Contreras Nieto, Miguel Ángel, *10 temas de derechos humanos,* Toluca, Comisión de Derechos Humanos del Estado de México, 2002, p. 11.

mente estamos expuestos en lo individual y en lo social a padecer depresión, angustia, miedo u otro tipo de padecimientos que nos afecten de manera directa o indirecta. Cada uno desde nuestra esfera podemos hacer que las cosas paulatinamente cambien para bien.

Precisamente, una de las cuestiones que de alguna manera influyen en la salud mental es la falta de satisfacción de las demandas más básicas de la ciudadanía y los derechos fundamentales de muchas personas en el mundo, así como la falta de felicidad.

La falta de libertad, de igualdad y de otro tipo de derechos, sobre todo los de naturaleza social, provoca precariedad y afectaciones a los sentimientos y a los pensamientos de las personas.

En este sentido, la solidaridad es también algo importante, pues ponernos en los zapatos de los demás y tratar de ayudarlos en la medida de lo posible habla también de la calidad humana de quien lo lleva a cabo. Dicha solidaridad ayuda a que los derechos humanos puedan cumplirse de manera más eficaz.

Entre todos podemos tener una mejor sociedad, una que sea mucho más sana y en la que los ciudadanos padezcan cada vez menos afecciones mentales y que quienes las tengan sean atendidos de una manera integral, con respeto y sin discriminación, además de que puedan ser integrados adecuadamente a la colectividad.

La educación, la cultura y el civismo son claves en este sentido, pues cuando una persona detecta que ella misma u otra puede tener algún problema mental, lo mejor será siempre atenderse y tratarse, lo cual también implica responsabilidad. Es ahí donde el Estado debe proveer todos los medios para que el cuidado de la salud mental se dé de una manera positiva.

Y ya que la sociedad civil es el elemento central y la pieza clave del Estado, a ella le corresponde liderar este proceso en todos sus términos. En palabras de Arroyo Cisneros:

> El Estado constitucional y democrático de Derecho debe ser dirigido, orientado y conducido en todos sus horizontes por la sociedad civil. Pero como ha quedado claro, no cualquier modelo

de sociedad civil es propio de la democracia constitucional. Sólo una sociedad civil sólida, robusta y fortificada exhaustivamente es compatible con la globalización de este siglo que, según se indicó *a priori*, tendría que partir de sus líneas de acción en lo cultural, en lo político y en lo jurídico antes que en lo eminentemente económico, comercial o financiero. Para decirlo de una manera concreta: es urgente construir una globalización alternativa cuyas riendas sean llevadas por la sociedad civil como tal.[22]

7. CONCLUSIONES

Primera. Los derechos humanos son instituciones de los Estados contemporáneos que funcionan siempre y cuando exista un respeto por la ley y siempre y cuando las instituciones cumplan con las atribuciones que tienen establecidas por dicha ley, empezando por la más importante de todas que es la Constitución.

Segunda. La salud mental es un asunto muy importante en la actualidad, pues aunque sus efectos fueron más visibles a partir de la COVID-19 es un problema de salud pública como lo demuestran las tasas de suicidios y en general las distintas afecciones mentales que se suscitan, tales como la ansiedad, la depresión, el trastorno de oposición desafiante, el trastorno de la conducta, el trastorno por déficit de atención e hiperactividad (TDAH), el síndrome de Gilles de la Tourette, el trastorno obsesivo-compulsivo, el trastorno por estrés postraumático, el trastorno bipolar, la esquizofrenia, los trastornos del comportamiento alimentario, los trastornos del comportamiento disruptivo y disocial, o los trastornos del neurodesarrollo.

Tercera. La democracia sólo puede existir si sus ciudadanos toman las decisiones más importantes para la colectividad estando sanos en todos los aspectos y no sólo en el puramente físico. De hecho, la salud mental permite que las y los ciudadanos elijan las

---

22 Arroyo Cisneros, Edgar Alán, *Democracia y Constitución. Una mirada desde la sociedad civil*, México, Editorial Tirant Lo Blanch, 2019, p. 45.

acciones que estimen pertinentes bajo un marco objetivo, racional y específico.

Cuarta. Derechos humanos, salud mental y democracia por eso deben verse de manera integral. Las políticas públicas que sobre estos temas se generan deben abarcar a los sectores sociales desde un enfoque amplio, que permita incluirlos en los planes de gobierno.

Quinta. El derecho a la salud en general, el derecho a la salud mental en particular y los derechos de las personas con trastornos mentales son derechos humanos que deben ejercerse y garantizarse con perspectiva de género y sin discriminación alguna, ya que lo contrario iría contra la lógica de una democracia y de una Constitución.

8. FUENTES DE LA INVESTIGACIÓN

Arroyo Cisneros, Edgar Alán, *Democracia y Constitución. Una mirada desde la sociedad civil,* México, Editorial Tirant Lo Blanch, 2019.

Aveggio, Ricardo, *Psicoanálisis, salud pública y salud mental en Chile,* Santiago, RIL Editores, 2013.

Castilla Caldera, Mariana, *Las razones de la sinrazón: discriminación y salud mental,* México, Editorial FLACSO México, 2012.

Comelles, Josep María y Bernal, Mariola (editores), *Salud mental, diversidad y cultura,* Madrid, Editorial Asociación Española de Neuropsiquiatría, 2008.

Contreras Nieto, Miguel Ángel, *10 temas de derechos humanos,* Toluca, Comisión de Derechos Humanos del Estado de México, 2002.

Fuentes Rocañín, José Carlos y Cabrera Forneiro, José, *La salud mental en los tribunales. Manual de Psiquiatría Forense y Deontología Profesional,* 2ª. Ed., Madrid, Ediciones Arán, 2007.

Guinsberg, Enrique, *La salud mental en el neoliberalismo,* 2ª. Edición, México, Plaza y Valdés, 2004.

Guzmán Aguilar, Fernando y Núñez, Miriam, *Aumentan suicidios en México,* México, 2022. Disponible en: https://unamglobal.unam.mx/aumentan-suicidios-en-mexico/

Badillo, Diego, *En México se ignora a ocho de cada 10 con algún problema o condición mental,* El Economista, México, 2022. Disponible en: https://www.eleconomista.com.mx/politica/En-Mexico-se-ignora-a-ocho-de-cada-10-personas-con-algun-problema-o-condicion-mental-20220401-0064.html

El Siglo de Durango, *Niño de 12 años es la víctima 90 de suicidio en Durango,* México, 2022. Disponible en: https://www.elsiglodedurango.com.mx/noticia/2023/nino-de-12-anos-es-la-victima-90-de-suicidio.html

En la zona de la Laguna las autoridades estatales detectan que los suicidios ocurren sobre todo en personas de 18 a 40 años. Disponible en: https://www.elsoldelalaguna.com.mx/local/gomez-palacio/suicidios-en-la-laguna-de-durango-se-presentan-en-personas-de-entre-18-a-40-anos-10262071.html

Día Mundial de la Salud, 2021, disponible en: https://www.paho.org/es/campanas/dia-mundial-salud-mental-2021

Mendoza Becerril, Odette, "La salud mental derivada de la crisis sanitaria: una enfermedad invisible en México", *Hechos y Derechos,* Instituto de Investigaciones Jurídicas de la UNAM, Número 70, disponible en https://revistas.juridicas.unam.mx/index.php/hechos-y-derechos/article/view/17248/17697.

Nevárez del Rivero, Joel Ricardo, "Los derechos sociales como insumo de la democracia", en la obra colectiva *Derechos humanos y democracia en el siglo XXI. Problemáticas y propuestas,* México, Editorial Tirant Lo Blanch, 2022.

Nevárez del Rivero, Joel Ricardo, "Salud mental, derechos humanos y obligaciones del Estado", *Hechos y Derechos,* Instituto de Investigaciones Jurídicas de la UNAM, Número 71, disponible en https://revistas.juridicas.unam.mx/index.php/hechos-y-derechos/article/view/17387/17782.

Restrepo-Espinosa, María Helena (editora académica), *Salud mental y desplazamiento forzado,* Bogotá, Editorial Universidad del Rosario, 2012.

Velásquez Lasprilla, Martha Lucía, *Psicopatología: una introducción a la clínica y a la salud mental,* Santiago de Cali, Editorial Pontificia Universidad Javeriana, 2017.

Algunos desarrollos recientes del due process of law *(debido proceso). Elementos doctrinales y jurisprudenciales*

EDGAR ALÁN ARROYO CISNEROS[1]
ALMA ROSA SOLÍS RÍOS[2]
ÁNGEL SERGIO QUIÑONES RUTIAGA[3]

SUMARIO: 1. INTRODUCCIÓN. 2. ASPECTOS DOCTRINALES RECIENTES DEL *DUE PROCESS OF LAW*. 3. ASPECTOS JURISPRUDENCIALES RECIENTES DEL *DUE PROCESS OF LAW*. 4. EL *DUE PROCESS OF LAW* COMO ELEMENTO DEL ESTADO CONSTITUCIONAL. 5. EL *DUE PROCESS OF LAW* Y SU IMPORTANCIA PARA LA DEMOCRACIA. 6. PLANTEAMIENTO CONCLUSIVO. 7. FUENTES DE INFORMACIÓN.

RESUMEN: El *due process of law* es uno de los elementos centrales de los sistemas jurídicos pero también políticos de nuestros tiempos y, en este sentido, se configura o debiera configurarse como un punto neurálgico del Estado constitucional y democrático de Derecho en su conjunto, ya que se asocia con la idea de la certidumbre jurídica, del todo necesario para que las y los ciudadanos ejerzan sus derechos fundamentales con plena confianza de que serán respetados por las autoridades, sin injerencias arbitrarias de éstas.

Es por ello que indagar acerca de los desarrollos doctrinales y jurisprudenciales más destacados que ha tenido en tiempos recientes, lo cual es una de las fina-

---

1 Profesor e investigador de la Universidad Juárez del Estado de Durango. Investigador Nacional Nivel I del Sistema Nacional de Investigadores del Consejo Nacional de Humanidades, Ciencias y Tecnologías.

2 Magistrada del Tribunal Superior de Justicia de Durango y profesora de la Universidad Juárez del Estado de Durango.

3 Docente de la Secretaría de Educación del Estado de Durango e investigador de la Universidad Juárez del Estado de Durango.

lidades que se persiguen con esta investigación, se antoja como una cuestión necesaria para practicar, interpretar, argumentar, estudiar y aprender el Derecho en todas sus vertientes.

Además de dichos desarrollos tanto doctrinales como jurisprudenciales, se argumenta en torno al papel que tiene el debido proceso para el Estado constitucional en concreto y para la democracia como forma de gobierno, según se decía al inicio, ello en aras de visualizar al menos de manera sucinta su trascendencia incluso cultural.

PALABRAS CLAVE: DUE PROCESS OF LAW, DEBIDO PROCESO, DEMOCRACIA, ESTADO CONSTITUCIONAL, DERECHOS FUNDAMENTALES

1. INTRODUCCIÓN

El *due process of law* o debido proceso se asocia con la idea de la certidumbre jurídica y de la confianza tanto en las autoridades como en las instituciones, aspectos que, dicho sea de paso, no se encuentran en su mejor momento. Lo dicho, claro está, tendría que revertirse si aspiramos a tener una democracia de calidad y un Estado constitucional en toda la extensión de la expresión.

En México han sido las llamadas "formalidades esenciales del procedimiento" a partir de las cuales se ha desarrollado, igual que con la tutela judicial efectiva, el debido proceso, tomando en consideración el texto del artículo 14 de la Constitución Política de los Estados Unidos Mexicanos, párrafo segundo: "Nadie podrá ser privado de la libertad o de sus propiedades, posesiones o derechos, sino mediante juicio seguido ante los tribunales previamente establecidos, en el que se cumplan las formalidades esenciales del procedimiento y conforme a las leyes expedidas con anterioridad al hecho".

Ahora bien, tanto la jurisprudencia como la doctrina han sido fuentes prolíficas para el entendimiento del debido proceso y su importancia, por lo que en este trabajo se busca indagar acerca de algunos de los desarrollos más recientes e interesantes que se han dado en dichos ámbitos para obtener luz sobre lo que falta para arribar a un estado ideal de cosas.

Se examinan por principio de cuentas algunos criterios doctrinales que enfatizan el cariz de legitimidad que debe asistirle al sistema jurídico-político por virtud del *due process of law*, mientras que en el siguiente apartado se hace un recorrido por interpretaciones jurisprudenciales selectas acaecidas en el terreno del Poder Judicial de la Federación, buscando con este análisis una mayor racionalidad en la disección del debido proceso.

Hablando del Estado constitucional propiamente dicho y de la democracia, se pone de relieve el requerimiento ineludible de que el *due process of law* contribuya a los mismos a partir de una aplicación real, significativa y en los hechos, pues lo contrario sólo se incrusta en la ruta del continuismo formalista y poco receptivo a las necesidades de nuestro entorno. Sin debido proceso, hay que decirlo, ni la Constitución ni la democracia pueden tener una efectiva aplicación en nuestra realidad social.

Cabe aclarar que en este trabajo en particular no se abordan los extraordinarios desarrollos que ha tenido el tema en el seno de la Corte Interamericana de Derechos Humanos, dejando tal empresa para una futura ocasión.[4] Sin embargo, el influjo convencional de alguna manera está presente, según se verá en el segmento correspondiente, en los criterios sustentados por los tribunales federales.

---

[4] Dentro de los muchos trabajos existentes sobre el debido proceso, el acceso a la justicia y temas conexos en el Sistema Interamericano de Derechos Humanos, véanse por ejemplo García Ramírez, Sergio, "Garantías judiciales: doble instancia y amparo de derechos fundamentales (artículos 8.2.H y 25 CADH)", en en Pérez Vázquez, Carlos (coord.), *El derecho humano al debido proceso. Sus dimensiones legal, constitucional y convencional*, México, Tirant Lo Blanch, 2014, pp. 145-168; Rodríguez Rescia, Víctor Manuel, "El debido proceso y la Convención Americana sobre Derechos Humanos", en *Liber Amicorum, Héctor Fix Zamudio*, Sn José, Corte Interamericana de Derechos Humanos, 1998, pp. 1295-1328; y Corte Interamericana de Derechos Humanos, *Cuadernillo de jurisprudencia de la Corte Interamericana de Derechos Humanos no. 12: debido proceso*, San José, Corte Interamericana de Derechos Humanos.

2. ASPECTOS DOCTRINALES RECIENTES DEL *DUE PROCESS OF LAW*

El *due process of law* o debido proceso inyecta legitimidad e insufla certidumbre a los regímenes jurídicos y políticos, siempre y cuando sea observado en todas sus dimensiones. Cuando falta, definitivamente estamos en presencia de un Estado incompleto, en donde la satisfacción de los derechos fundamentales y libertades públicas se pone en entredicho.

El debido proceso es una serie de pasos y etapas que protegen los derechos de las personas; dicha protección se da en una doble vertiente: de tener problemas por cosas que no se hicieron, o de ser tratado justamente si se está en problemas.[5] Si bien es cierto que el debido proceso protege en principio a los llamados derechos civiles,[6] no menos cierto es el hecho de que su esfera de salvaguarda se amplía hacia todos los derechos fundamentales.

Asimismo, el derecho que nos ocupa es igual de importante que los derechos sustantivos a la libertad y a la vida en el marco de la justicia global, ya que tiene un valor verdaderamente constitutivo de un Estado de Derecho o *rule of law.*[7] Los derechos involucrados con el debido proceso son, en esta tesitura, derechos globales y no meramente derechos que sólo existen en Estados particulares y, como se decía hace unas líneas, son materia de la justicia global.[8]

Una postura parecida a la anterior es la que mantiene Lillo Lobos,[9] para quien este concepto complejo de la teoría jurídica es

---

[5] *Cfr.* Bougie, Matt, *Due process,* Nueva York, Cavendish Square Publishing, 2018, p. 6.

[6] *Cfr. Idem.*

[7] *Cfr.* May, Larry, *Global justice and due process,* Cambridge, Cambridge University Press, 2011, p. viii.

[8] *Ibidem,* p. 2.

[9] *Cfr.* Lillo Lobos, Ricardo, *Understanding due process in non-criminal matters. How to harmonize procedural guarantees with the right to access to justice,* Cham, Springer, 2022, p. 1.

una institución legal que cruza las fronteras nacionales y se considera inherente a la tradición normativa occidental. Si bien es cierto que no ha tenido la atención suficiente en muchas Constituciones e instrumentos internacionales, y denominada de diferentes maneras, a final de cuentas se caracteriza como un atributo del referido Estado de Derecho o *rule of law,* enraizado en concepciones básicas de justicia y rectitud.[10]

De hecho, y como explica el maestro Sergio García Ramírez,[11] la figura del debido proceso puede hallarse, como de hecho se halla con mucha frecuencia, a manera de "garantía innominada" en la Constitución, además de que a veces puede incorporar elementos relevantes destinados a la defensa de los derechos fundamentales, o bien, proyectarse hacia órdenes externos al estrictamente judicial.

Su complejidad viene de profundas ideas filosóficas que a su vez conviven con tradiciones históricas y políticas que determinan la relación entre los individuos y el Estado, específicamente en lo que respecta a la protección de aquellos en contra de las acciones arbitrarias de las autoridades de éste.[12] Tal arbitrariedad erosiona la legitimidad del Estado.

Para Carmona Tinoco,[13] el debido proceso evoca un conjunto de derechos específicos que cuentan con una incidencia articulada ante instancias de aplicación de reglas jurídicas, además de

---

10 *Cfr. Ídem.*

11 *Cfr.* García Ramírez, Sergio, "El debido proceso. Concepto general y regulación en la Convención Americana sobre Derechos Humanos", *Boletín Mexicano de Derecho Comparado,* México, núm. 117, septiembre-diciembre de 2006, pp. 654 y 655. Del mismo autor, también vale la pena acercarse a la siguiente obra: García Ramírez, Sergio, *El debido proceso. Criterios de la jurisprudencia interamericana,* 3a. ed., México, Porrúa, 2016.

12 *Cfr.* Lillo Lobos, Ricardo, *óp. cit.*, p. 1.

13 Carmona Tinoco, Jorge Ulises, "La articulación de los estándares de fuente interna e internacional del debido proceso", en Pérez Vázquez, Carlos (coord.), *El derecho humano al debido proceso. Sus dimensiones legal, constitucional y convencional,* México, Tirant Lo Blanch, 2014, pp. 34 y 35.

que presupone el acceso a la justicia e involucra derechos sustantivos, formales y cualitativos que no sólo tienen lugar en la impartición de justicia penal sino en todos los ámbitos del enjuiciamiento considerado como un todo.

Según Núñez Miranda y Zúñiga Pacheco,[14] con el debido proceso se trata de humanizar los procesos dentro de una sociedad contradictoria, conociendo y respetando tanto la historia personal como la historia social de las personas involucrados, haciendo que la justicia llegue y se aplique considerando factores objetivos, subjetivos y culturales.

Como es bien sabido, en los últimos años México ha avanzado hacia un sistema de precedentes.[15] Un sistema de este tipo que tiene una larga historia es el estadounidense, en cuya doctrina del debido proceso sobresalen los siguientes principios como parte de un orden liberal democrático:[16]

- Procedimientos justos, con la oportunidad para ser oídos, pero también una integridad política.
- Tomadores de decisiones imparciales.
- Respeto por tradiciones y expectativas establecidas.
- Prospectiva en lugar de retrospectiva en la elaboración de las leyes.
- Transparencia y accesibilidad a los procesos gubernamentales.

---

14 *Cfr.* Núñez Miranda, Concepción S. y Zúñiga Pacheco, Flor, "La protección de los derechos humanos a través del debido proceso", en Pérez Vázquez, Carlos (coord.), *El derecho humano al debido proceso. Sus dimensiones legal, constitucional y convencional*, México, Tirant Lo Blanch, 2014, p. 189.

15 Sobre una historia del debido proceso para el sistema norteamericano de precedentes, véase Orth, John V., *Due process of law. A brief history*, Lawrence, University Press of Kansas, 2003.

16 Sullivan, E. Thomas y Massaro, Toni M., *The arc of due process in American Constitutional Law*, Nueva York, Oxford University Press, 2013, p. xiii.

- Proporcionalidad, en términos de evitar medidas gubernamentales excesivas.
- Respeto por la autonomía individual y libertad en la toma de decisiones vitales fundamentales.
- Respeto por la igualdad individual.
- Respeto por la división de poderes, además de los límites geográficos, estructurales y jurisdiccionales en la autoridad gubernamental.

Como recuerda Gozaíni,[17] en Estados Unidos se distingue entre un *due process procesal*, o sea, que ningún órgano jurisdiccional puede privar a las personas de la vida, libertad o propiedad, a menos que haya una oportunidad de alegar y de ser oída, y un *due process sustantivo*, o sea, que el gobierno no puede privar o limitar de manera arbitraria a las personas de ciertos derechos fundamentales constitucionales.

Con lo dicho, resalta la dimensión global que tiene el debido proceso. Tanto él como sus componentes son sustratos normativos precisamente globales y globalizados, pues se puede identificar en el *due process of law* a un auténtico laboratorio de prácticas constitucionales comparadas que aspiran a la legitimidad de todo el ordenamiento jurídico y del sistema político.

---

17 *Cfr.* Gozaíni, Osvaldo Alfredo, "El debido proceso constitucional. Reglas para el control de los poderes desde la magistratura constitucional", *Cuestiones Constitucionales. Revista Mexicana de Derecho Constitucional*, México, núm. 7, julio-diciembre de 2002, p. 55. Igualmente sobre el tema, véase Colombo Campbell, Juan, *El debido proceso constitucional*, México, Porrúa, 2007.

3. ASPECTOS JURISPRUDENCIALES RECIENTES DEL *DUE PROCESS OF LAW*

En los últimos años, evidentemente a raíz de la entrada en vigor de la trascendental reforma constitucional en materia de derechos humanos del 10 de junio de 2011, se ha producido una explosión interpretativa del conjunto de los derechos, en donde el debido proceso, por supuesto, no podía ser la excepción. Veremos enseguida algunos de los criterios más relevantes que al respecto han sido emitidos por los tribunales federales.

Suprema Corte de Justicia de la Nación

Registro digital: 2025022

Instancia: Primera Sala

Undécima Época

Materias(s): Constitucional, Penal

Tesis: 1a. XXIX/2022 (11a.)

Fuente: Gaceta del Semanario Judicial de la Federación. Libro 15, Julio de 2022, Tomo II, página 2307

Tipo: Aislada

TORTURA. CUANDO EL QUEJOSO ALEGA QUE SU COIMPUTADO FUE TORTURADO PARA HACER IMPUTACIONES EN SU CONTRA, SU ARGUMENTO DEBE ANALIZARSE CONSTITUCIONALMENTE CON BASE EN EL DERECHO HUMANO A SER JUZGADO A PARTIR DE PRUEBAS LÍCITAS, A LA LUZ DE LOS ESTÁNDARES DEL DEBIDO PROCESO.

Hechos: Una persona reclamó en amparo directo que las declaraciones ministeriales de sus coinculpados, en las que lo señalaron como jefe de una organización criminal, debían ser excluidas del material probatorio con el que fue juzgado porque, al rendir declaración preparatoria, ellos se retractaron y manifestaron que esas declaraciones fueron obtenidas mediante actos de tortura. El Tribunal Colegiado de Circuito del conocimiento convalidó la decisión de la autoridad responsable de valorar esa prueba de cargo en perjuicio del quejoso y desestimó el alegato sobre la necesidad de realizar un ejercicio de exclusión probatoria. En contra de esa determinación la parte quejosa interpuso recurso de revisión.

Criterio jurídico: La Primera Sala de la Suprema Corte de Justicia de la Nación considera que cuando una persona penalmente procesada alega que su coimputado fue torturado para obtener una declaración en su perjuicio, ese planteamiento es susceptible de ser analizado bajo los estándares aplicables en la materia. El derecho humano cuya violación se alega es el de ser juzgado a partir de pruebas obtenidas lícitamente, y su exigencia es la que permite activar el juicio de amparo. De este modo, si la autoridad judicial advierte que existe ese posible impacto procesal perjudicial, ya sea porque el tema esté explícitamente planteado o en suplencia de la queja, debe analizarlo a la luz de los estándares del debido proceso. La acreditación de la tortura implicaría la invalidez de la prueba obtenida ilícitamente.

Justificación: Aunque los coimputados no son parte en la relación jurídico-procesal en el juicio de amparo, la información que aportan puede tener impacto en el proceso penal instaurado en contra del inculpado que promovió dicho juicio. Esto es, el maltrato bien puede afectar procesalmente a quien lo padece de manera directa, por ejemplo, cuando el inculpado admite haber participado en la comisión de un delito con tal de que cese su tormento, pero también puede generar consecuencias procesales para quien no lo recibe personal y directamente. Esto ocurre, precisamente, cuando la acusación de un imputado pretende basarse en el material probatorio que la tortura de otro permitió producir. De esta manera, el planteamiento respecto a que la tortura de sus coimputados generó pruebas que lo incriminaron, debe ser analizado constitucionalmente: al ser un alegato sobre el derecho humano a ser juzgado a partir de pruebas lícitas y tiene una estrecha relación con el derecho de defensa, el principio de presunción de inocencia y, en general, con el debido proceso.

Amparo directo en revisión 807/2020. 1 de diciembre de 2021. Mayoría de tres votos de los Ministros Juan Luis González Alcántara Carrancá y Alfredo Gutiérrez Ortiz Mena, y la Ministra Ana Margarita Ríos Farjat. Disidentes: Ministra Norma Lucía Piña Hernández y Ministro Jorge Mario Pardo Rebolledo. Ponente: Ministro Alfredo Gutiérrez Ortiz Mena. Secretaria: Patricia del Arenal Urueta.

Esta tesis se publicó el viernes 15 de julio de 2022 a las 10:22 horas en el Semanario Judicial de la Federación.

Este criterio pone en evidencia que el debido proceso tiene una serie de estándares a partir de los cuales debe calibrarse cualquier quebrantamiento jurídico que se reclame. Y dentro de dichos estándares hay una relación marcada con la presunción de inocencia y con el derecho de defensa.

Suprema Corte de Justicia de la Nación

Registro digital: 2024577

Instancia: Tribunales Colegiados de Circuito

Undécima Época

Materias(s): Constitucional, Laboral

Tesis: (IV Región)1o.9 L (11a.)

Fuente: Gaceta del Semanario Judicial de la Federación. Libro 13, Mayo de 2022, Tomo V, página 4610

Tipo: Aislada

DERECHO HUMANO AL DEBIDO PROCESO EN SU VERTIENTE DE DEFENSA ADECUADA EN EL JUICIO LABORAL. NO SE VULNERA SI LA JUNTA NO SUSPENDE UNA DILIGENCIA O AUDIENCIA CUANDO EL PATRÓN, PERSONA FÍSICA, ASISTE SIN ASESOR JURÍDICO Y NO LO REQUIERE PARA QUE NOMBRE ABOGADO, AUN CUANDO SE ADVIERTA SU DESCONOCIMIENTO RESPECTO DE LAS REGLAS PROCESALES.

Hechos: En un juicio, la Junta estimó que debía continuarse el procedimiento a pesar de que el patrón, persona física, compareció a la audiencia de conciliación, demanda y excepciones sin la asesoría de un abogado, pues los artículos 876 y 878 de la Ley Federal del Trabajo establecen que las partes podrán comparecer a la audiencia asistidos de sus abogados, apoderados o asesores. En el laudo se condenó al pago de las prestaciones demandadas por el trabajador; resolución contra la que aquél promovió juicio de amparo directo, en el que argumentó la violación a su derecho humano a una defensa adecuada.

Criterio jurídico: Este Tribunal Colegiado de Circuito determina que no se vulnera el derecho humano al debido proceso en su vertiente de defensa adecuada en el juicio laboral, si la Junta no suspende una diligencia o audiencia cuando el patrón, persona física, asiste sin asesor jurídico y no lo requiere para que nombre abogado, aun cuando se advierta su desconocimiento respecto de las reglas procesales.

Justificación: Ello es así, conforme a los artículos 8, numeral 2, incisos d) y e), de la Convención Americana sobre Derechos Humanos y 14 de la Constitución Política de los Estados Unidos Mexicanos, porque la legislación laboral de ningún modo prohíbe al demandado comparecer al juicio por conducto de apoderado o abogado, esto es, no limita su comparecencia al juicio por propio derecho, porque el artículo 692 de la Ley Federal del Trabajo permite y regula la representación en el juicio laboral. Asimismo, es un acto en ejercicio de la autonomía de la voluntad de cada una de las partes presentarse sin abogado o asesor a la etapa de conciliación, pues la fracción I del artículo 876 de la citada ley establece que podrán hacerlo solas o con asesoría jurídica; de ahí que si el patrón asistió sin asesoría, debe asumir las consecuencias jurídicas de esa situación, pues no era obligación de la autoridad explicarle las implicaciones o consecuencias procesales de la audiencia y de la etapa de demanda y contestación, así como cuáles eran las consecuencias jurídicas de no oponer excepciones y defensas. En ese contexto, no bastan las manifestaciones que el demandado realizó en uso de la voz en la etapa de demanda y contestación, en cuanto a su desconocimiento respecto del proceso y de las implicaciones de la audiencia, para que la Junta quedara obligada a suspender la diligencia y esperar a que el quejoso estuviera asistido por un abogado, porque no hay norma que lo establezca, ni se advierte que deba hacerlo, porque si bien es cierto que los particulares no están obligados a conocer las reglas de procedimiento de cualquier tipo de juicio, también lo es que ante una demanda es elemental que deban acudir a la asesoría de un profesional del derecho, pues bastaría que cualquier persona manifestara en el juicio laboral el desconocimiento total de las reglas jurídicas del proceso y que fuese evidente la necesidad de ser asesorado, para impedir la continuación de las diligencias, en detrimento de los plazos y reglas procesales que rigen la actuación de la autoridad, lo que se traduciría en pérdida de la igualdad procesal entre las partes; máxime si fue el quejoso el que voluntariamente se colocó en esa situación procesal por falta de diligencia; por ende, no hay infracción al derecho humano al debido proceso en su vertiente de defensa adecuada, que consiste en el derecho de las personas a defenderse personalmente, ser asistidas por un defensor de su elección o, si no se defienden por sí mismas ni nombran defensor en los plazos de ley, a ser asistidas por un defensor proporcionado por el Estado.

PRIMER TRIBUNAL COLEGIADO DE CIRCUITO DEL CENTRO AUXILIAR DE LA CUARTA REGIÓN, CON RESIDENCIA EN XALAPA, VERACRUZ DE IGNACIO DE LA LLAVE.

Amparo directo 240/2021 (cuaderno auxiliar 291/2021) del índice del Tribunal Colegiado del Trigésimo Primer Circuito, con apoyo del Primer Tribunal Colegiado de Circuito del Centro Auxiliar de la Cuarta Región, con residencia en Xalapa, Veracruz de Ignacio de la Llave. 21 de septiembre de 2021. Unanimidad de votos. Ponente: Neófito López Ramos. Secretaria: Ana Livia Sánchez Campos.

Esta tesis se publicó el viernes 13 de mayo de 2022 a las 10:18 horas en el Semanario Judicial de la Federación.

Esta interpretación muestra la aplicación concreta del derecho al debido proceso en un tema no penal, evidenciando la necesidad de que se vaya desarrollando en aspectos como el que le ocupa a esta tesis, que es eminentemente laboral. Tales desarrollos, definitivamente, se irán dando paulatinamente "a golpe de sentencias".

Suprema Corte de Justicia de la Nación

Registro digital: 2024104

Instancia: Plenos de Circuito

Undécima Época

Materias(s): Constitucional, Administrativa

Tesis: PC.III.A. J/10 A (11a.)

Fuente: Gaceta del Semanario Judicial de la Federación. Libro 9, Enero de 2022, Tomo III, página 2201

Tipo: Jurisprudencia

DERECHOS HUMANOS DE ACCESO A LA JUSTICIA Y AL DEBIDO PROCESO. ESTÁNDARES CONSTITUCIONALES Y CONVENCIONALES QUE DEBE SEGUIR EL TRIBUNAL DE JUSTICIA ADMINISTRATIVA EN EL ESTADO DE JALISCO, AL APLICAR EL ARTÍCULO 72 DE LA LEY DE JUSTICIA ADMINISTRATIVA DE LA ENTIDAD.

Hechos: Los Tribunales Colegiados de Circuito contendientes sostuvieron posturas contrarias sobre la interpretación del artículo 72 de la Ley de Justicia Administrativa del Estado de Jalisco, esto es, si el Tribunal de Justicia Administrativa de la entidad tiene o no la obligación de analizar de manera preferente los conceptos de anulación vinculados con el fondo del asunto, cuando de manera prioritaria se hubiese declarado fundado un motivo de disenso de forma (indebida fundamentación de la competencia de la autoridad emisora del acto).

Criterio jurídico: El Pleno en Materia Administrativa del Tercer Circuito determina que con base en los estándares sobre los derechos humanos de acceso a la justicia y al debido proceso, establecidos por la Suprema Corte de Justicia de la Nación y la Corte Interamericana de Derechos Humanos, el Tribunal de Justicia Administrativa del Estado de Jalisco debe y tiene la obligación de decidir sobre los conceptos de anulación de fondo, con independencia de que el acto impugnado carezca de la debida fundamentación de la competencia de la autoridad demandada.

Justificación: La Suprema Corte de Justicia de la Nación ha sido categórica al establecer que los tribunales de justicia administrativa deben preferir el estudio de los motivos de disenso de fondo, frente a los diversos de forma (por ejemplo: indebida fundamentación de competencia o ausencia de firma autógrafa); pues lo que se pretende es darle preeminencia, entre otros principios, a los de justicia completa y de mayor beneficio, a través de la obtención de una sentencia en la que se resuelva en definitiva sobre el derecho subjetivo público de la parte actora y así lograr alcanzar el fondo de su pretensión, pues de ser fundados, ello traerá como consecuencia eliminar en su totalidad los efectos del acto impugnado, ya que generaría una nulidad lisa y llana por cuestiones de fondo que inhabilitaría a la autoridad a volver a actuar. Por otro lado, la Comisión y la Corte Interamericana de Derechos Humanos han precisado que la obligación de los Estados no sólo es negativa –de no impedir el acceso a esos recursos–, sino fundamentalmente positiva, esto es, a través de la organización del aparato institucional, de modo que todos los individuos puedan acceder a esos recursos. De igual manera, han reconocido como componentes del debido proceso el derecho a contar con una decisión fundada relativa al fondo del asunto, así como el derecho al plazo razonable del proceso. Con base en esos estándares constitucionales y convencionales, es de suma relevancia que los Estados remuevan cualquier obstáculo que limite la posibilidad de acceso a la justicia completa.

PLENO EN MATERIA ADMINISTRATIVA DEL TERCER CIRCUITO.

Contradicción de tesis 21/2020. Entre las sustentadas por los Tribunales Colegiados Sexto y Séptimo, ambos en Materia Administrativa del Tercer Circuito. 27 de septiembre de 2021. Unanimidad de siete votos de las Magistradas Gloria Avecia Solano, Lucila Castelán Rueda y Claudia Mavel Curiel López, así como de los Magistrados Jorge Héctor Cortés Ortiz, Jorge Cristóbal Arredondo Gallegos, César Thomé González y Mario Alberto Domínguez

Trejo. Ponente: Gloria Avecia Solano. Secretario: Carlos Abraham Domínguez Montero.

Tesis y criterio contendientes:

El Sexto Tribunal Colegiado en Materia Administrativa del Tercer Circuito, al resolver el amparo directo 104/2018, el cual dio origen a la tesis aislada III.6o.A.10 A (10a.), de título y subtítulo: "CONCEPTOS DE ANULACIÓN EN EL JUICIO EN MATERIA ADMINISTRATIVA. MÉTODO PARA DETERMINAR LA PREEMINENCIA DE SU ESTUDIO EN RELACIÓN CON EL MAYOR BENEFICIO JURÍDICO QUE PUEDAN PRODUCIR AL ACTOR, PARA CUMPLIR CON EL DERECHO DE ACCESO EFECTIVO A UNA JUSTICIA COMPLETA (LEGISLACIÓN DEL ESTADO DE JALISCO).", publicada en el Semanario Judicial de la Federación del viernes 16 de agosto de 2019 a las 10:24 horas y en la Gaceta del Semanario Judicial de la Federación, Décima Época, Libro 69, Tomo IV, agosto de 2019, página 4481, con número de registro digital: 2020398, y

El sustentado por el Séptimo Tribunal Colegiado en Materia Administrativa del Tercer Circuito, al resolver el amparo directo 6/2020.

Nota: En términos del artículo 44, último párrafo, del Acuerdo General 52/2015, del Pleno del Consejo de la Judicatura Federal que reforma, adiciona y deroga disposiciones del similar 8/2015, relativo a la integración y funcionamiento de los Plenos de Circuito, esta tesis forma parte del engrose relativo a la contradicción de tesis 21/2020, resuelta por el Pleno en Materia Administrativa del Tercer Circuito.

Esta tesis se publicó el viernes 28 de enero de 2022 a las 10:29 horas en el Semanario Judicial de la Federación y, por ende, se considera de aplicación obligatoria a partir del lunes 31 de enero de 2022, para los efectos previstos en el punto noveno del Acuerdo General Plenario 1/2021.

Esta exégesis, al igual que la anterior, muestra que el debido proceso tiene aplicaciones en absolutamente todas las ramas del Derecho y no únicamente en lo concerniente al Derecho Penal. En materia administrativa, tan relevante en términos de los actos de autoridad, el debido proceso debe interpretarse a la luz de un acceso a la justicia que reivindique estándares no sólo constitucionales sino convencionales.

Suprema Corte de Justicia de la Nación

Registro digital: 2024039

Instancia: Tribunales Colegiados de Circuito

Undécima Época

Materias(s): Constitucional, Civil

Tesis: I.11o.C.160 C (10a.)

Fuente: Gaceta del Semanario Judicial de la Federación. Libro 9, Enero de 2022, Tomo IV, página 2982

Tipo: Aislada

DERECHO AL DEBIDO PROCESO. NO TIENE EL ALCANCE DE INAPLICAR LA LEGISLACIÓN MERCANTIL PARA CONSIDERAR PROCEDENTE EL RECURSO DE QUEJA QUE ÉSTA NO PREVÉ.

Hechos: La parte actora en un juicio ordinario mercantil interpuso recurso de apelación en contra de la resolución que desechó la demanda y el Juez de origen lo desechó por estimarlo extemporáneo; en contra de esta última resolución, aquélla interpuso recurso de queja por denegada apelación. El Juez admitió el recurso y lo envío al tribunal de alzada, el que lo declaró inadmisible.

Criterio jurídico: Este Tribunal Colegiado de Circuito determina que el derecho al debido proceso no tiene el alcance de inaplicar la legislación mercantil para considerar procedente el recurso de queja que ésta no prevé.

Justificación: Lo anterior, porque los procedimientos legalmente establecidos no pueden alterarse o modificarse por la voluntad de las partes o del juzgador, sino que deben seguirse todas las etapas establecidas por la ley para cada uno de ellos, a fin de cumplir con las formalidades esenciales del procedimiento, salvaguardando el derecho de audiencia de aquéllas; de ahí que no pueden estimarse procedentes recursos que no prevea de manera específica la legislación aplicable. Ahora, si en observancia al debido proceso debe aplicarse el derecho que más favorezca a las partes, ello no tiene el alcance de inaplicar la ley que rige el procedimiento para considerar procedente un recurso que ésta no contempla. Por tanto, si la legislación mercantil no establece la procedencia del recurso de queja, es correcto el proceder del tribunal de alzada de declararlo inadmisible, no obstante que el Juez de origen lo haya admitido, pues la protección al derecho al debido proceso no conlleva modificar la vía planteada por la parte actora ni admitir un recurso que no se encuentra previsto en la legislación aplicable, lo que no implica que las partes no tengan recursos que hacer valer, pues la legislación mercantil tiene un catálogo de éstos a su disposición.

DÉCIMO PRIMER TRIBUNAL COLEGIADO EN MATERIA CIVIL DEL PRIMER CIRCUITO.

Amparo directo 590/2019. Banca Mifel, S.A., I.B.M., Grupo Financiero Mifel. 30 de septiembre de 2019. Unanimidad de votos. Ponente: Fernando Rangel Ramírez. Secretaria: Ma. del Carmen Meléndez Valerio.

Esta tesis se publicó el viernes 14 de enero de 2022 a las 10:15 horas en el Semanario Judicial de la Federación.

Esta formulación hermenéutica es otro ejemplo más de que el debido proceso se ha ido ampliando, por lo que respecta a su aplicación, más allá del Derecho Penal. En una materia que pertenece por excelencia al Derecho Privado, como resulta ser el Derecho Mercantil, también debe ponerse de relieve en todo su contexto.

Suprema Corte de Justicia de la Nación

Registro digital: 2021943

Instancia: Tribunales Colegiados de Circuito

Décima Época

Materias(s): Constitucional, Laboral

Tesis: I.14o.T. J/5 L (10a.)

Fuente: Gaceta del Semanario Judicial de la Federación. Libro 77, Agosto de 2020, Tomo VI, página 5948

Tipo: Jurisprudencia

TUTELA JUDICIAL EFECTIVA, DEBIDO PROCESO Y MOTIVACIÓN ADECUADA. SON DERECHOS HUMANOS QUE LAS JUNTAS LABORALES TRANSGREDEN AL INCUMPLIR CON LA EXHAUSTIVIDAD Y CONGRUENCIA DEL LAUDO.

Dichos derechos humanos de carácter procesal se violan en forma simultánea en atención al principio de interdependencia, previsto en el artículo 1o. de la Constitución Política de los Estados Unidos Mexicanos, cuando la autoridad jurisdiccional responsable en materia laboral es omisa en determinar o pronunciarse en forma integral sobre alguna prestación o reclamación de carácter laboral contenida y acreditada mediante pruebas o presunciones legales en la demanda por parte del trabajador, toda vez que: 1) se resuelve en forma incompleta la litis (tutela judicial efectiva); 2) se omite o se valoran en forma fragmentada las pruebas relacionadas con la respectiva pretensión omitida contenida en la demanda (debido proceso laboral); y, 3) ello genera que el laudo sea incongruente por contener un pronunciamiento incompleto que afecta, en consecuencia, en forma injustificada las prestaciones o derechos laborales reclamados en demérito del trabajador (motivación adecuada), lo cual contraviene los artículos 14, 16 y 17 de la Constitución Política de los Estados Unidos Mexicanos, y 8 y 25 de la Convención Americana sobre Derechos Humanos.

DÉCIMO CUARTO TRIBUNAL COLEGIADO EN MATERIA DE TRABAJO DEL PRIMER CIRCUITO.

Amparo directo 1041/2019. 16 de enero de 2020. Unanimidad de votos. Ponente: Fernando Silva García. Secretario: César Adrián González Cortés.

Amparo directo 1051/2019. 16 de enero de 2020. Unanimidad de votos. Ponente: Miguel Bonilla López. Secretaria: Ma. Perla Leticia Pulido Tello.

Amparo directo 1078/2019. 30 de enero de 2020. Unanimidad de votos. Ponente: Fernando Silva García. Secretario: César Adrián González Cortés.

Amparo directo 1255/2019. 7 de febrero de 2020. Unanimidad de votos. Ponente: Tarsicio Aguilera Troncoso. Secretario: Miguel Ángel Reynaud Garza.

Amparo directo 1266/2019. 7 de febrero de 2020. Unanimidad de votos. Ponente: Tarsicio Aguilera Troncoso. Secretario: Mariano Escobedo Flores.

Esta tesis se publicó el viernes 07 de agosto de 2020 a las 10:15 horas en el Semanario Judicial de la Federación y, por ende, se considera de aplicación obligatoria a partir del lunes 10 de agosto de 2020, para los efectos previstos en el punto séptimo del Acuerdo General Plenario 16/2019.

Este criterio es otro ejemplo de la aplicación del debido proceso en materia laboral, señalando que, junto la tutela judicial efectiva y la motivación adecuada, puede ser objeto de una vulneración al momento en que un lado no cumple con los principios de exhaustividad y congruencia. Luego entonces, dichos principios son fundamentales en la garantía del *due process of law*.

Suprema Corte de Justicia de la Nación

Registro digital: 2021742

Instancia: Tribunales Colegiados de Circuito

Décima Época

Materias(s): Constitucional, Penal

Tesis: II.4o.P.16 P (10a.)

Fuente: Gaceta del Semanario Judicial de la Federación. Libro 76, Marzo de 2020, Tomo II, página 924

Tipo: Aislada

EXACTA APLICACIÓN DE LA LEY PENAL, DEBIDO PROCESO Y SEGURIDAD JURÍDICA. ESOS PRINCIPIOS SON TRANSGREDIDOS CUANDO EN LA SENTENCIA SE APLICA UNA NORMA INCORRECTAMENTE SELECCIONADA.

La infracción a los mencionados principios se actualiza, con motivo de la imprecisión en la norma seleccionada, pues ello provoca incertidumbre en el destinatario, a razón que en una parte de la resolución, el tribunal de apelación citó correctamente los preceptos jurídicos vigentes al momento de la comisión de los hechos, e inmediatamente, transcribe la descripción típica de un artículo cuya vigencia temporal fue posterior a la ejecución de aquél y cuyos elementos constitutivos tienen variaciones sustanciales; enunciativamente, ocurre cuando para el análisis teórico del dispositivo utilizado, la autoridad responsable seleccionó la figura típica ulterior a la comisión del hecho, luego replica el mismo precepto para el examen de fondo del asunto, particularmente al pronunciarse sobre la aptitud y eficiencia de los elementos de convicción desahogados para acreditar el antisocial analizado, lo que provoca que introduzca nuevos elementos que no se encontraban en la redacción del precepto aplicable, lo cual vulnera derechos del quejoso por infringir los principios ya mencionados.

CUARTO TRIBUNAL COLEGIADO EN MATERIA PENAL DEL SEGUNDO CIRCUITO.

Amparo directo 164/2019. 23 de enero de 2020. Unanimidad de votos. Ponente: Irma Rivero Ortiz de Alcántara. Secretaria: Eva Alejandra Valles Salayandia.

Esta tesis se publicó el viernes 06 de marzo de 2020 a las 10:09 horas en el Semanario Judicial de la Federación.

Esta interpretación trae consigo que, cuando una sentencia invoque o aplique de forma incorrecta una norma jurídica, el resultado implicará la transgresión tanto del debido proceso como de dos principios más, ambos sumamente relevantes: la exacta aplicación de la ley penal y la seguridad jurídica. De ahí la importancia de que los fallos jurisdiccionales se ajusten totalmente a los estándares constitucionales y convencionales aplicables.

Suprema Corte de Justicia de la Nación

Registro digital: 2021581

Instancia: Tribunales Colegiados de Circuito

Décima Época

Materias(s): Constitucional, Penal

Tesis: I.6o.P.158 P (10a.)

Fuente: Gaceta del Semanario Judicial de la Federación. Libro 75, Febrero de 2020, Tomo III, página 2368

Tipo: Aislada

PERSONAS CON DISCAPACIDAD INTELECTUAL EN EL PROCEDIMIENTO PENAL ACUSATORIO. MEDIDAS QUE EL JUZGADOR DEBE IMPLEMENTAR PARA SALVAGUARDAR SUS DERECHOS DE ACCESO A LA JUSTICIA Y AL DEBIDO PROCESO.

La Convención sobre los Derechos de las Personas con Discapacidad, publicada en el Diario Oficial de la Federación el 2 de mayo de 2008, establece un "modelo social" conforme al cual, a quien presenta una discapacidad, le es aplicable un marco jurídico particular de protección, en razón de su condición especial de vulnerabilidad y desigualdad de facto frente a la sociedad. Dentro de ese esquema, el artículo 12 de dicho instrumento internacional establece un sistema de apoyos o de asistencia en la toma de decisiones para la persona con discapacidad, y su artículo 13 impone a los órganos de gobierno, entre los que se encuentran los jurisdiccionales, la obligación de realizar ajustes razonables al procedimiento, con el objeto de promover un efectivo entendimiento de la situación y de todo el acto procesal de la persona con discapacidad. En ese contexto, dentro de las medidas que debe tomar el órgano jurisdiccional en el procedimiento penal acusatorio para respetar y garantizar los derechos fundamentales de acceso a la justicia y al debido proceso de una persona que presenta discapacidad intelectual, son las siguientes: 1. Para las notificaciones: cerciorarse de que el servidor público al que le corresponda realizarlas, sólo las efectúe personalmente –y no por otro medio (como podría ser, por lista, estrado o Boletín Judicial)–, utilizando un lenguaje sencillo, accesible y evitando el uso de tecnicismos.

2. Para el desahogo de diligencias judiciales: A) Permitirle nombrar o designarle un asesor jurídico (en caso de que sea víctima u ofendido) o defensor público (si se trata de imputado), que tenga experiencia y conocimiento en la comunicación con personas con discapacidad, debiendo tomar las medidas necesarias para que realice una entrevista previa a la diligencia en la que deba intervenir, se imponga de autos y la represente debidamente; B) Autorizar la presencia de alguna persona que le pueda apoyar en el proceso de comunicación y/o comprensión, ya sea un profesional en discapacidad o un familiar; C) Utilizar un lenguaje sencillo (oral o por escrito) y sin tecnicismos, en todas las actuaciones judiciales; y, D) Brindarle un sistema de apoyos (legales y sociales) que la auxilien en la toma de decisiones cuando así lo requiera.

SEXTO TRIBUNAL COLEGIADO EN MATERIA PENAL DEL PRIMER CIRCUITO.

Amparo en revisión 237/2019. 30 de octubre de 2019. Unanimidad de votos. Ponente: María Elena Leguízamo Ferrer. Secretaria: Jacqueline Pineda Mendoza.

Nota: En relación con el alcance de la presente tesis, destacan las diversas aisladas 1a. CXLVIII/2018 (10a.) y 1a. CCXVI/2018 (10a.), de títulos y subtítulos: "PERSONAS CON DISCAPACIDAD. EN LA RESOLUCIÓN DE LOS CASOS EN LOS QUE SE VEAN INVOLUCRADAS, EL JUZGADOR DEBE REALIZAR LOS AJUSTES NECESARIOS O RAZONABLES PARA GARANTIZAR SU DERECHO DE AUDIENCIA." y "DERECHO HUMANO DE ACCESO A LA JUSTICIA EN CONDICIONES DE IGUALDAD DE LAS PERSONAS CON DISCAPACIDAD. EL ESTADO DEBE GARANTIZARLO EN SUS DIMENSIONES JURÍDICA, FÍSICA Y COMUNICACIONAL.", publicadas en el Semanario Judicial de la Federación del viernes 7 de diciembre de 2018 a las 10:19 horas y en la Gaceta del Semanario Judicial de la Federación, Décima Época, Libro 61, Tomo I, diciembre de 2018, páginas 364 y 309, con números de registro digital: 2018744 y 2018631, respectivamente.

Esta tesis se pubicó el viernes 07 de febrero de 2020 a las 10:09 horas en el Semanario Judicial de la Federación.

Este criterio se refiere a un grupo vulnerable como resulta ser el de las personas con discapacidad intelectual, y la necesidad de que se respete su derecho al debido proceso en el procedimiento penal acusatorio. Es de celebrar este tipo de fallos en los que se ahonde en los derechos fundamentales de grupos desaventajados, todo ello en aras de una mayor inclusión e inserción social que es imprescindible en democracia. Por otro lado, la progresividad de los derechos humanos y la procuración de la protección más amplia posible igualmente sobresalen en la interpretación.

Suprema Corte de Justicia de la Nación

Registro digital: 2021096

Instancia: Tribunales Colegiados de Circuito

Décima Época

Materias(s): Constitucional, Común

Tesis: XIX.1o. J/5 (10a.)

Fuente: Gaceta del Semanario Judicial de la Federación. Libro 72, Noviembre de 2019, Tomo III, página 1998

Tipo: Jurisprudencia

DEBIDO PROCESO INTERNACIONAL. DEBE ACUDIRSE A ÉSTE, SI EN EL ÁMBITO NACIONAL NO SE HA DESARROLLADO AMPLIAMENTE LO NECESARIO PARA EL ANÁLISIS DE GRAVES VIOLACIONES A LOS DERECHOS HUMANOS.

La Corte Interamericana de Derechos Humanos, al resolver el Caso Miembros de la Aldea Chichupac y Comunidades vecinas del Municipio de Rabinal Vs. Guatemala, estableció que en una sociedad democrática debe conocerse la verdad sobre los hechos de graves violaciones de derechos humanos, y los Estados tienen la obligación tanto de investigar como de suministrar recursos judiciales efectivos a las víctimas; que la obligación de investigar no puede ser ejecutada de cualquier forma, sino que debe realizarse de acuerdo con los estándares establecidos por las normas y la jurisprudencia internacionales, sin que pueda desecharse o condicionarse por actos o disposiciones normativas internas de ninguna índole. En este orden de ideas, si un tribunal de amparo advierte hechos que involucran graves violaciones de derechos humanos, y en el derecho nacional, el tema específico aún no ha sido desarrollado ampliamente; entonces, debe buscar la solución justa del caso en el debido proceso internacional, integrado por las normas y jurisprudencia internacionales; máxime que el actual juicio de amparo ha superado la etapa tradicional de protección de garantías individuales, para dar lugar a una fase de un juicio de derechos fundamentales, que se ocupa de atender las situaciones en las que las normas generales, actos u omisiones de la autoridad, violan los derechos humanos reconocidos tanto en la Constitución

Política de los Estados Unidos Mexicanos, como en los tratados internacionales de los que el Estado Mexicano sea Parte.

PRIMER TRIBUNAL COLEGIADO DEL DÉCIMO NOVENO CIRCUITO.

Incidente de inejecución de sentencia 4/2018. 20 de septiembre de 2018. Unanimidad de votos. Ponente: Mauricio Fernández de la Mora. Secretario: Jesús Desiderio Cavazos Elizondo.

Incidente de inejecución de sentencia 5/2018. 20 de septiembre de 2018. Unanimidad de votos. Ponente: Mauricio Fernández de la Mora. Secretario: Jesús Desiderio Cavazos Elizondo.

Incidente de inejecución de sentencia 6/2018. 20 de septiembre de 2018. Unanimidad de votos. Ponente: Mauricio Fernández de la Mora. Secretario: Jesús Desiderio Cavazos Elizondo.

Incidente de inejecución de sentencia 7/2018. 20 de septiembre de 2018. Unanimidad de votos. Ponente: Mauricio Fernández de la Mora. Secretario: Jesús Desiderio Cavazos Elizondo.

Recurso de inconformidad previsto en las fracciones I a III del artículo 201 de la Ley de Amparo 19/2018. 28 de agosto de 2019. Unanimidad de votos. Ponente: Mauricio Fernández de la Mora. Secretario: Jesús Desiderio Cavazos Elizondo.

Esta tesis se publicó el viernes 22 de noviembre de 2019 a las 10:33 horas en el Semanario Judicial de la Federación y, por ende, se considera de aplicación obligatoria a partir del lunes 25 de noviembre de 2019, para los efectos previstos en el punto séptimo del Acuerdo General Plenario 19/2013.

Esta interpretación confirma una de las cuestiones que se analizaban en el apartado doctrinal del debido proceso: la dimensión global con la cual está investido. Igualmente, enfatiza la importancia del Derecho Internacional de los Derechos Humanos y de los sistemas regionales de protección de los mismos al apuntar a un cumplimiento efectivo tanto de los derechos fundamentales como de las garantías para hacerlos valer.

Suprema Corte de Justicia de la Nación

Registro digital: 2018566

Instancia: Primera Sala

Décima Época

Materias(s): Constitucional, Civil

Tesis: 1a. CCLXXIX/2018 (10a.)

Fuente: Gaceta del Semanario Judicial de la Federación. Libro 61, Diciembre de 2018, Tomo I, página 264

Tipo: Aislada

CADUCIDAD DE LA INSTANCIA. EL ARTÍCULO 29 BIS DEL CÓDIGO DE PROCEDIMIENTOS CIVILES DEL ESTADO DE JALISCO QUE LA PREVÉ, NO TRANSGREDE EL DERECHO AL DEBIDO PROCESO.

La caducidad de la instancia constituye una de las formas atípicas de terminación de un juicio por el incumplimiento de las partes a su carga procesal de sujetarse a los plazos y términos fijados por la ley; ahora bien, el artículo 29 bis del Código de Procedimientos Civiles del Estado de Jalisco que la prevé, no transgrede el derecho al debido proceso al estar establecida en una ley formal y material, emitida por el órgano competente para legislar en la materia; además, persigue una finalidad válida, consistente en evitar la existencia de litigios pendientes por tiempo indefinido, darles estabilidad y poner fin a su indecisión, para proteger los principios constitucionales de seguridad jurídica y de que la administración de justicia se realice en plazos razonables; además de ser una medida necesaria porque garantiza las finalidades perseguidas, en cuanto impone una sanción a las partes si no se ajustan a los plazos y términos que fijen las leyes, y es proporcional, pues sólo tiene aplicación en las instancias y etapas del juicio en las que es necesaria la intervención de las partes para aportar elementos al Juez para que continúe con el procedimiento, y no opera por el solo transcurso del tiempo ni por la inactividad del juzgador, además de que sólo extingue la instancia y no priva a las partes de iniciar un nuevo juicio en el que hagan valer sus derechos.

Amparo directo en revisión 3427/2016. Marco Antonio Valenzuela Yáñez. 7 de febrero de 2018. Mayoría de cuatro votos de los Ministros Arturo Zaldívar Lelo de Larrea, Jorge Mario Pardo Rebolledo, Alfredo Gutiérrez Ortiz Mena y Norma Lucía Piña Hernández. Disidente y Ponente: José Ramón Cossío Díaz. Secretaria: Mireya Meléndez Almaraz.

Esta tesis se publicó el viernes 07 de diciembre de 2018 a las 10:19 horas en el Semanario Judicial de la Federación.

Esta formulación hermenéutica es un ejemplo de la aplicación del debido proceso a la rama privada por excelencia de los ordenamientos jurídicos, como es el Derecho Civil, específicamente en un tema clásico como es la caducidad de la instancia.

Suprema Corte de Justicia de la Nación

Registro digital: 2017324

Instancia: Tribunales Colegiados de Circuito

Décima Época

Materias(s): Constitucional, Administrativa

Tesis: I.18o.A.51 A (10a.)

Fuente: Gaceta del Semanario Judicial de la Federación. Libro 56, Julio de 2018, Tomo II, página 1568

Tipo: Aislada

ORDEN DE EXPULSIÓN O DEPORTACIÓN. LA INMEDIATEZ EN SU EJECUCIÓN NO AUTORIZA SOSLAYAR EL DERECHO AL DEBIDO PROCESO MIGRATORIO.

Aun cuando la Ley General de Población –previo a la entrada en vigor de la Ley de Migración– disponga que las órdenes de expulsión son de orden público y su ejecución es inmediata, ello no significa que estén exentas del debido proceso y, mucho menos, que puedan ejecutarse sin observar los derechos de los extranjeros legalmente previstos, destacadamente, el relativo a ser puesto y seguir el procedimiento migratorio en libertad bajo custodia. En efecto, la circunstancia de que dicho ordenamiento prevea la posibilidad de permanecer en libertad bajo custodia mientras se resuelve el procedimiento migratorio, permite afirmar que la inmediatez en la ejecución de la orden de expulsión se refiere a su ejecutabilidad directa –sin necesidad de ser autorizada por autoridad judicial u otra– pero no a que tenga o pueda llevarse a cabo de modo instantáneo, pues ello imposibilitaría observar los derechos que le asisten a la persona extranjera, además de que se anularían el objeto de la tramitación misma del procedimiento correspondiente y el derecho de audiencia que asiste a todo gobernado sujeto a él, lo que significa que, previo a la ejecución de tal medida, debe darse al extranjero la oportunidad de conocer el motivo de su eventual deportación, así como de alegar y probar en su defensa y poder seguir ese procedimiento en libertad. Esta intelección se robustece por el hecho de que las propias normas reconocen que las resoluciones que pongan fin al procedimiento administrativo migratorio pueden impugnarse mediante el recurso de revisión o, cuando proceda, en la vía jurisdiccional correspondiente, y que, incluso, el artículo 228 del Reglamento de la Ley General de Población establece la posibilidad de ordenar discrecionalmente la reposición del procedimiento o, en su caso, la emisión de una nueva resolución, en la cual se le obliga a preservar los derechos de legalidad y al debido proceso y, por el hecho mismo de que, ante una expulsión, el extranjero tiene derecho a solicitar una salida voluntaria, lo cual le permitiría, en contraste con la orden de expulsión, regresar al país y, en ese entendido, reintentar regularizar su estancia. Así, aun antes de la reforma constitucional en materia de derechos humanos, publicada en el Diario Oficial de la Federación el 10 de junio de 2011, en el régimen migratorio se reconocían, así sea de manera básica, los derechos de la persona extranjera a, previo a su expulsión o deportación, manifestar lo que a sus intereses conviniera, designar representante, aportar pruebas, o solicitar su libertad bajo caución, los cuales, junto con otros previstos en el marco del procedimiento y que se advierten de la normativa señalada, serían tan sólo aparentes, si se aceptara que la expulsión puede llevarse a cabo instantánea o discrecionalmente, sin observar las formalidades mínimas.

DÉCIMO OCTAVO TRIBUNAL COLEGIADO EN MATERIA ADMINISTRATIVA DEL PRIMER CIRCUITO.

Amparo directo 271/2016. 8 de mayo de 2017. Mayoría de votos. Disidente: Juan Carlos Cruz Razo. Ponente: María Amparo Hernández Chong Cuy. Secretarios: Jeannette Velázquez de la Paz y Oswaldo Alejandro López Arellanos.

Esta tesis se publicó el viernes 06 de julio de 2018 a las 10:13 horas en el Semanario Judicial de la Federación.

En este último criterio que traemos a colación, los derechos de las personas extranjeras salen a relucir, concretamente en las órdenes de expulsión o deportación, las cuales pueden tener un marco legal de referencia que busca la inmediatez y la rápida ejecución de sus postulados pero que, sin embargo, están sujetas a parámetros constitucionales y convencionales que reivindican el rol del debido proceso. Interpretaciones de este tipo contribuyen a crear una mayor conciencia jurídica y política en el sentido de que a todas las personas les asisten derechos, prerrogativas y libertades que la Constitución y los tratados internacionales salvaguardan de forma genuina y no sólo discursiva.

4. EL *DUE PROCESS OF LAW* COMO ELEMENTO DEL ESTADO CONSTITUCIONAL

El Estado constitucional reivindica una forma de Estado cuya base es, precisamente, la Constitución. Sin embargo, no cualquier clase de Constitución es compatible y propia del Estado constitucional. Muchos Estados pueden llamarse a sí mismos o asumirse como "constitucionales" sin serlo en realidad, tal y como sucede con la forma de gobierno democrática.

En un auténtico Estado constitucional, la Constitución es la punta de lanza del ordenamiento, de la ley misma y del imperio de ésta. La rigidez constitucional se manifiesta como un mecanismo para la protección más amplia posible de los derechos fundamentales.

Por tanto, el Estado constitucional requiere de un Estado de Derecho previo, es decir, de un conjunto de circunstancias en donde la ley se cumple y se hace valer. Y dicho Estado de Derecho tiene en el *due process of law* o debido proceso a uno de sus elementos medulares, ya que por virtud de este derecho fundamental y principio constitucional se una legitimidad para el Estado constitucional, además de que prevalece un respeto a la institucionalidad en un doble sentido: la ciudadanía, por un lado, muestra un comportamiento por lo general positivo y satisfactorio para con las instituciones; por el otro, y de una manera todavía más importante, las autoridades actúan sólo con base en las facultades que tienen atribuidas constitucionalmente.

En esta línea argumentativa, tiene plena operatividad y cobra total relevancia el principio de facultades expresas, mediante el cual las autoridades sólo pueden llevar a cabo aquello que explícitamente determinan la Constitución y las leyes, contrario a la lógica que sigue el marco actuación de las y los ciudadanos, quienes pueden llevar a cabo todo aquello que deseen siempre y cuando no esté previsto de la manera contraria por el imperio de la ley: se trata ni más ni menos del conocido principio general del Derecho consistente en que todo lo que no está prohibido, está permitido.

Luego entonces, el debido proceso y la serie de pasos que deben cumplimentarse para que un acto de autoridad sea plenamente válido, es una piedra de toque y un pilar absolutamente trascendente que sirve como cimiento del edificio del moderno Estado constitucional, el cual sirve, en definitiva, a los derechos fundamentales.

5. EL *DUE PROCESS OF LAW* Y SU IMPORTANCIA PARA LA DEMOCRACIA

Así como importa para el Estado constitucional, el *due process of law* también reviste una significación muy particular en un contexto democrático. Si hay reglas del juego claras en la toma de decisiones colectivas, si hay deliberación abierta y oportunidad para el diálogo, si la renovación de las ramas del poder público se ajusta a los criterios, estándares y pautas normativas aplicables al caso concreto, estamos en presencia de una democracia en donde el debido proceso se hace valer. De no ser así, la sociedad en sí misma se encuentra en problemas.

La democracia debe tener una relación de correspondencia y reciprocidad con el Estado constitucional, para así hablar de un completo Estado constitucional y democrático de Derecho como aspiración colectiva en nuestra contemporaneidad, misma que no es nada fácil de conseguir, tanto por la resistencia de los poderes públicos tendencialmente autoritarios como de los poderes salvajes, grupos de presión, poderes fácticos o factores reales de poder.

El debido proceso, en un sentido actual, va más allá del omnipresente poder del Estado e incorpora, por ejemplo, métodos alternos de solución de conflictos e instituciones como el *Ombudsman* y la participación activa de los grupos sociales, pues no es suficiente tener y construir un marco legal para la solución de los problemas que se dan en la realidad.[18] Y si estamos en sintonía

---

18 *Vid.* Hoyos, Arturo, *Debido proceso y democracia*, México, Porrúa, 2006.

con la idea de armonía y solución pacífica de las controversias, definitivamente también estamos en el canal de la democracia, el debido proceso y un Estado de Derecho que a todas y todos nos conviene.

6. PLANTEAMIENTO CONCLUSIVO

El debido proceso se constituye como un eje articulador del Derecho hoy en día pero, igualmente, de la *praxis* política y de la dinámica social. Ello es así porque asume y hace suya la idea de la certidumbre como base de las relaciones colectivas, a partir de la cual se respeten las normas jurídicas y los actos de autoridad se emitan cumplimentando en su totalidad distintas etapas, todas ellas de suma importancia para el perfeccionamiento de dichos actos.

A nivel doctrinal, son muchas las notas distintivas del debido proceso que se han formulado desde la dogmática jurídica, pero sobresale y vale la pena enfatizar su imbricación multinivel, es decir, la necesidad de una complementariedad entre los órdenes jurídicos internos y el Derecho Internacional de los Derechos Humanos. Sólo esta conexión de los parámetros constitucionales con los convencionales ofrece un acercamiento sólido al estado ideal de cosas que se pretende alcanzar.

A nivel jurisprudencial, ha quedado claro en los últimos años que el debido proceso no tiene una aplicación exclusiva en el campo del Derecho Penal, pues se ha ido expandiendo paulatinamente hacia otros saberes de Derecho Público pero igualmente de Derecho Privado y de Derecho Social, lo cual constata la importancia que posee.

El Estado constitucional hace de la Constitución rígida su idea central, y dado que esa Constitución tiene un procedimiento agravado para efectos de su posible reforma, contribuye así a una vigencia más amplia de los derechos fundamentales, en donde destaca igualmente el debido proceso como pieza central del Estado de Derecho que es prerrequisito y precondición de tal Constitución rígida en todas sus vertientes.

La democracia como interrelación entre gobernantes y gobernados, y como proceso que para observarse y aplicarse desde un punto de vista cualitativo requiere de un respeto irrestricto de los derechos fundamentales y de una progresiva ampliación de las libertades, definitivamente encuentra en el debido proceso a una de sus condiciones ineludibles de materialización.

Podemos hablar e identificar al debido proceso, de alguna manera, como un derecho ancla, el cual está plenamente individualizado pero también guarda relaciones consistentes con el conjunto de derechos fundamentales que están reconocidos tanto a nivel constitucional como en el plano de los tratados internacionales en la materia.

Por todo lo anterior, el *due process of law* o debido proceso es un derecho fundamental de la mayor importancia para poder articular sociedades que aspiren a la justicia, al cumplimiento de los demás derechos, a la deliberación democrática y a la existencia de una cultura jurídica plena, a partir de la cual exista una conciencia cívica sobre la institucionalidad, las normas y los procesos dialógicos.

7. FUENTES DE INFORMACIÓN

Bibliográficas:

Bougie, Matt, *Due process,* Nueva York, Cavendish Square Publishing, 2018.

Carmona Tinoco, Jorge Ulises, "La articulación de los estándares de fuente interna e internacional del debido proceso", en Pérez Vázquez, Carlos (coord.), *El derecho humano al debido proceso. Sus dimensiones legal, constitucional y convencional,* México, Tirant Lo Blanch, 2014.

Colombo Campbell, Juan, *El debido proceso constitucional,* México, Porrúa, 2007.

Corte Interamericana de Derechos Humanos, *Cuadernillo de jurisprudencia de la Corte Interamericana de Derechos Humanos no. 12: debido proceso,* San José, Corte Interamericana de Derechos Humanos.

García Ramírez, Sergio, "Garantías judiciales: doble instancia y amparo de derechos fundamentales (artículos 8.2.H y 25 CADH)", en en Pérez Vázquez, Carlos (coord.), *El derecho humano al debido proceso. Sus dimensiones legal, constitucional y convencional,* México, Tirant Lo Blanch, 2014.

García Ramírez, Sergio, *El debido proceso. Criterios de la jurisprudencia interamericana,* 3a. ed., México, Porrúa, 2016.

Hoyos, Arturo, *Debido proceso y democracia,* México, Porrúa, 2006.

Lillo Lobos, Ricardo, *Understanding due process in non-criminal matters. How to harmonize procedural guarantees with the right to access to justice,* Cham, Springer, 2022.

May, Larry, *Global justice and due process,* Cambridge, Cambridge University Press, 2011.

Núñez Miranda, Concepción S. y Zúñiga Pacheco, Flor, "La protección de los derechos humanos a través del debido proceso", en Pérez Vázquez, Carlos (coord.), *El derecho humano al debido proceso. Sus dimensiones legal, constitucional y convencional,* México, Tirant Lo Blanch, 2014.

Orth, John V., *Due process of law. A brief history,* Lawrence, University Press of Kansas, 2003.

Rodríguez Rescia, Víctor Manuel, "El debido proceso y la Convención Americana sobre Derechos Humanos", en *Liber Amicorum, Héctor Fix Zamudio,* Sn José, Corte Interamericana de Derechos Humanos, 1998.

Sullivan, E. Thomas y Massaro, Toni M., *The arc of due process in American Constitutional Law,* Nueva York, Oxford University Press, 2013.

Hemerográficas:

García Ramírez, Sergio, "El debido proceso. Concepto general y regulación en la Convención Americana sobre Derechos Humanos", *Boletín Mexicano de Derecho Comparado,* México, núm. 117, septiembre-diciembre de 2006.

Gozaíni, Osvaldo Alfredo, "El debido proceso constitucional. Reglas para el control de los poderes desde la magistratura constitucional", *Cuestiones Constitucionales. Revista Mexicana de Derecho Constitucional,* México, núm. 7, julio-diciembre de 2002.

Jurisprudenciales:

Registro digital 2017324 del Semanario Judicial de la Federación.

Registro digital 2018566 del Semanario Judicial de la Federación.

Registro digital 2021096 del Semanario Judicial de la Federación.

Registro digital 2021581 del Semanario Judicial de la Federación.

Registro digital 2021742 del Semanario Judicial de la Federación.

Registro digital 2021943 del Semanario Judicial de la Federación.

Registro digital 2024039 del Semanario Judicial de la Federación.
Registro digital 2024104 del Semanario Judicial de la Federación.
Registro digital 2024577 del Semanario Judicial de la Federación.
Registro digital 2025022 del Semanario Judicial de la Federación.